U0957816

中国乡村振兴发展报告

2022

ZHONGGUO XIANGCUN ZHENXING
FAZHAN BAOGAO 2022

中华人民共和国农业农村部

中国农业出版社
北　京

《中国乡村振兴发展报告2022》
编辑委员会名单

主　任： 唐仁健

副主任： 邓小刚　吴宏耀

委　员（按姓氏笔画排序）：

丁　东　丁晓芳　马　毅　马秦临　王　林
王　晖　王　崧　王　锋　王乐君　王亚伟
王忠海　王贵荣　牛璋彬　仇保利　方　军
左常升　石　军　龙敬儒　卢胜芳　叶玉江
刘昌亚　刘喜堂　刘新中　江文胜　许健民
杜官印　李伟国　杨　光　杨金宇　杨春华
肖　放　吴奇修　张天佐　张建民　张海明
阿地力·吾布力　陈　胜　陈　洁　陈光华
邰烈虹　尚建华　罗　丹　金文成　周云龙
赵　莉　赵　鲲　郝学峰　柳　军　钟　斌
修红丽　侯振兴　聂春雷　郭永田　唐　珂
陶怀颖　隋鹏飞　童章舜　曾衍德　谢　宁
谢　焱　蔡俊伟　樊卫东　颜　波　潘文博
薛松岩　冀名峰　魏百刚

P R E F A C E

前言

2022年是“三农”发展史上极为重要的一年。党的二十大擘画了全面建设社会主义现代化国家的宏伟蓝图，对农业农村工作进行了总体部署。习近平总书记出席中央农村工作会议并发表重要讲话，就全面推进乡村振兴、加快建设农业强国作出战略部署，响鼓重槌发出了重农强农的强烈信号，给“三农”系统以极大鼓舞和巨大鞭策，为做好新时代新征程“三农”工作提供了根本遵循。

这一年，全国“三农”系统深入学习贯彻习近平总书记重要指示批示精神，坚决落实党中央、国务院决策部署，有力克服新冠疫情频发散发、旱涝灾害多发重发、农资价格高位运行、国际市场剧烈波动等多重挑战，较好地完成了全年目标任务，稳住了农业基本盘，夯实了“三农”压舱石，为经济社会大局稳定提供了基础支撑。**粮食逆境再夺丰收，产量再创历史新高。**全年粮食播种面积达到17.75亿亩、增加1 052万亩，产量达到13 731亿斤，高基数上再增产74亿斤。针对1.1亿多亩、近1/3冬小麦晚播半个月以上，南方遭遇历史罕见高温热害等严峻形势，建立下沉一线包保机制，狠抓稳产增产关键措施落实，实现重灾区少减产、轻灾区保稳产。**大豆油料扩种超出预期，生猪等“菜篮子”产品生产稳定。**大豆面积增加2 742万亩、达到1.54亿亩，产量增加389万吨、达到2 028万吨，自给率一年就提升3.4个百分点，见到了明显可考核的成效；油菜面积、产量、单产同增，全国油料作物总产量达到3 654万吨，食用植物油自给率提高1.6个百分点。建立完善生猪产能调控机制，能繁母猪存栏量始终保持在4 100万头以上，没有出现大落大起。蔬菜供应全年量足价稳，奶类产量突破4 000万吨，水产品总产量达到6 865.91万吨。**耕地保护建设力度加大，农业科技创新取得阶段性成果。**新建高标准农田1.05亿亩，超额完成10亿亩阶段性建设目标，完成黑土地保护性耕作8 300万亩，启动第三次全国土壤普查。全国农业科技进步贡献率达到62.4%。种业振兴行动、农业生物育种重大项目和农业关键核心技术攻关等农业科技自立自强三大抓手协同推进格局基本形成。白羽肉鸡自主新品种市场占有率达到15%，240马力无级变速拖拉机、油菜移栽机等实现量产，丘陵山地拖拉机、再生稻收获机试制成功。**脱贫攻坚成果持续巩固，农民收入较快增长。**建立健全标准适宜、识别快速、措施精准的防止返贫动态监测和帮扶机制，有力有效落实帮扶措施，守住了不发生规模性返贫的底线。832个脱贫县全部编制“十四五”特色产业发展规划，实施脱贫地区特色产业提升行动、农产品加工业提升行动。全年脱贫劳动力务工就业规模达到3 278万人，同比增加133万人。脱贫攻坚政策举措、工作体系、制度安排平稳衔接到全面推进乡村振兴。**乡村发展纵深推进，绿色底色不断擦亮。**加快发展乡村富民产业，规模以上农产品加工业实现营业收入19.14万亿元。全年农村居民人均可支配收入达到20 133元，实际增长4.2%，增速分别高于GDP和城镇居民1.2个和2.3个百分点，城乡居民收入倍差由2021年的2.5缩小到2.45。长江退捕渔民安置保障稳定有序，长江水生生物资源保护持续向好，江豚等标志性物种加快恢复。化肥农药用量连续7年保持下降趋势，畜禽粪污综合利用率、秸秆综合利用率、农膜回收率稳步提高，农产品质量安全例行监测总体合格率达到97.6%。**乡村建设行动全面实施。**统筹推进乡村建设行动，新增通硬化路较大规模自然村（组）3.2万个，全国农村自来水普及率达87%。农村卫生厕所普及率超过73%，全国农村黑臭水体排查识别基本完成。持续推进紧密型县域医疗卫生共同体建设，支持农村学前教育发展。全国农村普惠性幼儿园覆盖率达到92.2%，农村低保平均标准达到6 985元/（人·年）。**乡村治理效能进一步提升。**推动健全县乡村三级治理体系功能，创建乡村治理示范村镇2 191个，完善推广积分制、清单制、数字化、接诉即办等务实管用的乡村治理方式，开展农村移风易俗重点领域突出问题专项治理。农村法治建设持续加强，农业对外合作深入开展。**农村改革稳步推进。**第二轮土地承包到期后再延长30年试点拓展到21个省份57个县（市、区），宅基地制度改革和农村乱占耕地建房专项整治两项试点稳步推进。

2023年是全面贯彻党的二十大精神的开局之年，是推动经济运行总体回升的关键之年，做好“三农”工作、支撑保障全局大局要求更高、任务更重。要坚持以习近平新时代中国特色社会主义思想为指导，全面贯彻落实党的二十大和中央经济工作会议、中央农村工作会议精神，深入贯彻落实习近平总书记关于“三农”工作的重要论述，锚定建设农业强国目标，坚决守牢确保粮食安全、防止规模性返贫等底线，扎实推进乡村发展、乡村建设、乡村治理等重点工作。**一是协同推进产能提升和结构优化。**稳面积、稳产量，扩大豆、扩油料，提单产、提自给率，全力以赴再夺粮油丰收，强化耕地建设与保护，加力推进技术装备研发应用，加快提升粮食综合生产能力，大力发展现代设施农业，建立健全多元化食物供给体系。**二是协同推进成果巩固和农民增收**。在强化兜底保障的基础上，把脱贫群众放在农民增收大格局中统筹考虑，把更多资源力量聚焦到发展"土特产"、促进产业振兴提质增效上，配置到产业就业、创业兴业上，创新经营增效、就业稳岗、改革活权等机制办法，激发内生动力巩固拓展脱贫成果，多措并举拓宽农民增收致富渠道。**三是协同推进乡村建设和乡村治理**。稳步推进农村人居环境整治、乡村基础设施建设和公共服务提升，增强乡村治理效能，加强农村精神文明建设，找准落点推进宜居宜业和美乡村建设。要下大力气建设一支政治过硬、适应新时代要求、具有领导农业强国建设能力的干部队伍，全面推进乡村振兴、加快建设农业强国，为全面建设社会主义现代化国家开好局起好步打下坚实基础。

唐仁健

2023年9月

CONTENTS

目 录

第四章　乡村发展

第五章　乡村建设

第六章　乡村治理

第七章　科技创新

第八章　深化改革

第九章　国际贸易

第十章　支持保障

第十一章　坚持和加强党对“三农”工作的全面领导

附　表

附　　图

正文专栏

第一章　发展总论

中　国　乡　村　振　兴　发　展　报　告　2022

2022年是进入全面建设社会主义现代化国家、向第二个百年奋斗目标进军新征程的重要一年。党的二十大在擘画全面建成社会主义现代化强国宏伟蓝图时，对农业农村工作进行了总体部署，要求全面推进乡村振兴、加快建设农业强国。这是党中央立足全面建设社会主义现代化国家、着眼统筹“两个大局”作出的重大决策部署，明确了新时代新征程农业农村现代化的主攻方向。“强国必先强农，农强方能国强。没有农业强国就没有整个现代化强国；没有农业农村现代化，社会主义现代化就是不全面的。”习近平总书记出席中央农村工作会议并发表重要讲话，系统阐释了建设农业强国、加快推进农业农村现代化、全面推进乡村振兴的一系列重大理论和实践问题，明确了当前和今后一个时期“三农”工作的主攻方向、战略重点和重大举措，是党的“三农”工作理论创新的最新成果，是做好新时代新征程“三农”工作的行动指南。

2022年，面对严峻复杂的国际形势和新冠疫情、自然灾害等多重困难挑战，各地区各部门以习近平新时代中国特色社会主义思想为指导，深入学习贯彻习近平总书记关于“三农”工作的重要论述和重要指示批示精神，落实中央农村工作会议和中央1号文件部署，牢牢守住保障国家粮食安全和不发生规模性返贫两条底线，扎实有序做好乡村发展、乡村建设、乡村治理重点工作，推动乡村振兴取得新进展、农业农村现代化迈出新步伐，为经济社会大局提供了基础支撑。

一、全力保障粮食和重要农产品稳定供给

（一）粮食再夺丰收，大豆油料扩种超出预期

2022年，党中央、国务院高度重视粮食生产，各地区各部门严格落实粮食安全党政同责，持续加大对粮食生产的支持力度，有力克服北方罕见秋汛导致冬小麦晚播、局部发生新冠疫情和南方持续高温干旱等不利因素影响，全年粮食实现增产丰收。2022年是实施粮食安全党政同责考核的元年，中共中央办公厅、国务院办公厅出台了《地方党委和政府领导班子及其成员粮食安全责任制规定》。中央继续提高小麦、稻谷最低收购价，稳定实施玉米、大豆生产者补贴和稻谷补贴政策，分批次向实际种粮主体发放一次性补贴400亿元，提高农民种粮积极性。2022年，粮食播种面积比2021年增加1 052万亩、超额完成目标任务，粮食产量达到13 731亿斤、增产74亿斤，总产量连续8年稳定在1.3万亿斤以上。

2022年启动实施国家大豆和油料产能提升工程，攻坚克难扩面积、千方百计提单产，扩种取得新突破，面积、产量、自给率实现“三提升”。大豆和油料作物面积达到3.51亿亩、比上年增加近3 000万亩。大豆产量2 028.3万吨、比上年增加388.8万吨，首次超2 000万吨。油料作物产量3 654万吨、比上年增加40万吨。大豆自给率达到18.4%、比上年提高3.4个百分点，食用植物油自给率达到34.7%、比上年提高1.6个百分点。

（二）重要农产品保供稳价

2022年，我国棉花糖料等重要农产品生产基本稳定，畜牧业生产稳定增长，生猪产能充足，棉花产量598万吨、糖料产量11 236.5万吨，保持基本稳定。生猪生产稳定发展，年末生猪存栏45 256万头、同比增长0.7%，全年生猪出栏69 995万头、同比增长4.3%。全年猪肉平均价格同比下降6.8%，为稳物价发挥了重要作用。“菜篮子”产品供应充足，肉蛋奶、果菜鱼等重要农产品价格基本稳定，总体呈现稳中向好的发展态势。

2022年，蔬菜、水果、猪肉、牛羊肉、禽肉、禽蛋和牛奶产量均不同程度增长。蔬菜产量79 997万吨，同比增长3.2%；水果产量31 296万吨，同比增长4.4%。猪牛羊禽肉产量9 227万吨，同比增长3.8%。其中，猪肉产量5 541万吨，增长4.6%；牛肉产量718万吨，增长3.0%；羊肉产量525万吨，增长2.0%；禽肉产量2 443万吨，增长2.6%。禽蛋产量3 456万吨，增长1.4%。牛奶产量3 932万吨，增长6.8%。水产品产量6 865.91万吨，增长2.6%。其中，养殖水产品产量5 565.46万吨，增长3.2%；捕捞水产品产量1 300.45万吨，增长0.4%。

（三）耕地保护力度持续加大

党的二十大报告强调，要“全方位夯实粮食安全根基，全面落实粮食安全党政同责，牢牢守住十八亿亩耕地红线”。严格落实耕地利用优先序，强化永久基本农田保护制度，扎实推进全国“三区三线”划定，将耕地保有量和永久基本农田保护目标任务足额带位置逐级分解下达，明确地方党委政府耕地保护责任。加强耕地保护和粮食安全考核，围绕耕地保护设置一票否决项。严格落实耕地利用优先序，多措并举有效遏制耕地“非农化”、永久基本农田“非粮化”。加大政策支持，加强资金保障，大力推进高标准农田建设，累计建成10亿亩高标准农田。积极挖掘潜力增加耕地，支持将符合条件的盐碱地等后备资源适度有序开发为耕地。统筹实施工程建设、耕地保护、资源养护，实施黑土地保护性耕作面积8 300万亩。2022年，国务院部署启动了第三次全国土壤普查，重点对耕地、园地、林地、草地等农用地和部分未利用地土壤开展全面“体检”。

（四）农业绿色发展深入推进

农业绿色生产方式加快转变。化肥农药使用量持续下降。2022年全国农用化肥施用量5 079万吨，比上年减少112.1万吨、下降2.2%；全国农药使用量119万吨，比上年减少4.9万吨、下降3.9%。畜禽粪污、秸秆综合利用率和农膜回收率稳步提高。绿色、有机、地理标志农产品产量占食用农产品总量的比例达到11%，农产品质量安全例行监测合格率达到97.6%。长江禁渔基础进一步强化。退捕渔民安置保障稳定有序，禁渔执法监管能力持续提升，长江水生生物资源保护持续向好，江豚等标志性物种加快恢复。

二、持续巩固拓展脱贫攻坚成果

（一）健全防止返贫动态监测和帮扶机制

健全防止返贫监测范围年度调整机制，综合考虑农村居民收入、农村低保、物价指数等情况，因地制宜确定2022年监测范围。优化完善防止返贫监测指标体系，将原全国建档立卡信息系统升级为全国防止返贫监测和衔接推进乡村振兴信息系统。重点关注脱贫户、低收入户等8类人群，开展全面排查，指导各地统筹脱贫人口和监测对象年度信息动态调整。积极稳妥应对疫情灾情影响，围绕强化防止返贫监测帮扶、稳岗就业、产业帮扶、项目实施和资金支出、社会帮扶和驻村帮扶等落实落细应对措施，有效防止因疫因灾返贫。

（二）促进脱贫地区产业发展和就业增收

832个脱贫县全部编制“十四五”特色产业发展规划，实施脱贫地区特色产业提升行动、农产品加工业提升行动。脱贫人口务工就业规模达到3 278万人，比2021年增加133万人。脱贫人口人均纯收入达到14 342元，同比增长14.3%。脱贫县农村居民人均可支配收入达到15 111元，同比增长7.5%。脱贫攻坚成果得到进一步巩固。

（三）脱贫地区帮扶政策落实见效

2022年中央财政安排衔接推进乡村振兴补助资金1 650亿元，同口径较2021年增加84.76亿元、增长5.4%。资金测算分配时，加大对国家乡村振兴重点帮扶县的倾斜支持力度。截至2022年末，全国脱贫人口小额信贷余额1 859.77亿元、同比增长14.47%，贷款户数432.22万户。深化东西部协作和中央单位定点帮扶，东部省份向协作地区投入财政援助资金230.9亿元，互派干部3 146人、专业技术人员2.3万人。305家中央单位向592个定点帮扶县投入和引进帮扶资金689亿元。3 740家民营企业与国家乡村振兴重点帮扶县建立帮扶关系。选派科技特派团对160个国家乡村振兴重点帮扶县实施“一对一”帮扶，推进干部人才“组团式”帮扶。发挥好驻村工作队、驻村第一书记作用。

三、务实推进乡村发展、乡村建设、乡村治理

（一）加快促进乡村发展

2022年，各地立足资源优势和区域特点，强政策、育主体、建平台、促融合，持续推动乡村产业高质量发展。扎实推进农产品加工业发展，2022年规模以上农产品加工企业9万家，规模以上农产品加工业实现营业收入19.14万亿元，完成利润总额1.13万亿元。支持建设农产品产地冷藏保鲜设施1.6万多个。截至2022年底，累计建设农业产业强镇1 309个，覆盖约1 100个县（市、区）。聚焦大豆、水稻、苹果、辣椒、生猪、肉牛等优势主导产业，充分延伸产业链条，建设全产业链产值超10亿元的农业产业强镇约350个。截至2022年底，农业农村部、财政部累计支持创建250个国家现代农业产业园，带动各地建设7 000多个省市县产业园，初步形成以园区引领农业现代化的新格局。农业农村部、国家发展改革委、财政部等8部门遴选确定49个第三批国家农业绿色发展先行区创建单位，探索不同生态类型、地域特色的绿色发展模式，示范带动同类地区农业发展全面绿色转型。2022年全国农村居民人均可支配收入达20 133元，同比增长6.3%，扣除价格因素，实际增长4.2%。城乡居民人均可支配收入比值为2.45，比2021年缩小0.05。

（二）扎实稳妥推进乡村建设

中共中央办公厅、国务院办公厅印发《乡村建设行动实施方案》，提出了“十四五”时期推动乡村建设取得实质性进展的目标，部署了乡村规划建设管理、农村基础设施建设、农村人居环境整治、农村基本公共服务提升等重点任务，明确了推进机制和保障措施。2022年全国农村公路完成固定资产投资4 733亿元，新改建农村公路18.98万公里。截至2022年底，全国农村自来水普及率达到87%，规模化供水工程覆盖农村人口比例达到56%。推动千兆光纤、5G网络向农村地区延伸，全国行政村通光纤、通4G比例均超过99%，5G网络覆盖所有县城城区和96%的乡镇镇区，基本实现农村城市“同网同速”。农村户厕问题摸排整改扎实推进，全国农村黑臭水体排查识别基本完成。持续推进紧密型县域医疗卫生共同体建设。支持农村学前教育发展，农村普惠性幼儿园覆盖率达到92.2%。截至2022年底，全国共有农村低保对象3 349万人，农村低保平均标准达到6 985元/（人·年），较2021年同期提高9.8%。

（三）稳步提升乡村治理水平

持续强化农村基层组织建设，完成49.1万

个村“两委”换届工作，乡村班子结构明显优化。推动各地规范细化乡镇“三重一大”事项，全面落实村级重大事项决策实行“四议两公开”，加强科学决策和民主监督。推动健全县乡村三级治理体系功能，遴选推介一批全国乡村治理、“文明乡风建设”等典型，进一步推广积分制、清单制、数字化等务实管用的乡村治理方式。开展高额彩礼等移风易俗重点领域突出问题专项治理。持续惩治农村基层涉黑涉恶腐败问题，坚持重拳出击、除恶务尽，边打边治、标本兼治，不断健全完善“村霸”防范治理机制，提升基层社会治理水平。制定修订黑土地保护法、农产品质量安全法、畜牧法等14项法律法规，农业综合行政执法人员实现统一执法着装，2022年全年查办各类违法案件11.36万件，调处纠纷0.64万件，挽回经济损失4.94亿元。

四、持续深化农业科技创新、农村改革、国际合作

（一）加强农业科技创新支撑

全国农业科技进步贡献率达到62.4%。加快推进农业生物育种重大项目组织实施，推动建设现代生物育种技术体系，培育一批重大战略性新品种。“圣泽901”“广明2号”“沃德188”等3个白羽肉鸡新品种通过审定，具有自主知识产权的“华西牛”肉牛新品种选育成功。创制农业传感器技术产品、重大智能农机装备产品、农业生产工厂与大田智慧农场等典型生产技术体系，我国主要农作物耕种收综合机械化率、丘陵山区农作物耕种收综合机械化率、水产和畜牧养殖机械化率显著提高，建成适应中国农业特色、具有自主知识产权的智慧农业技术体系。结合农业区域性、公益性强的产业特点，创新探索“揭榜挂帅”、部省联动、企业创新联合体等新机制。持续加强现代农业产业技术体系建设，大力开展全产业链技术集成创新和科技指导服务，为全面推进乡村振兴和加快实现农业农村现代化提供有力科技支撑。

（二）深化农村改革

稳妥推进第二轮土地承包到期后再延长30年整县试点，形成了一批成熟可推广的做法经验。推动104个县（市、区）和3个地级市有力有序开展农村宅基地制度改革试点工作，截至2022年底，改革工作已覆盖试点地区1 623个乡镇、23 428个行政村，分别占试点地区乡镇和行政村总数的89.9%和86.6%。深化农村集体经营性建设用地入市试点，持续推进全域土地综合整治试点工作。加快推进农村集体经

济组织立法。截至2022年底，全国依法登记的农民专业合作社达223万家，纳入全国家庭农场名录系统的家庭农场393.4万个。农业社会化服务在探索创新中加快发展，各类服务组织总数达到107万个，服务小农户数量达到9 156.4万户，服务总面积达到19.7亿亩次，其中服务粮食作物面积14.7亿亩次。

（三）积极开展国际合作

我国农产品进出口贸易位居世界前列，且规模呈扩大趋势。2022年我国农产品进出口额3 343.2亿美元，同比增长9.9%，保持全球农产品贸易第二大国、第一大进口国和第五大出口国地位。秉持人类命运共同体理念，积极开展对外合作，持续推动落实2030年可持续发展议程。我国福建安溪铁观音茶文化系统、内蒙古阿鲁科尔沁草原游牧系统、河北涉县旱作石堰梯田系统、浙江庆元林—菇共育系统被联合国粮食及农业组织正式认定为全球重要农业文化遗产。中国全球重要农业文化遗产总数增至19项，继续保持全球首位。

五、坚持和加强党对“三农”工作的全面领导

（一）深入学习贯彻习近平总书记关于“三农”工作的重要论述

一是各地区各部门坚持将学习贯彻习近平总书记关于“三农”工作的重要论述作为重大政治任务。多种方式抓好系统学习，全面领会精神实质和核心要义，着力提高各级党政领导干部“三农”政策水平和工作本领。二是开展乡村振兴主题干部培训。中央组织部会同有关地区和部门，采取“省级示范、市级重点、县级普遍、部门抓系统行业”的方式，突出政治训练和专业化能力培训导向，统筹抓好任职培训、乡村振兴主题培训和示范培训，将乡镇干部、村干部、驻村干部、农村集体经济组织中的党组织负责人等农村基层干部全部培训一遍。三是持续强化农村思想政治引领。深入开展“听党话、感党恩、跟党走”宣传教育活动，累计组织开展各类宣讲76万余次，参与群众7 000多万人次。

（二）建立健全乡村振兴推进体制机制

一是推进各级党委农村工作领导小组议事协调规范化制度建设。中共中央办公厅、国务院办公厅印发《乡村振兴责任制实施办法》，明确“实行中央统筹、省负总责、市县乡抓落实的乡村振兴工作机制”。中央农办会同中央和国家机关有关部门开展省级党委和政府推进乡村振兴战略实绩考核。二是继续强化五级书

记抓乡村振兴责任。天津、河北、浙江、海南、陕西等建立乡村振兴任务分工清单管理制度。江苏、安徽、江西、山东、重庆、青海等建立健全“五大振兴”专班或专项小组。三是完善“三农”工作统筹协调机制，加强党委农村工作机构建设。广西、海南、新疆等实行省级党委农办、农业农村部门、乡村振兴局党政主要领导责任“一肩挑”。

（三）强化支持保障

一是强化财政投入保障。继续把农业农村作为一般公共预算优先保障领域。2022年，预算安排全国一般公共预算农林水支出24 160.28亿元，增长9.3%。中央财政涉农相关转移支付规模继续保持增长，其中衔接推进乡村振兴补助资金、农业生产发展资金、农田建设补助资金分别增长5.4%、10.5%、10.5%，支持巩固拓展脱贫攻坚成果同乡村振兴有效衔接，保障国家粮食安全，全面推进乡村振兴。二是强化金融支持力度。截至2022年末，全国涉农贷款余额49.25万亿元，同比增长14%。用好用足支农再贷款、支小再贷款、再贴现政策，明确支农、支小再贷款全部采取“先贷后借”模式发放，加强支农、支小再贷款台账管理，提高支农、支小再贷款、再贴现政策普惠性。三是提供有力人才支撑。实施高校毕业生“三支一扶”计划，围绕全面推进乡村振兴，2022年选派4.13万名高校毕业生到基层从事支教、支农、支医和帮扶乡村振兴等服务。四是强化资源和能源保障。统筹农村一二三产业融合发展空间，因地制宜优化乡村空间用地结构，支撑和保障乡村振兴空间需求。

第二章　稳产保供

一、保障粮食安全

习近平总书记强调，保障粮食和重要农产品稳定安全供给始终是建设农业强国的头等大事。2022年，在党中央、国务院坚强领导下，各地区各部门严格落实粮食安全党政同责，持续加大对粮食生产的支持力度，有力克服北方罕见秋汛导致冬小麦晚播、局部发生新冠疫情和南方持续高温干旱等不利因素影响，实现全年粮食产量逆势高位再增长，进一步增强粮食和重要农产品稳定安全供给能力，为应对各种风险挑战、促进经济社会稳定发展发挥了“压舱石”的作用。

（一）稳定全年粮食播种面积和产量

1. 粮食产量再创历史新高

2022年，中央继续提高小麦、稻谷最低收购价，稳定玉米、大豆生产者补贴和稻谷补贴政策，分批次向实际种粮农民发放一次性补贴400亿元；各级农业农村部门立足抗灾夺丰收，加大工作力度、超常超强推进，抗击新冠疫情、全力促弱转壮、有效应对旱涝，全年粮食播种面积17.75亿亩、比上年增加1 052万亩，总产量达到13 731亿斤、比上年增加74亿斤，连续8年稳定在1.3万亿斤以上。人均粮食占有量486.1公斤，远超世界平均水平。大豆、油料扩种成效明显，产量分别达到2 028万吨、3 654万吨。31个省（自治区、直辖市）中，有23个实现粮食增产。其中，河南上年洪涝灾害造成减产，2022年恢复性增产49亿斤；新疆、内蒙古、山东、山西、吉林粮食增产均超过8亿斤。

2. 深入贯彻落实粮食安全党政同责

2022年初，经国务院同意，全年粮食生产目标任务下达至各省（区、市）人民政府，大豆、油料任务被纳入其中。中央农办牵头制定《地方党委和政府领导班子及其成员粮食安全责任制规定》，并以中共中央办公厅、国务院办公厅名义印发。国家发展改革委、自然资源部、农业农村部、国家粮食和物资储备局联合制定《省级党委和政府落实耕地保护和粮食安全责任制考核办法》及其评分细则，其中增加粮食面积产量、种植结构考核分值和权重，充分体现了考核的目标导向和结果导向，进一步强化了粮食安全责任制考核的“指挥棒”作用。各省（区、市）党政领导统筹谋划、高位推动粮食安全责任制落实的良好局面已经形成，粮食生产、储备、流通、节粮减损能力不断提升，我国粮食安全保障水平显著提高。

3. 积极推进国家粮食安全产业带建设

2020年中央经济工作会议和中央农村工作会议首次提出“国家粮食安全产业带”的概念，2022年中央1号文件再次强调推进国家粮食安全产业带建设。一是印发《国家粮食安全产业带建设总体方案》，提出以粮食生产优势区域布局为基础，在全国建设“三主三辅”国家粮食安全产业带，进一步提高粮食产业质量效益和竞争力。二是扎实推进高标准农田等农业基础设施项目建设管理，指导各地加快建设进度，多渠道保障项目资金足额到位，着力提升农田灌排设施、机耕道路等设施建设，切实增强防灾减灾能力。三是强化农田水利设施运行管护，健全管护机制，压实管护责任，确保工程设施长期发挥效益。结合《"十四五"水安全保障规划》等的实施，以大中型水库、大型灌区建设为重点，提高水利基础设施防洪抗旱能力。建设一批规模合理、标准适度的抗旱应急水源工程，建立应对特大干旱和突发水安全事件的水源储备制度，大力推广滴灌等节水灌溉方式。

4. 大力实施绿色高产高效行动

2022年，聚焦粮食和大豆油料作物，中央财政通过农业相关转移支付，推行种植品种、肥水管理、病虫防控、技术指导和机械作业"五统一"，集成推广新技术、新品种、新机具，打造了一批优质强筋弱筋专用小麦、优质食味稻和专用加工早稻、高产优质玉米的粮食示范基地。集成示范推广高油高产大豆、"双低"油菜、高油酸花生等优质品种和区域化、标准化高产栽培技术模式。2022年全国共打造万亩片超2 500个、千亩方9 400个、百亩田10 400个，通过打造高标准示范田，以点带面、点面结合，辐射带动大面积均衡增产。水稻、小麦、玉米等主要粮食作物及特色杂粮杂豆生产的组织化标准化程度显著提升。持续推进耕地轮作休耕，重点在东北地区推广轮作扩大豆，在黄淮海、西北、西南等地区推广带状复合种植扩大豆。继续在河北地下水漏斗区、新疆塔里木河流域地下水超采区实施休耕，积极推行不同科属作物之间轮作、间套作，示范推广成熟可行的轮作增效种植模式，轮作休耕制度化常态化实施取得明显进展。

5. 扎实推进优质粮食工程

2022年，国家粮食和物资储备局全面深入推进优质粮食工程，督促指导各地贯彻落实《关于深入推进优质粮食工程的意见》精神，加快实施方案编制，推动项目落地，加快粮食绿色仓储、品种品质品牌、质量追溯、机械装备、应急保障能力、节约减损健康消费等"六大提升行动"落实落地，在全面深化粮食节约减损、保障粮食产业链供应链安全、全方位夯实粮食安全根基、助力乡村振兴等方面，取得阶段性成效。一是召开全国深入推进优质粮食工程调度会，宣传推广好的经验做法，指导各地选准路子、因地制宜，以"六大提升行动"为抓手，在省级层面进行整体谋划推进，编制"十四五"时期深入推进优质粮食工程实施方案。截至2022年底，全国各地已明确"十四五"期间新一轮优质粮食工程实施目标、重点任务，完成实施方案编制，有效保障"六大提升行动"落实落地。二是为持续深入推进优质粮食工程，加快粮食产业高质量发展，全面梳理各地首轮优质粮食工程实施以来的创新实践做法和具体措施，在全国深入推进优质粮食工程加快粮食产业高质量发展第二次现场经验交流会的基础上，参照2020年做法，编写出版《深入推进优质粮食工程（2021—2022年）》，供各地在工作中参考借鉴。三是督促各地加强责任落实，积极推进项目库建设，强化项目审核、调度和督导，合理安排实施规模和范围，确保"六大提升行动"落地见效。四是加大典型推广力度，定期调度"六大提升行动"进展，以简报形式通报好的经验做法，加大先进典型挖掘培树力度，为各地提供新一轮可复制、可推广的现实样板。

（二）调结构

1. 加大财政支持力度

一是支持开展大豆玉米带状复合种植试点。出台大豆玉米带状复合种植补贴政策，对承担示范推广大豆玉米带状复合种植任务的省（区、市），中央财政按每亩150元的标准给予适当补助，着力支持补上大豆油料等供给短板。二是支持油茶扩种改造。2022年中央财政安排资金12亿元，支持油茶林新造或低产低效林改造，提高油茶产量。

2. 实施大豆和油料产能提升工程

习近平总书记强调，要实打实地调整结构，扩种大豆和油料，见到可考核的成效。各地认真贯彻落实习近平总书记重要指示批示精神和中央决策部署，启动实施国家大豆和油料产能提升工程，下大力扩种大豆和油料。一是层层压实责任，强化任务落实。经国务院审定同意，2022年年初向各省级人民政府下达大豆扩种目标，并将油菜和大豆玉米带状复合种植任务逐级分解落实。“立春”后，农业农村部先后召开春季农业生产、扩种大豆油料等会议，进行全面安排部署。二是优化工作机制，强化资源集约。农业农村部制定2022年大豆油料扩种行动方案和指导意见，启动农垦带头扩种大豆油料行动。在关键农时季节派出工作组开展督促指导，设立农资保供专班、热线电话，积极协调解决农资缺口。三是整合政策项目，强化扶持引导。安排产油大县奖励、耕地轮作、绿色高质高效行动等项目资金支持大豆油料扩种。启动实施大豆玉米带状复合种植补贴，中央财政每亩补贴150元，明确要求地方配套50元。开展大豆完全成本和种植收入保险试点，支持建设大豆油料现代农业产业园、产业集群和产业强镇。四是狠抓指导服务，强化技术支撑。在关键农时季节，派出100多名机关干部、200多名科技人员组成巡回指导组和科技小分队，分赴生产一线指导服务。成立国家大豆和油料产能提升工程专家指导组，组织线上线下专题大讲座、技术大培训、专家大连线，累计培训超过400万人次。

在各方共同努力下，2022年国家大豆和油料产能提升工程实现“开门红”。全国大豆和油料播种面积3.51亿亩，比上年增加2 797万亩，增长8.7%。其中，大豆播种面积1.54亿亩，比上年增加2 742万亩，增长21.7%。其中，东北地区积极扩种大豆，推行大豆玉米合理轮作，主产区黑龙江大豆播种面积7 397.5万亩，比上年增加1 565.8万亩，增长26.9%；内蒙古大豆播种面积1 833.1万亩，比上年增加493.3万亩，增长36.8%。在西南、黄淮海、西北、长江中下游主产区等16省份示范推广大豆玉米带状复合种植1 516万亩，折合新增大豆面积约800万亩。其中，四川大豆播种面积780万亩，比上年增加114.9万亩，增长17.3%。各地加快筛选培育高产优质品种，集成推广绿色栽培技术，强化防灾减灾和病虫害防控，不断提高大豆单产水平。2022年，全国大豆单产132公斤/亩，每亩产量比上年增加2.1公斤，增长1.6%；大豆产量405.7亿斤，比上年增加77.8亿斤，增长23.7%，首次突破400亿斤，创历史新高。全国油料单产185.4公斤/亩，每亩比上年增加1.6公斤，增长0.9%；油料产量730.6亿斤，比上年增加7.98亿斤，增长1.1%。

专栏1

大豆玉米带状复合种植

大面积推广大豆玉米带状复合种植，是实施大豆和油料产能提升工程的重要内容，也是完成全年粮食和重要农产品生产供给底线任务的重要途径。习近平总书记多次作出重要指示批示，强调要实打实地调整结构，扩种大豆和油料，见到可考核的成效。农业农村部认真贯彻落实习近平总书记重要指示批示精神和中央的部署要求，把示范推广大豆玉米带状复合种植作为一项政治任务，作为农业农村工作大事要事，全力以赴推进带状复合种植大面积示范推广。一是强化工作部署。在关键农时季节，先后召开春季农业生产现场会、扩种大豆油料电视电话会，全面动员部署复合种植工作，制定印发大豆油料扩种工作指导意见和行动方案，将示范推广任务分解到省县、到乡村、到主体。二是强化政策扶持。启动实施大豆玉米带状复合种植补贴，中央财政每亩补贴150元，明确要求地方配套补贴50元。从农业社会化服务项目中安排资金对承担任务的规模经营主体再补一部分，第一年尽可能调动种植积极性。三是强化科技支撑。落实“三选”任务，抓好“三定”工作，指导基层农技人员和种植主体尽快掌握带状复合种植技术。成立带状复合种植专家指导组，积极开展技术培训，研究绘制技术挂图。派出100多名机关干部、200多名科技人员组成巡回指导组和科技小分队，开展下沉一线包省包片指导服务。四是强化物资保障。分区域分模式组织开展带状复合种植配套机具改装研制、应用指导和作业调度，并纳入农机购置补贴范围。

2022年各地区各部门坚决落实粮食安全党政同责要求，主动担当、自我加压，大豆玉米带状复合示范推广取得较好成效。一是示范推广面积圆满完成。2022年选择河北、内蒙古、山东、四川等16个省份承担带状复合种植大面积示范推广任务，全年完成面积超过1 500万亩，落实到1 047个县、近4万个新型农业经营主体及部分小农户。二是示范推广产量目标基本实现。经对16个省份的7 684个承担主体抽样调查，通过加权平均测算，2022年1 516万亩带状复合种植玉米平均产量448公斤、大豆79公斤。三是多数承担主体种植收益有账可算。根据各地实收测产和调研情况，复合种植玉米产量有高有低，增的大豆或多或少，加上国家和地方补贴基本弥补每亩增加的200 ~ 260元生产成本，多数种植户有钱可赚。四是探索筛选了一批适宜当地的技术模式。2022年复合种植首次大面积推广，各地边示范、边摸索。从示范情况看，大豆玉米比例4 : 2、4 : 3、4 : 4、3 : 2、2 : 2、6 : 4等6种模式推广面积较大，占比超过七成。各地根据品种特点、配套农机、种植制度等实际情况，加快带状复合种植本土化熟化，筛选出适合当地的主推技术模式。

（三）合理保障农民种粮收益

1. 健全农民种粮收益保障机制

落实耕地轮作休耕资金111.45亿元，较上年增长40%。安排耕地地力保护补贴资金1 204.85亿元，并纳入中央直达资金管理，进一步提升补贴发放的规范性、精准性和时效性，切实调动农民种粮积极性。2022年中央财政在关键节点及时高效分三批向实际种粮农民发放补贴400亿元，定期调度资金拨付情况，有效缓解农资价格上涨带来的种粮增支影响。

2. 稳定实施最低收购价、生产者补贴等政策

2022年，中央财政在东北三省和内蒙古自治区稳定实施玉米和大豆生产者补贴政策，并优化资金使用，促进大豆扩种；稳定实施稻谷补贴政策，切实保护农民利益，确保“口粮绝对安全”；扩大产粮（油）大县奖励资金规模，较上年增加24亿元，重点支持双季稻、大豆生

产和冬油菜扩种，调动地方政府扩豆促油积极性。继续在小麦和稻谷主产区实施最低收购价政策。综合考虑粮食生产成本、市场供求、国内外市场价格和产业发展等因素，适当提高2022年小麦、稻谷最低收购价，稳定口粮生产。2022年小麦、早籼稻、中晚籼稻、粳稻最低收购价分别为每斤1.15元、1.24元、1.29元、1.31元，比上年分别提高2分、2分、1分、1分。江苏、安徽、河南、湖北、黑龙江等5省先后启动中晚稻最低收购价执行预案，有效发挥政策托底作用。为方便农民售粮，国家粮食和物资储备局将2022年早籼稻最低收购价预案执行起始时间从原定的8月1日予以适当提前。全年累计收购粮食4亿吨左右，其中以最低收购价收购稻谷1 200万吨，牢牢守住农民“种粮卖得出”的底线。

3. 支持大宗农产品保险保障水平持续提升

2022年，财政部会同有关方面，推动三大粮食作物完全成本保险和种植收入保险主产省产粮大县全覆盖。在广西推行糖料蔗完全成本保险和种植收入保险，在黑龙江、内蒙古部分地区开展大豆完全成本保险和种植收入保险试点，提高粮、油、糖保险保障水平，服务保障大宗农产品供应安全。抓好农业防灾减灾救灾。全年落实安排6批农业生产救灾资金78.8亿元，特别是应对2021年严重秋汛导致的冬小麦苗情偏弱问题，统筹安排资金66亿元，保障夏粮小麦丰收到手；中央预备费安排资金35亿元，支持长江流域严重干旱省份抗旱救灾及落实“一喷多促”等防灾减损措施，有力保障秋粮生产。

4. 支持培育新型农业经营主体

2022年，中央财政通过农业相关转移支付，支持启动实施乡村产业振兴带头人培育“头雁”项目，着力打造一支与农业农村现代化相适应，能够引领一方、带动一片的乡村产业振兴带头人“头雁”队伍。支持县级及以上农民合作社示范社和示范家庭农场改善生产经营条件，规范财务核算，应用先进技术，推进社企对接，提升规模化、集约化、信息化生产能力。同时，财政部联合农业农村部印发《农民专业合作社财务制度》，促进规范合作社财务行为，保护合作社及其成员合法权益。通过农业生产发展资金渠道，测算安排农业生产社会化服务资金，支持各地采取以奖代补、作业补贴等方式，支持符合条件的农村集体经济组织、农民合作社、农业服务专业户、服务类企业，面向小农户开展社会化服务，把小农户生产引入现代农业发展轨道。

（四）大力推进节粮减损

一是建立健全工作机制。2022年4月，国家发展改革委、中央农办等28家中央部委、人民团体、中央企业建立粮食节约和反食品浪费专项工作机制，发挥统筹协调作用，研究部署重点工作，协调解决重大问题。2022年7月21日，国家发展改革委召开“粮食节约和反食品浪费专项工作机制”会议，机制成员单位有关同志参加会议，进一步落实《粮食节约行动方案》部署的工作任务。

二是推进全链条节粮减损。国家粮食和物资储备局推进实施《粮食节约减损健康消费提升行动方案（试行）》。印发《粮食节约减损的指导意见》，细化农户储粮、绿色仓储、粮食物流、适度加工、综合利用等环节减损任务，明确创新体系建设、标准制定修订、宣传教育等方面工作举措，推进粮食产后节约减损工作。按照“粮食节约和反食品浪费专项工作机制”会议要求，国家粮食和物资储备局研究制定调查方案、组织专家论证、开展业务培训，指导各级粮食和储备部门及中储粮集团各分（子）公司，组织完成全国粮食储存环节损失损耗调查工作。调查显示，全国农户储粮损失大幅降低，国有粮库储粮损失基本消除，损耗控制在合理范围。农业农村部、国家发展改革委组织在种植面积50万亩以上的县开展主粮作物机收损失监测调查，小麦、水稻、玉米平均机收损失率比2020年降低1个百分点以上。国家粮食和物资储备局实施“绿色仓储提升行动”，认定59家绿色储粮标准化试点单位，促进储粮减损降耗。在夏粮、秋粮收购中，5 500多家粮食产后服务中心为种粮农民提供清理、干燥、收储、加工、销售等服务，促进粮食质量提档升级，助农减损增收。国家粮食和物资储备局发布7项绿色储粮行业标准和5项团体标准，加强粮食仓储管理业务指导，促进储存环节粮食节约减损。发布粮油适度加工相关标准，引导粮油企业适度加工。加强减损技术攻关，促进节粮减损国际合作。

三是加大宣传力度。依托世界粮食日和全国粮食安全宣传周、全国粮食和物资储备科技活动、食品安全宣传周等重要活动大力宣传节粮知识。中央宣传部和国家发展改革委在“奋进新时代”主题成就展中全面展现我国节粮减损成果，全面宣介粮食行业节约减损成效。全国妇联联合农业农村部、国家粮食和物资储备局共同印发《关于开展“巾帼兴粮节粮”活动的通知》；国家粮食和物资储备局、农业农村部、教育部、科技部、国家国际发展合作署、全国妇联共同印发《关于做好2022年世界粮食日和全国粮食安全宣传周活动的通知》。黑龙江积极开展寻找“最美巾帼卖粮人”活动，将“种粮节粮·巾帼力量”稻田画嵌入万亩大地，邀请300多名女专家、技术员为700多名种粮女大户当好“庄稼医生”；湖南成立由100余名女性农民参与的湘女新农人联盟，积极开展“赛技能、强素质、展风采”插秧比赛。9月中国农民丰收节期间，全国妇联在河南举办“巾帼兴粮节粮庆丰收”主场活动，联动黑龙江、山东等粮食主产省共同开展形式多样的庆丰收活动，汇聚爱粮兴粮、共庆丰收、振兴乡村的巾帼力量。

（五）反对食品浪费

一是部署反食品浪费专项整治。2022年11月至12月，市场监管总局开展为期两个月的反餐饮浪费专项整治，聚焦直辖市、计划单列市和省会城市等重点地区和经营婚宴、自助餐、商务活动用餐、旅游团队用餐的餐饮服务经营者等重点领域、重点环节浪费问题进行治理。共监督检查重点餐饮经营者177.5万家，对检查中发现的问题依法予以查处。

二是加强反食品浪费日常监督执法。市场监管总局将餐饮服务经营主体落实反食品浪费的措施列为重点检查内容之一。在元旦、春节等重要节假日期间，加大制止餐饮浪费的监督检查力度。

三是深化宣传教育引导。2021年、2022年连续两年，国务院食品安全办、市场监管总局将反食品浪费作为全国食品安全宣传周的重点内容，组织食品龙头企业发出公开倡议，公布典型案例，推动营造反浪费氛围。组织媒体开设反食品浪费专栏，大力弘扬崇尚节约的良好社会风气。国家粮食和物资储备局将反食品浪费法纳入“八五”普法计划，组织中央媒体推出重点报道，大力宣传反食品浪费法律法规、政策措施和经验做法。国家机关事务管理局、国家发展改革委、商务部、市场监管总局组织部分省和部门实行机关食堂反食品浪费工作成效评估和通报制度。国家发展改革委、商务部、市场监管总局引导平台企业、餐饮商户推出“小份菜”“半份饭”，超过90万家商家提供超过560万种“小份菜”。

二、保障“菜篮子”产品供给

（一）落实“菜篮子”市长负责制

根据《“菜篮子”市长负责制考核办法》，农业农村部会同国家发展改革委、财政部等“菜篮子”食品管理部际联席会议成员单位，对直辖市、计划单列市、省会城市等36个大中城市“菜篮子”市长负责制落实情况进行考核，不断压紧压实稳产保供稳价责任。

一是强化“菜篮子”市长负责制考核结果应用。向36个大中城市“一对一”反馈考核情况，督促大中城市抓好整改落实，报送应急保供方案和整改落实情况，做好考核“后半篇”文章。为激励各地落实好“菜篮子”市长负责制，营造学习优秀、争当优秀、赶超优秀的良好氛围，会同“菜篮子”食品管理部际联席会议成员单位对连续2次考核优秀城市进行表扬。

二是指导抓好“菜篮子”产品稳产保供工作。农业农村部会同“菜篮子”食品管理部际联席会议成员单位印发《统筹新冠肺炎疫情防控和“菜篮子”产品保供稳价工作指南》，分区域、分环节、分类别细化工作措施，明确工作要求，推动各地特别是大中城市做好相关工作。召开全国大中城市“菜篮子”产品稳产保供工作视频会，邀请各省农业农村部门、大中城市人民政府负责同志参会，全面部署元旦、春节及一段时期稳产保供工作。全面梳理疫情常态化防控条件下大中城市“菜篮子”产品保供稳价工作的经验做法，分析短板不足，总结提炼典型模式，形成专题研究报告。强化对大中城市“菜篮子”产品供需情况跟踪调度，及时报告“菜篮子”产品产销情况。

三是优化“菜篮子”市长负责制考核。结合“菜篮子”产品稳产保供稳价的新任务新要求，联席会议成员单位共同研究修订《“菜篮子”市长负责制考核办法实施细则》，优化考核内容和评分标准，进一步突出生产能力与应急保供能力提升。组织开展市民满意度第三方评估，公正、客观测评市民对36个大中城市2021年度“菜篮子”工作满意程度。

（二）抓牢蔬菜稳产保供

农业农村部坚决扛起“菜篮子”产品稳产保供责任，积极应对气象灾害频发、蔬菜阶段供应偏紧、价格反季节规律上涨等情况，成立“菜篮子”产品保供组，紧盯关键节点，强化工作协调，会同有关部门印发《统筹新冠肺炎疫情防控和“菜篮子”产品保供稳价工作指南》等，层层压实责任，抓好措施落实，确保蔬菜等“菜篮子”产品生产稳定、供给充足。

一是加密信息调度。对28种主要蔬菜产品

实行地头价日调度、在田面积和当期产量旬调度，建立蔬菜产销形势月度会商机制，定期发布蔬菜生产和地头价信息，科学指导生产。

二是落细工作部署。积极应对长江流域持续高温干旱不利影响，农业农村部印发《关于切实抓好蔬菜抗旱减灾稳产保供的通知》，指导各地压紧压实责任，强化政策扶持，加强指导服务，统筹抓好生产发展、产销衔接、流通运输、市场调控、质量安全等各项工作，千方百计化解灾害不利影响。

三是加强指导服务。聚焦冬春、夏秋茬口交替的生产淡季和灾害多发重发期，及时发布预警信息，组织专家制定技术意见，开展巡回指导，落实防灾减灾措施。

四是强化应急协调。密切关注疫情影响，积极协调交通运输部等部门，出台保通保畅政策，打通卡点堵点，保障农业生产资料和蔬菜等农产品顺畅流通。帮助长春、上海等疫情防控重点地区，对接联系应急保供基地，协调解决蔬菜生产供应中的困难问题。

（三）稳定生猪生产长效性支持政策，稳定基础产能，防止生产大起大落

2022年，农业农村部全面开展生猪产能调控工作，印发《生猪产能调控工作考核方案》，压实生猪产能分级调控责任，稳定用地、环保、金融等长效性支持政策，实现了生猪产能调控良好开局。全国能繁母猪存栏量始终保持在4 100万头以上，全年猪肉产量恢复到正常年份水平，有力促进了生猪生产健康发展。

一是抓住关键环节精准调控。把住能繁母猪存栏量这个“总开关”，明确了全国4 100万头能繁母猪正常保有量调控目标，并根据能繁母猪存栏量与正常保有量的比值变动，设定绿色（正常波动）、黄色（大幅波动）和红色（过度波动）3个调控区域。逐月监测并反馈各省份能繁母猪存栏量，督促产能过度下降的省份采取增养措施。

二是建设调控基地稳定存量。压紧压实地方调控责任，将13.7万家规模养殖场保有量分解到各地，公布挂牌1.2万个国家级和省级产能调控基地，基地出栏量超过全国总出栏量的1/3。

三是稳定政策优化发展环境。继续发挥部门协调机制作用，保持用地、环保、金融等长效性支持政策的延续性和稳定性。农业农村部办公厅与中国农业银行办公室联合印发《金融助力畜牧业高质量发展工作方案》，对生猪养殖等重点企业实施名单制管理，点对点提供金融服务。江西、湖北、四川等省份出台了细化政策措施，山东、河南、甘肃等省份统筹资金支持生猪生产发展，江苏、广东、陕西等省份创新金融手段增强“补血造血”能力。

四是强化权威数据支撑和信息引导。持续开展生猪生产情况监测，通过主流媒体加密发布生产监测预警信息。农业农村部修订《生猪生产统计调查制度》，新增规模场“购入100公斤以上大猪数量”“已配种及经产母猪数量”和散养户“新生仔猪数”指标，进一步增强样本代表性、精准性。在6个省份开展畜牧兽医生产经营主体统一赋码试点，推进饲料、检疫、屠宰等生猪全产业链数据互联互通、相互佐证。持续对全国规模猪场全覆盖监测，加强数据质量核查和考评。针对一些市场机构监测样本少、覆盖面窄、监测口径不一致、新增产能纳入不及时，却频繁发声误导市场的情况，加强全链条分析研判，及时发布权威信息，引导主流舆论。

五是毫不松懈抓好非洲猪瘟常态化防控，强化生猪屠宰管理，通过信息化手段加强技术服务。

六是统筹做好新冠疫情防控和产业发展，开通热线电话，及时协调地方解决运输受阻问题，维护正常产销秩序。

七是密切跟踪生猪市场供需和价格情况，国家发展改革委及时发布预警信息，引导生猪养殖企业稳定基础产能，防止生产大起大落。积极开展政府猪肉储备调节，结合市场变化，连续开展中央猪肉储备收储和投放，指导各地开展储备调节，推动生猪价格运行在合理区间。

经过相关工作的开展，生猪产能调控效果初步显现，国家层面的生猪监测预警的权威性得到树立，全国能繁母猪存栏量4 100万头目标任务的调控“风向标”经受住了实践检验，逐步成为养殖场（户）的行动“指南针”。一是预警信息得到生产和供应走势的验证。农业农村部对市场形势进行了适时预测研判并及时发布预警信息，如“二季度末扭亏为盈”“三季度压栏推升猪价”“四季度价格急涨转急跌”等都得到了市场验证。二是政府猪肉储备调节的作用不断增强。上半年生猪价格低位运行时，连续13批次挂牌收储52万吨中央猪肉储备，提振市场信心；下半年生猪价格上涨时，密集投放7批次14万吨中央猪肉储备，有效增加市场供应，遏制价格过快上涨势头。三是产能总体保持在合理水平。与以往“猪周期”能繁母猪存栏量降幅动辄超过10%甚至20%相比，2022年上半年严重亏损时，能繁母猪调减幅度只有8.5%，存栏量始终没有低于正常保有量，产能增减更为有序有度。四是养殖加快扭亏为盈。最近一轮“猪周期”猪价下行19个月后即止跌回升，比近5轮平均时间缩短了5个月。2022年生猪养殖头均盈利350元，处于正常偏好水平。

（四）加快扩大牛羊肉和奶业生产，推进草原畜牧业转型升级试点示范

一是加快扩大牛羊肉生产。继续实施肉牛肉羊增量提质行动，扩大实施范围，支持北方11个省份基础母牛扩群提质和南方8个省份牛羊草畜一体化发展。深入实施牧区畜牧良种补贴，加快牛羊品种改良进程。继续开展畜禽养殖标准化示范创建，全年共创建36家肉牛和羊国家级标准化示范场，示范带动作用进一步增强。深入实施粮改饲，青贮玉米和苜蓿等优质饲草供给持续增加。2022年3月，农业农村部印发《畜间布鲁氏菌病防控五年行动方案（2022—2026年）》，重点抓好牛羊布病防控。

二是提升奶业竞争力。加大奶业政策支持力度，2022年3月，农业农村部印发《“十四五”奶业竞争力提升行动方案》；6月，农业农村部办公厅会同财政部办公厅印发《关于实施奶业生产能力提升整县推进项目的通知》，安排中央财政资金支持奶牛养殖大县实施奶业生产能力提升整县推进项目，推动饲草种植和奶牛养殖配套衔接，支持提升养殖设施装备智能化水平，开展奶农养加一体化试点，示范带动奶业高质量发展，提高奶业综合生产能力。

三是实施草原畜牧业转型升级项目。在内蒙古、四川、西藏、甘肃、青海、宁夏、新疆等7省区和新疆生产建设兵团选择15个项目县，实施草原畜牧业转型升级项目，建设高产稳产优质饲草基地、现代化草原生态牧场或标准化规模养殖场、优良种畜和饲草种子扩繁基地以及防灾减灾饲草贮运体系等，促进草原畜牧业生产经营方式根本性改变。

全国牛羊肉和奶业呈现良好发展势头。2022年全国牛肉产量718万吨，同比增长3.0%；羊肉产量525万吨，同比增长2.0%；牛奶产量3 932万吨，同比增长6.8%。2022年末，牛存栏10 216万头，同比增长4.1%；羊存栏32 627万只，增长2.1%。奶牛单产达到9.2吨，比上年增加500公斤。

（五）积极支持天然橡胶基础设施建设

国家发展改革委会同农业农村部编制了《“十四五”天然橡胶生产能力建设规划》，按照“项目跟着规划走，资金要素跟着项目走”的原则，积极支持天然橡胶基础设施建设。持续增加投资支持力度，2022年，安排中央预算内投资5.071 6亿元支持天然橡胶基础设施建设，重点支持天然橡胶基地胶园更新等项目实施。

（六）完善棉花目标价格政策

2022年继续在新疆实施棉花目标价格政策，目标价格水平仍为2020年确定的每吨18 600元。完善棉花目标价格政策实施措施，促进棉花生产稳定和质量提升。

（七）稳定水产养殖面积，提升渔业发展质量

2022年，我国持续推进渔业绿色发展，稳定水产养殖，加快远洋渔业高质量发展，同时，强化“菜篮子”市长负责制考核，水产品养殖产量和面积的考核分值翻了一番，多措并举提升生产能力，保障市场供应，确保水产品有效供给。一年来，克服疫情、干旱、寒潮灾害等不利影响，渔业经济总体保持平稳发展，水产品产量稳步增长，供应充足、价格稳定，进出口总量总额增长，渔民收入增加。全年水产品产量6 865.91万吨，同比增长2.6%。据对全国80家水产品批发市场成交情况的监测，水产品综合平均价为25.25元/公斤，同比上涨0.2%。渔民人均纯收入2.46万元，同比增长5%。

1. 立足养殖，保障水产品供应

一是持续推进水产养殖业绿色发展。农业农村部组织各地开展国家级水产健康养殖和生态养殖示范区申报，全国共有115个申报主体符合国家级示范区创建标准。组织开展生态健康养殖、养殖尾水治理、水产养殖用药减量、配合饲料替代幼杂鱼、水产种业质量提升等水产绿色健康养殖技术推广“五大行动”。农业农村部会同生态环境部联合出台《关于加强海水养殖生态环境监管的意见》，支持集中连片内陆养殖池塘更新改造和尾水治理，推进水产养殖业尾水达标治理，进一步提高池塘养殖综合生产能力和可持续发展能力。农业农村部组织实施2022年冬奥会产地水产品兽药残留监控专项任务、2022年国家产地水产品兽药残留监控计划。监测结果显示，全国产地水产品兽药残留监测抽检合格率为99.9%，养殖水产品质量安全稳定在较高水平。加强水产养殖投入品监管，指导各地落实投入品使用白名单制度，持续开展水产养殖投入品专项执法行动，组织开展蛙类养殖和使用地西泮2个专项整治行动。积极应对水产品质量安全舆情事件。发布《水产养殖用药明白纸2022年1号、2号》，研究提出符合水生动物特点的兽药管理优化建议。

二是稳定和保护重要养殖水域滩涂。农业农村部组织编制全国养殖水域滩涂规划，主动融入“多规合一”，在《全国国土空间规划纲要（2021—2035年）》中确立了稳定保护现有养殖水域滩涂、拓展深远海等宜渔水域的空间发展基调；会同自然资源部研究制定领海和专属经济区内养殖用海政策。指导督促地方加快省级养殖水域滩涂规划编制。加快推进养殖证核发，全国发证17.78万本，发证面积500.5万公顷，发证率78.4%，较上一年提高了近4个百分点。加快水产养殖管理信息化建设，制定养殖水域滩涂规划和养殖证“一张图”建设方案。启动重要养殖水域滩涂保护制度研究。

三是多途径拓展渔业发展空间。深远海养殖加速推进。农业农村部开展深远海大型装备养殖摸底调查，加强顶层设计，制定《关于

加快推进深远海大型智能化养殖渔场发展的意见》。农业农村部在征求有关部委意见基础上，批复同意山东省开展“国信1号”养殖工船运营管理试点，加快示范推广，深圳、珠海、海南等陆续启动养殖工船建造计划。大水面生态渔业试点工作展开。指导湖北、江苏开展增殖渔业资源利用试点，试行了“一水一策”制度，指导开发增殖渔业资源可追溯系统，增殖产品实现“一车一单一码”，试点湖库分别开展资源评估，制定增殖资源利用方案，形成了“先评估、后测产、再起捕、可追溯、重监测”全链条管理，建立了与湖库环境承载力相适应的增殖资源利用模式。稻渔综合种养稳步发展。印发《农业农村部关于推进稻渔综合种养产业高质量发展的指导意见》，为产业发展指明了方向，奠定了基础。盐碱地养殖积极拓展。将盐碱地水产养殖纳入农业农村部和科技部联合印发的《盐碱地综合利用科技攻关与示范推广行动方案》。加强盐碱地水产养殖示范推广，开展全国盐碱地水产养殖典型案例征集和通报。

四是深入实施水产种业振兴行动。农业农村部组织开展水产养殖种质资源普查数据核查分析和特色种系统调查，完成基本情况普查210余万条数据的准确性和完整性审核，完成251个特色水产养殖种质资源系统调查，采集制作遗传材料7.8万份。推进水产种业企业扶优，公布20家企业为2021年水产种业育繁推一体化优势企业；组织编写《我国水产种业企业阵型研究报告》，发布121个国家水产种业阵型企业。推进水产种业创新，发布26个水产新品种，启动虹鳟、斑节对虾、虾夷扇贝、斑点叉尾鮰、鳗鲡、南美白对虾和罗氏沼虾等7个重点品种的联合育种攻关，争取生物育种等重大专项支持水产育种创新和现代育种技术平台建设。

2. 稳定捕捞，促进可持续发展

一是优化国内近海捕捞业。稳妥扩大伏休期间特殊经济品种专项捕捞许可范围，发布通告许可沿海7个省市开展6个品种的专项捕捞，各地实际作业渔船2 437艘，捕捞产量2万吨，产值3.4亿元。以专项捕捞许可为手段，推进东海区休渔制度调整，形成初步调整方案。推进捕捞业管理改革，健全完善基本经营制度，畅通渔船等要素流转，简化审批程序，保护渔民权益。启动渤海捕捞限额制度研究，联合有关部门加强涉渔船舶审批、修造、检验监管，组织开展专项联合行动，强化涉渔船舶源头治理。组织海洋捕捞业基础研究，探索管理思路，开展捕捞业管理制度和成本收益分析，为做好捕捞业管理提供基础支撑。

二是推进远洋渔业高质量发展。农业农村部印发《关于促进“十四五”远洋渔业高质量发展的意见》，旨在控制发展规模节奏，稳定远洋渔业产能，优化产业结构布局，提高远洋渔业综合保障能力。在稳定远洋渔业产能基础上，加强国内市场开拓，多措并举克服疫情影响，引导鼓励自捕鱼运回。印发金枪鱼渔业管理文件，提升金枪鱼产业国际履约能力和规范发展水平。支持4个境外基地建设，鼓励支持以基地为依托的全产业链发展。实施远洋渔业“监管提升年”行动，进一步完善监管机制、提升监管及履约能力，坚持“零容忍”打击违规行为。推动解决船员欠薪，规范船员管理。加强远洋渔业安全管理，持续做好疫情防控。积极参与国际海洋治理，首次在印度洋海域实行公海自主休渔。全面试行公海渔船电子渔捞日志。2022年远洋渔业总产量233万吨，经济总产值约1 500亿元。

（八）多措并举保障农产品质量安全

2022年，有关部门全面贯彻习近平总书记重要指示精神，创新机制强监管，多措并举优供给，全国农产品质量安全形势持续向好，为经济社会大局做出了应有贡献。

1. 加强农产品质量安全突出问题治理

一是强化监测预警评估。全年开展了2次例行监测，共监测了31个省份的1 478个菜果茶生产基地、976辆蔬菜和水果运输车、315个养殖场、518个屠宰场、1 231辆（个）水产品运输车或暂养池、1 191个农产品批发（农贸）市场，抽检蔬菜、水果、茶叶、畜禽产品和水产品等五大类产品106个品种130项参数14 437个样品，抽检总体合格率为97.6%。其中，蔬菜、水果、茶叶、畜禽产品和水产品抽检合格率分别为97.1%、98.8%、98%、99.1%和95.8%。监测结果显示，2022年全国农产品质量安全状况保持稳定。重点围绕粮油作物质量安全、畜禽水产品养殖环节跨领域用药、果蔬产品未登记用药和防腐保鲜安全性等开展43项风险评估项目，农业农村部推动标准制定修订43项，形成一批农业生产规程和管控指南。

二是深入开展专项整治。全国深入开展“治违禁 控药残 促提升”行动，2022年出动执法人员284.9万人次，检查生产主体196.2万家次，查处行政执法案件7 126个，移送司法机关597个。11个重点品种中8个（韭菜、芹菜、羊肉、鸡蛋、乌骨鸡肉、乌鳢、鳊鱼、大黄鱼）监测合格率比整治前明显提升。严打禁限用药物违法使用行为，指导各地在盯紧11个重点品种的基础上，将地方特色品种和问题较多的小品种纳入整治范围。开展国家农产品质量安全监督抽查任务，抽检种植业产品、畜禽产品、水产品三大类农产品样品，跟进开展不合格样品核查处置，发布《农业农村部关于监督抽查发现的15批次问题农产品情况的通告》及《农业农村部办公厅关于2022年农产品质量安全监管执法典型案例的通报》，宣传监管执法成效，震慑违法犯罪行为。严控常规药物残留超标问题，针对基层监管长期只检禁用药物、不检常规药物的实际短板，农业农村部制定公布《食用农产品重点品种及易超标常规药物参数》，指导地方明确“用什么、检什么”的工作导向。首次开展常规农药速测产品评价，推介234个技术过关产品，解决“用什么检”的技术难题。全力做好冬奥会、冬残奥会等重大活动保障。指导督促地方坚决落实供冬奥会农产品质量安全和食源性兴奋剂防控要求，未发生一例农产品质量安全事件和食源性兴奋剂问题，圆满完成保障任务。据北京冬奥会食品供应安全工作协调小组通报，本届冬奥会食品供应安全保障工作有力有序，实现了“三零”（食品安全零问题、食源性兴奋剂零风险、食品供应零投诉）目标。

三是部署开展豇豆突出问题攻坚治理。农业农村部高度重视豇豆农药残留超标问题，2022年11月印发《豇豆农药残留突出问题攻坚治理方案》，明确治理重要时节、重点问题和9项重点任务，在全国部署启动攻坚治理工作。成立部豇豆农药残留突出问题攻坚治理领导小组，组织专家组赴南方5省区进行驻点指导。

2. 着力增加绿色优质农产品供给

一是部署实施农产品“三品一标”四大行动。2022年9月，印发《农业农村部关于实施农产品“三品一标”四大行动的通知》，部署实施优质农产品生产基地建设行动、农产品品质提升行动、优质农产品消费促进行动、达标合格农产品亮证行动。农业农村部会同部级牵头单位发布《关于印发农产品“三品一标”四大行动重点任务分解落实方案的通知》，进一步细化任务。

二是深入实施地理标志农产品保护工程。2022年支持291个地理标志农产品发展，建设改造核心生产基地756个、特色品种繁育基地392个，举办以地理标志农产品为主题的文化节、采摘节、丰收节、旅游节等活动270余场次，举办省级以上或跨省举办地理标志农产品推介活动620余场次，培训人数超30万人次，支持27个国家乡村振兴重点帮扶县地理标志农产品发展，带动约260万户农户增收约130亿元。

三是促进绿色、有机农产品健康发展。不断推进地方特色产品标准化、品牌化，扩大安全优质农产品供给。截至2022年底，绿色食品、有机农产品获证单位总数27 246家，产品总数60 254个，绿色优质农产品总量达到2亿吨，生产规模占食用农产品比重达到12%。建成绿色食品原料标准化生产基地748个，有机农产品基地102个，绿色食品（有机农业）一二三产业融合发展园区41个。认真落实绿色食品企业年检、产品抽检、标志市场监察、风险预警、产品公告等5项证后监管制度，及时处理不合格产品，全年撤销60个产品的绿色食品标志使用权。共抽检9 547个绿色食品，产品质量抽检合格率99.2%；对110个各类市场开展市场监察，整改111个不规范用标产品，查处13个假冒产品；重点对瓜果和蔬菜、茶叶、枸杞及农民专业合作社产品开展风险预警跟踪监测，监测328家获证单位的330个产品。

四是加强品牌宣传。围绕“绿色生产 绿色消费 绿色发展”主题，在全国组织开展“春风万里 绿食有你——绿色食品宣传月”活动，采取线上直播、现场带货的形式，直播间观看量近200万人次。宣传月期间，28个省（区、市）陆续开展了宣传推介活动共计606场，以互联网宣传和产品现场展示有机结合的形式，开展绿色食品知识普及、产销对接及脱贫地区产品推介，相关宣传报道1 245篇。

五是发展名特优新农产品。2022年全年登录全国名特优新农产品1 012个，累计登录产品3 234个；纳入名录管理的生产经营主体2 971家，累计9 083家。

3. 完善制度机制建设

一是压实地方责任。扎实开展食品安全工作评议考核。发挥考核“指挥棒”的作用，科学设定2022年食品安全评议考核指标，将农产品质量安全重大工作部署和重点工作全部纳入考核，以考核督促抓好工作落实，引导各地强化工作创新，持续加大监管力度。扎实开展全国“双打”考核和质量工作考核。推动农资打假工作纳入全国“双打”考核和质量工作考核，以压实属地责任、日常工作开展情况、执法办案成效等为主要考核内容，对各省农资打假工作开展情况进行科学评价。

二是推动农产品质量安全法修订实施。农业农村部配合全国人大常委会法工委方面做好农产品质量安全法修订，多次召开修法研讨会，推动完成草案二审、三审。9月2日修订草案表决通过。此次法律修订全面贯彻“四个最严”要求，将农户纳入监管视野并明确农户法律责任，推动承诺达标合格证、农产品追溯、农安信用等入法，完善标准、监测、评估等制度体系，进一步加大对违法行为的处罚力度，为保障“舌尖上的安全”提供了有力支撑。为做好法律宣贯实施，9月举办了全国食品安全宣传周农业农村部主题日暨农产品质量安全法宣贯活动，组织编写法律释义和修法专刊，深入解读法律精神。

三是完善农产品标准体系。健全优化农兽药残留食品安全标准。农业农村部组织编制农业农村高质量发展标准体系，以“最严谨的标准”为指引，聚焦农产品高质量发展和人民美好生活需要。制定修订农药兽药残留限量及配套检测方法食品安全国家标准735项，总数达到13 755项，覆盖主要食用农产品和常用农兽药品种，限量标准与国际食品法典（CAC）标准一致率超过90%。加快制定修订优质农产品相关标准。2022年制定修订《绿色食品》系列产品标准、《食用农产品生物营养强化通则》等一批优质营养健康农产品领域行业标准。截至2022年底，新发布农业行业标准310项，总数达到6 105项。现行有效的绿色食品标准142项，其中准则类标准14项、产品标准128项。组织编制涵盖蔬菜、果品等23类全国名特优新农产品营养品质评价鉴定技术规范及3类特质农品评价鉴定技术规范，正式发布农产品营养标准12项。

4. 提升基层监管能力

一是持续推进食用农产品承诺达标合格证制度试行。新修订的农产品质量安全法对农产品生产者开具、收购者收取保存和再次开具、批发市场查验承诺达标合格证作出具体规定，进一步确立了这项制度在农产品质量安全工作中的长期性、基础性地位。承诺达标合格证被国家文物局列入《新物见证》进行展示。部署实施达标合格农产品亮证行动，组织承诺达标合格证进超市、进社会、进机关、进学校等现场活动，推动承诺达标合格证常态化开具。

二是积极推进乡镇网格化管理。推动监管服务机构基本覆盖到乡镇，落实乡镇监管人员7.6万人和村级协管员42万人。推进农安风险等级评价和结果公示上墙。组织基层监管检测人员线上线下培训，超60万人次参加，有效推动基层监管能力提升。

三是深化国家农产品质量安全县创建。农业农村部组织修订《国家农产品质量安全县管理办法（暂行）》《国家农产品质量安全县考核办法》，优化考核指标体系，健全完善管理制度，提升创建水平。开展国家农产品质量安全县“回头看”工作和“亮牌”活动，巩固创建成效。

四是推动市县检测机构提高“双认证”比例。农业农村部组织开展了县级农产品质量安全检测机构能力提升三年行动，通过全覆盖培训、结对帮扶、技术指导、骨干培养等措施，进一步提高基层农产品检测机构检测人员能力，力争用三年时间，实现县级质检机构农产品质量安全检测机构考核和检验检测机构资质认定通过率达到80%以上，认证参数能够满足农兽药残留等农产品质量安全突出问题监督执法工作需要。

五是持续推进农产品质量安全追溯体系建设。农产品质量安全追溯管理被纳入新修订的农产品质量安全法中，农产品追溯进入有法可依、有法必依的新时期。部省平台对接持续深入，截至2022年底，部省两级农产品追溯平台入驻企业累计达到120多万家，全系统追溯“一张网”格局初步形成。农业农村部持续开展农产品追溯挂钩意见落实情况督促检查，相关地方和参展企业责任意识明显提高。重点地区重点品种重点领域先行先试成效明显。农业农村部与京津冀、长三角、粤港澳大湾区和福建等8个区域和省份加强工作联系，上海市、浙江省、福建省和深圳市农产品追溯信息已经顺利进入流通和消费领域。品牌农产品追溯继续取得重要成果，同时指导海南、广西两省区开展豇豆全程追溯技术评估试点。

三、重要农产品调控

2022年农业外部环境复杂多变，地缘政治冲突和极端天气强力冲击国际农产品生产和供应链体系，引起农产品价格较大幅度波动。2022年中央1号文件就统筹做好重要农产品调控进行专章部署，相关工作有序开展。

（一）加强对重要农产品市场的监测预警

近年来，农业农村部、国家发展改革委、国家粮食和物资储备局、市场监管总局等部门不断完善重要农产品监测预警体系，健全监测预警会商工作机制，召开农产品监测预警专题会议，分析研判市场形势，不断提升农业全产业链监测预警工作质量，更好服务宏观调控决策和市场预期引导。

一是制度体系日益完善。经过20多年的发展，目前已经建立了覆盖粮、棉、油、糖、肉、蛋、奶、菜等19个重要农产品的监测预警体系。农业农村部创立了分析师队伍，不断完善管理办法。每日监测发布“农产品批发价格200指数”和鲜活农产品批发价格，每周监测发布鲜活农产品市场动态，每月监测分析19个品种生产、价格、贸易、供需等变化，形成《农产品供需形势分析月报》。重点围绕玉米、大豆、棉花、食糖和食用植物油等5个品种，每月与行业协会、气象部门会商，定期发布供需平衡表。每季度通过国务院新闻发布会集中发布农业农村经济运行情况，回应市场热点和社会关注。每年召开中国农业展望大会，发布《中国农业展望报告》，对未来10年农产品供需形势进行展望。目前农业农村部已形成日、周、月、季、年的综合监测预警发布体系，加强了对国际农产品市场的监测分析。农业农村部依托农业贸易预警救济专家委员会，每月就国际农产品供需、价格和我国进口情况进行形势会商，并编报国际农产品市场价格和供需周报、国际农产品市场价格与贸易形势月报。国家粮食和物资储备局加强与地方各省级粮食监测预警委员会的沟通协调，督促指导地方密切跟踪粮油品种市场走势和供求形势，建立定期联络机制，调整优化监测网点布局，及时调整监测品种和价格类型，及时形成简报、信息、专题研究报告等监测预警成果，适时发布粮食市场价格、收购进度等信息，有效提高服务决策、服务行业、服务社会的水平。

二是工作机制不断健全。健全常规统计和应急监测相结合的监测统计制度，形成高效的市场分析预警工作机制。2019年以来，贯彻落实中共中央办公厅、国务院办公厅《关于实施重要农产品保障战略的指导意见》，农业农村部广泛征求了国家发展改革委、财政部、商务部、国家统计局等相关部委意见，逐步完善农产品市场监测预警体系，成立农产品市场跨部门会商小组，就国内外农产品市场热点问题开展协同研判。

三是平台支撑逐步强化。2014年以来，农业农村部探索实施农业展望制度，每年4月20日固定召开中国农业展望大会，连续发布未来十年《中国农业展望报告》，已成为中国和全球农业发展交流的重要平台，提高了农业信息监测预警的国际影响力。2021年以来，会同国家发展改革委、商务部、海关总署、国家统计局，建立了生猪全产业链信息权威发布制度，数据覆盖生产、价格、消费、进出口、成本收益等领域，每月定期会商集中发布，打造权威统一的重点农产品市场信息平台。

四是服务效能有效提升。农业农村部、国家发展改革委、商务部等多部门协同开展研究，及时提出政策建议，有力支撑决策参考。定期发布农产品市场供需形势、农业展望报告、国际农产品市场价格和供需周报、国际农产品市场价格与贸易形势月报等。创新信息发布形式，开发海报、动画等可视化数据产品。2022年发布批发市场价格日报海报204期、动画110条，通过抖音、快手、头条等全网17个平台传播，累计阅读量超1亿次。农业农村部主办第五届虹桥国际经济论坛“以经贸合作促进全球粮食安全和乡村振兴”分论坛，紧扣全球农业农村和经贸发展新形势新变化，汇聚政、商、学届嘉宾的真知灼见，发出加强全球农业经贸合作、携手应对风险挑战、共促全球粮食安全和乡村振兴的“虹桥声音”，发布《国际农产品市场与贸易形势2022年（秋季）报告》，积极正面引导农产品市场健康发展。

（二）强化粮食储备和购销领域监管

一是扎实组织开展2022年全国政策性粮油库存检查。2022年，国家粮食和物资储备局联合国家发展改革委、财政部、中国农业发展银行组织开展2022年全国政策性粮油库存检查，将库存检查作为粮食购销领域腐败问题专项整治的重要抓手，督促指导各地严肃开展实地检查，全面提升检查效能。针对库存检查发现问题，国家粮食和物资储备局狠抓整改督导，专门印发通知逐项提出行政处罚处理建议，并明确整改时限，要求各地各单位对照清单严格整改，确保问题整改到位、行政处罚到位、追责问责到位。

二是出台强化粮食购销领域监管制度文件。国家粮食和物资储备局结合2019年全国政策性粮食库存数量和质量大清查、年度库存检查工作经验做法，以及新修订的《粮食流通管理条例》等法律法规，对2006年印发的《粮食库存检查暂行办法》进行修改完善，并会同国家发展改革委、财政部、中国农业发展银行联合印发新修订的《粮食库存检查办法》，实现了粮食库存检查方式方法基本定型。会同有关部门制定出台粮食流通行政执法办法、粮食购销定期巡查工作制度等，持续开展“亮剑”专项执法行动等。

三是加紧推动粮食购销监管信息化建设。持续推进粮食购销信息化监管，统筹整合资源，挖掘数据潜力，补齐监管短板，落实各方责任和政策保障。不断完善平台功能，提升省级平台数据对接质量，省级平台完成接口升级，提升业务应用，国家平台基本实现中央储备动态监管和省级储备实时查看，较好实现中央和省级储备粮监管信息化全覆盖、全程动态实时监控的阶段性目标，监管信息化体系基本形成。在“夏粮收购”“秋粮收购”视频督导中不断强化使用信息化手段直插现场的调研方式，强化业务系统应用和信息化监管手段。

（三）粮食仓储物流设施建设

2022年，国家发展改革委通过“粮食等重要农产品仓储设施中央预算内投资专项”支持中央企业和地方建设一大批粮食仓储物流设施项目，为保障粮食和重要农产品稳定安全供给提供了物质支撑。

一是加强粮食储备能力建设，加快补齐粮食储备仓容缺口。各省（区、市）积极开展承担政策性粮食储备任务的粮食仓储设施项目建设。依托粮食物流重点通道，对接国家综合交通运输骨干网络及枢纽，打造一批具有综合基础设施支撑、多样化物流服务能力和较强辐射带动作用的核心枢纽，着力发展集仓储、配送、加工、贸易、质检等为一体的粮食物流（产业）园区。

二是加快推进高标准粮仓建设。2022年1月，国家粮食和物资储备局印发《高标准粮仓建设技术要点（试行）》，并启动编制高标准粮仓建设标准，鼓励地方和中央企业推进高标准粮仓建设，开展粮食绿色仓储提升行动，采用新技术新材料新工艺，提升粮食仓房防水、保温隔热、气密等性能，推动粮食仓储设施建设和仓储管理高质量发展，确保粮食数量、质量和储存安全。

（四）智能粮库建设

通过粮食购销领域监管信息化建设、公共安全保障工程、储备仓库的基础设施建设等多种途径，拼图式推进“十四五”时期信息化建设,加大数据资源整合、开发和应用，优化完善“一中心六平台”功能，拓展行业信息化应用场景，提升各类储备库点信息化基础水平。强化通过信息化系统开展业务工作的硬性要求，全面提升省级储备粮承储库点上传国家平台数据和视频监控质量，确保业务数据全面、准确、及时上传至国家平台，进一步规范粮库业务流程。

（五）做好化肥等农资生产储备调运

2022年3月，国家发展改革委等部门联合下发《关于做好2022年春耕化肥保供稳价工作的通知》，保障春耕用肥价格稳定，并配合有关部门做好阶段性化肥调控工作，维护国内化肥市场价格秩序。

四、耕地保护

习近平总书记高度重视耕地保护工作，强调：“耕地是粮食生产的命根子”“要严防死守18亿亩耕地红线，采取‘长牙齿’的硬措施，落实最严格的耕地保护制度”“耕地保护要求要非常明确，18亿亩耕地必须实至名归，农田就是农田，而且必须是良田”。党的二十大报告强调，要“全方位夯实粮食安全根基，全面落实粮食安全党政同责，牢牢守住十八亿亩耕地红线”“确保中国人的饭碗牢牢端在自己手中”。农业农村部、自然资源部等部门坚决贯彻落实习近平总书记重要指示批示精神和党中央、国务院关于遏制耕地“非农化”、防止“非粮化”的决策部署，坚持问题导向，强化管控措施，始终保持耕地数量稳定在18亿亩以上，为粮食稳产增产提供了重要保障。

（一）强化地方党委政府耕地保护责任

自然资源部牵头完成全国国土空间规划纲要编制和“三区三线”划定工作，《全国国土空间规划纲要（2021—2035年）》已经党中央、国务院批准印发，将耕地保有量和永久基本农田保护目标任务足额带位置逐级分解下达，明确地方党委政府耕地保护责任。推进耕地保护和粮食安全考核合二为一，国家发展改革委、自然资源部、农业农村部、国家粮食和物资储备局会同有关部门研究起草《省级党委和政府落实耕地保护和粮食安全责任制考核办法》，围绕耕地保护设置一票否决项，落实耕地保护党政同责。自然资源部会同农业农村部、国家统计局，对各省（区、市）“十三五”时期耕地保护责任目标履行情况进行了考核，经国务院批准，向各省（区、市）通报了考核结果。

（二）推进落实“两平衡一冻结”制度

我国明确非农建设占用耕地要占补平衡，耕地转为其他农用地和农业设施建设用地要落实年度耕地进出平衡，对违法建设占用耕地的，整改处置到位前冻结同等数量补充耕地指标，确保可以长期稳定利用耕地不再减少。

一是持续改进和完善耕地占补平衡。自然资源部会同农业农村部研究完善耕地占补平衡政策，研究优化细化补充耕地验收工作机制办法，推动建立补充耕地立项、实施、验收、管护全程监管机制。自然资源部全面落实耕地先补后占和占一补一、占优补优、占水田补水田要求；紧盯补充耕地真实性，组织开展补充耕地集中核查，并推进补充耕地信息公开；稳妥实施跨省域补充耕地国家统筹制度，促进资源丰富地区和经济发达地区资源资金优势互补，助推乡村振兴；会同农业农村部研究部门联合开展补充耕地验收评定机制。农业农村部组织开展补充耕地质量评价试点工作。

二是稳步推进耕地进出平衡。自然资源部组织开展2021年度耕地流出问题排查整改，督促指导各地实事求是整改恢复耕地；持续开展耕地卫片监督，启用耕地卫片监督与进出平衡监管系统，综合运用遥感监测、铁塔探头、实地巡查等方式加强对耕地日常流入流出情况的监管。

（三）完善耕地保护制度体系

自然资源部配合有关部门积极推动耕地保护法立法进程；印发《关于进一步加强黑土耕地保护的通知》，明确黑土耕地特殊保护措施。

（四）巩固提升受污染耕地安全利用水平

农业农村部配合生态环境部下达受污染耕地安全利用2022年年度任务，督促指导地方实施分类管理，落实轻中度污染耕地安全利用措施和重度污染耕地严格管控措施。组织有关单位和专家分区包片加强对重点地区技术支持，指导地方因地制宜选用安全利用与治理技术模式。优化耕地重金属污染防治联合攻关基地布局，组织开展低积累作物品种和治理修复产品验证，推动“一域一策”精准解决区域土壤污染问题。

（五）加大自然资源执法督查力度

2022年，自然资源部持续加大自然资源执法督查力度，促进坚守耕地保护红线，保障粮食安全。执法工作方面，公开挂牌督办7起重大典型土地违法案件，督促指导地方严格执法；公开通报长江黄河流域18起土地违法典型案例，通过主流媒体解读100起公开通报涉刑土地案件的警示意义；部署开展2022年卫片执法工作，推动地方早发现、早制止、严查处土地违法行为，聚焦长江黄河干支流及重要湖泊等重点区域，组织开展长江黄河环保督察警示片反映问题“回头看”。国家自然资源督查工作方面，聚焦省级政府主体责任，对31个省（区、市）及新疆生产建设兵团开展耕地保护督察，重点督查地方政府遏制耕地“非农化”、防止“非粮化”职责履行情况，核查耕地占补平衡、“进出平衡”有关要求落实情况等，督促地方整改纠正违法违规占用耕地突出问题。

五、高标准农田建设

（一）全面推进高标准农田建设

2022年，农业农村部会同有关部门认真贯彻党中央、国务院决策部署，积极落实“藏粮于地，藏粮于技”战略，加大政策支持，加强资金保障，大力推进高标准农田建设，建成高标准农田10 472万亩，统筹发展高效节水灌溉农田约2 417万亩，进一步夯实了国家粮食安全基础，推动了农业转型升级和现代农业发展，有效提升了农田抗灾减灾能力，为支撑全国粮食产量连续多年稳定在1.3万亿斤以上发挥了重要作用。

一是加快任务落实。提前分解下达2022年度高标准农田和高效节水灌溉建设任务，提前下达农田建设补助资金，指导地方及时将任务和资金下达到县级、落实到项目。

二是优化政策供给。推动各地加快构建国家、省、市、县四级规划体系，明确建设目标任务、建设标准与内容、建设监管、后续管护及保障措施等。截至2022年底，全国已有30个省（区、市）和新疆生产建设兵团出台了省级高标准农田建设规划。

三是强化资金保障。中央财政下达农田建设中央资金1 096亿元，较2021年增加88亿元。指导和督促各地加强资金保障，按规定统筹利用高标准农田建设新增耕地指标调剂收益、地方政府债券等，多渠道筹措建设资金。

四是严格监督考核。推动将农田建设工作纳入省级党委和政府落实耕地保护和粮食安全责任制考核，压实地方工作责任。组织开展2021年度高标准农田建设情况综合评价，提出拟激励省份名单，国务院对高标准农田建设投入力度大、任务完成质量高、建后管护效果好的江苏省、江西省、山东省、湖北省、湖南省5省予以督查激励，每省激励2亿元。

（二）持续加强灌区现代化建设改造

一是启动全国农田灌溉发展规划编制工作。水利部会同农业农村部、国家发展改革委、财政部、自然资源部召开全国农田灌溉发展规划编制工作动员部署会，编制完成全国工作大纲和规划技术大纲。结合国土“三调”、高标准农田面积等数据，开展灌溉面积复核，开展灌区“一张图”绘制。

二是加快大中型灌区建设与改造。水利部会同国家发展改革委、财政部下达中央预算内投资和中央财政水利发展资金388亿元，支持529处大中型灌区建设与改造，吸纳农村劳动力就业10万人以上，支付农民工劳务费用超过15亿元。在加大政府资金投入基础上，坚持“两手发力”，用好金融支持水利基础设施建设政策，全国共落实金融资金91.8亿元，实施134处大中型灌区续建配套与改造，很好发挥了灌区投资拉动作用，也有力促进了农民工就地就近就业。协调推进灌区骨干工程与田间水利设施建设，推动优先将大中型灌区内的耕地建成高标准农田，提升灌溉排水保障能力和粮食综合生产能力。同步加快灌区建设进度，抢抓机遇，加强调度，压茬推进，国务院确定的江西大坳、广西大藤峡等6处大型灌区全部开工建设。2022年505处大中型灌区续建配套与现代化改造项目完成总投资210亿元，其中中央投资137.8亿元，新增恢复和改善灌溉面积3 300多万亩。

三是强化大中型灌区标准化管理。2022年12月，水利部办公厅印发了《关于做好大中型灌区、灌排泵站标准化管理评价工作的通知》，全国26个省份出台省级实施细则，推进1 300多处灌区、灌排泵站开展标准化管理建设。水利部启动48处数字孪生灌区先行先试，探索数字赋能推动灌区高质量发展；会同国家发展改革委遴选23处水效领跑者灌区，认定182处节水型灌区，示范推广，不断提高灌区节水能力和服务水平。水利部、农业农村部联合印发《关于加强农田水利设施管护工作的通知》，明晰管护责任和机制，促进工程良性运行。

四是深化农业水价综合改革。水利部开展深化农业水价综合改革推进现代化灌区建设，启动试点工作。指导各地创新思路方法，推进农业水价综合改革落地见效，打造一批社会资本广泛参与改革的样板。落实“两手发力”深化农业水价综合改革，选择部分灌区以水价改革为抓手，通过工程托管、合同节水等方式吸引社会资本介入，提升灌区服务能力和管理水平。全国累计实施农业水价综合改革面积突破7.5亿亩，4 000多处大中型灌区开展水价调整，已实施改革的大型灌区骨干工程平均执行水价由改革前的每立方米0.09元提高到约0.13元。

（三）实施东北地区侵蚀沟治理工程

深入贯彻落实中共中央办公厅、国务院办公厅《关于加强新时代水土保持工作的意见》，根据农业农村部、国家发展改革委、财政部、水利部等7部门印发的《国家黑土地保护工程实施方案（2021—2025年）》，水利部会同财政部紧紧围绕保障国家粮食安全，安排东北四省区水土保持中央资金6.2亿元，治理侵蚀沟2 067条，保护耕地面积近50万亩，年可增加粮食产量1 000万公斤。带动东北四省区投入省级财政和地方政府一般债券19.8亿元，治理侵蚀沟9 143条。

（四）深入推进国家黑土地保护工程

农业农村部牵头建立由国家发展改革委、科技部、财政部、水利部、中科院、国家林草局等有关部门和单位参加的国家黑土地保护部际协调机制，统筹安排年度任务，督促任务落实。农业农村部办公厅先后印发《关于加强政策统筹推动国家黑土地保护工程实施方案落地的通知》和《关于做好2022年国家黑土地保护工程相关工作的通知》，统筹实施工程建设、耕地保护、资源养护等不同项目，在东北典型黑土区完成黑土耕地保护利用面积1亿亩以上。

专栏2

《中华人民共和国黑土地保护法》简介

2020年7月，习近平总书记在吉林省考察时强调，一定要采取有效措施，保护好黑土地这一“耕地中的大熊猫”。2020年12月，习近平总书记在中央农村工作会议上指出，“要把黑土地保护作为一件大事来抓，把黑土地用好养好”。2021年起，农业农村部积极配合全国人大农业与农村委员会、全国人大法制工作委员会等部门组织的黑土地立法工作，推动《中华人民共和国黑土地保护法》顺利出台。2022年6月24日，第十三届全国人民代表大会常务委员会第三十五次会议表决通过了《中华人民共和国黑土地保护法》，并于2022年8月1日起施行。

《中华人民共和国黑土地保护法》是我国第一部专门针对耕地保护的法律，该法作为特别法，坚持问题导向和目标导向，突出对黑土地中的耕地进行特殊保护，有很强的针对性、适用性、可操作性。法律共三十八条，从立法目的、适用范围、保护要求和原则、政府责任和协调机制、资源调查和监测、制定规划、科技支撑、数量保护措施、质量提升措施、农业生产经营者的责任、资金保障、激励政策、考核与监督、法律责任等方面进行了规定。针对黑土耕地保护明确规定了各类主体责任、义务和权利，特别针对盗挖、滥挖、非法买卖黑土等行为第一次进行法律规定，从此，保护黑土有了严格的法律依据。

（五）实施黑土地保护性耕作

2020年初，经国务院同意，农业农村部、财政部共同启动实施《东北黑土地保护性耕作行动计划（2020—2025年）》。2022年，东北四省区共实施保护性耕作8 300万亩、超额完成8 000万亩任务面积。四省区项目实施县、整体推进县、县乡级高标准应用基地数量分别达到223个、56个、712个，有25个县实施面积超过100万亩，四省区以点带面、梯次铺开的态势已经形成。

一是强化组织推动。立足早部署、早动员，提前印发年度实施方案，逐一与东北四省区召开工作部署会。四省区2021年秋收后就已将任务分解落实到具体地块、明确到实施主体，并将保护性耕作作为政府年度重点工作，纳入绩效考核内容。

二是强化政策支持。各地积极探索实行差异化补助，对秸秆覆盖多的免耕播种地块提高作业补助标准，做到“优质高补”。将高性能（重型）免耕播种机补贴金额测算比例由30%提高到35%，全年四省区投入作业的免耕播种机7.7万台，免耕播种、秸秆整理等环节的关键装备保障能力明显增强。

三是强化技术指导。坚持“多覆盖、少动土”，针对部分农户担心的地温低、出苗不齐、病虫草害多等问题，组织专家因地制宜优化技术模式，如推行宽窄行播种、原垄错茬播种、秸秆归行免耕、条带耕作等适宜措施，实现了增温调墒保苗。

四是强化基地建设。建设县乡级保护性耕作高标准应用基地712个，基本实现了项目县全覆盖。全面推行基地“1+1+2”工作机制，即为每个基地配备1个技术支撑单位，1位技术指导专家，至少2次赴基地现场指导，培养了一批传帮带能力强的应用先锋。

五是强化监管督导。实行重要农时周调度、季会商，春播时派出干部定向联系基础相对薄弱的项目县，实地开展指导。加快安装作业监测终端，累计已安装8.05万台，切实提高了监管效率和精准性。加强资金兑付情况调度，对兑付缓慢地区及时督促整改。组织中国农业大学、东北农业大学等第三方对实施地块进行实地抽查评估，推动技术到位。

（六）稳步推进第三次全国土壤普查

2022年，国务院部署启动了第三次全国土壤普查，重点对耕地、园地、林地、草地等约110亿亩农用地和部分未利用地土壤开展一次“全面体检”。农业农村部牵头会同有关部门组织开展了普查工作方案编制、技术规程制定、工作平台构建、外业采样点规划布设等工作。

一是开展土壤普查试点。在31个省（区、市）择优选定工作基础好、积极性高的88个县开展试点，并选定8个省份开展省市县联动试点。布设、校核调查采样点8.8万个，对地形复杂、土壤类型变化多的区域以及部分特色农产品优势区加密布点。其中表层样点85 475个、剖面样点2 068个。完成了93 540个样品制备，形成化验数据252.3万条。

二是开展盐碱地普查。在滨海、东北松嫩平原、黄淮海平原和西北内陆等重点区域的14个省份划定了198个重点县的盐碱地普查范围。布设盐碱地样点11.2万个，已总体完成调查采样；针对盐碱地土壤特征开展样品化验，形成化验数据57.4万条。

六、农业重大灾害防范应对

（一）农业生产防灾减灾

据农业农村部农情调度，2022年极端气象灾害多发频发，区域集中、局地灾重、总体偏轻，全国农作物受灾累计1.81亿亩，比上年增加498万亩，其中成灾6 560万亩、减少463万亩，绝收2 028万亩、减少471万亩。受灾面积为近10年次低值，成灾和绝收面积均是近10年最低值。

1. 极端灾害频发，总体偏轻

一是干旱重于上年、轻于常年，南方出现极端伏秋连旱。全国农作物因旱受灾9 135万亩、较上年增加3 996万亩，其中成灾3 055万亩、增加945万亩，绝收918万亩、增加221万亩。成灾和绝收面积均为近10年次低值，仅高于2021年。

二是降雨北多南少，洪涝灾害轻于上年、轻于常年，灾情主要集中在东北。2022年降雨北方偏多，南方偏少，洪涝灾害影响总体偏轻。全国农作物因洪涝受灾5 121万亩、较上年减少2 020万亩，其中成灾2 188万亩、绝收739万亩，分别减少908万亩和570万亩，受灾、成灾和绝收面积均为近10年最低值。

三是台风登陆偏少，强度偏弱，灾情偏轻。受副热带高压影响，2022年登陆我国的台风偏少、强度总体偏弱，台风造成农作物受灾241万亩、较上年减少421万亩，其中成灾19万亩、减少141万亩，绝收18万亩、减少48万亩。受灾、成灾和绝收面积均为近10年最低值。

四是风雹灾情轻于上年、轻于常年。2022年，全国农作物因风雹受灾2 291万亩、较上年减少1 776万亩，其中成灾712万亩、减少722万亩，绝收263万亩、减少46万亩。受灾和成灾面积为近10年最低值，绝收面积为近10年次低值。

五是低温冻害重于上年、轻于常年。2022年，全国农作物因低温冻害受灾累计1 306万亩、较上年增加738万亩，其中成灾742万亩、绝收89万亩，分别增加520万亩和22万亩。受灾、成灾和绝收面积均小于近10年均值。

2. 加强农业生产防灾减灾

针对2022年农业防汛抗旱的严峻形势，农业农村部、水利部、应急管理部、中国气象局等部门认真贯彻落实党中央、国务院决策部署，牢固树立“防灾就是增产、减损就是增粮”理念，立足抗灾夺丰收，环环紧扣抓细抓实农业防灾减灾工作，切实减轻灾害影响，确保粮食和农业生产安全。

一是及早安排部署。农业农村部召开全国春季农业生产、“三夏”生产、防灾减灾保秋粮丰收、三季度“三农”重点工作等会议，分灾种、分品种、分季节对农业防灾减灾工作进行部署安排。农业农村部会同水利部、应急管理部、中国气象局印发紧急通知，细化安排抗高温干旱保丰收工作。

二是加强监测预警。农业农村部年初即制定防灾减灾工作预案和技术方案。每月与气象、应急、水利等部门会商灾情，分析灾害影响，重大天气变化实时会商。联合中国气象局发布5期高温热害和农业干旱风险预警，及时下发防“倒春寒”、防“干热风”等防灾减灾夺丰收通知19个，印发6个分作物抗高温干旱技术指导意见。

三是搞好物资储备。落实国家救灾备荒种子储备任务5 000万公斤。检修准备拖拉机2 310万台、排灌动力机具2 315万台、农用水泵2 249万台、节水灌溉类机具223万台（套）。积极协调饲料生产企业、交通运输等部门，协助养殖场（户）加强饲草料、兽药、消毒药等救灾物资储备。

四是指导科学抗灾。农业农村部组织专家制定下发30个分作物、分区域技术指导意见和灾害应对预案。组织开展部领导包省包片下沉一线和科技小分队蹲点指导，推动增施肥促弱转壮、防范“倒春寒”“干热风”、抗高温干旱等关键措施落实。

五是加大救灾支持。全年落实安排6批农业生产救灾资金78.8亿元，实施新的小麦“一喷三防”全覆盖，支持落实夏粮促弱转壮和秋粮抗旱保苗、“一喷多促”等关键措施。

六是加强部门协同。水利部实施2轮“长江流域水库群抗旱保供水联合调度”专项行动，统筹调度62亿立方米水，支持受旱区灌溉保苗。加强灾害性天气监测预警，开展地面增雨作业2.6万次，共增雨263.7亿立方米。

（二）畜牧业疫病防治

1. 高度重视畜牧业防灾减灾

洪涝、台风、低温雨雪冰冻灾害及地震等是我国畜牧业面临的主要自然灾害。据全国畜牧业灾情统计，2022年因青海与四川等地地震、南方地区洪涝干旱以及年初北方地区低温雨雪冰冻灾害等，造成畜牧业直接经济损失22亿元，损失少于常年，灾情总体偏轻。农业农村部高度重视防灾减灾救灾工作，加强灾情调度和抗灾救灾指导，有力应对各种灾害影响，促进了畜牧业夺丰收。

一是加强组织领导，及早全面安排部署。指导和督促各省（区、市）成立畜牧业防灾救灾工作领导小组或专项工作组，明确各级职责，层层压实责任，细化防灾减灾关键环节具体措施。确保组织有序、物资充足、队伍可靠，有力应对畜牧业防灾减灾工作。针对近年来地震等灾害多发频发、灾后动物防疫压力加大的严峻形势，在全国秋季重大动物疫病防控工作总结会上，农业农村部明确要求各地将灾后动物防疫工作纳入各级政府的应急救灾预案，争取条件保障。2022年11月，农业农村部印发《畜牧业应对寒潮暴雪天气技术指导意见》，着力强化应急准备、动物疫情防控工作和畜产品产销衔接等防灾减灾措施。推动各省畜牧兽医部门结合当地情况，围绕重大动物疫病疫苗、诊断试剂、消毒药品等，强化应急物资和技术储备。加强与气象、应急、水利等部门的沟通，及时掌握气象变化情况，强化灾情预警能力。通过多种渠道向养殖场（户）宣传防汛、防灾、应急相关技术要点，下发畜牧业防灾减灾技术手册，切实增强养殖主体灾害防范意识和能力。

二是加强灾情调度，及时启动畜牧业应急响应。2022年，青海门源、四川芦山、四川泸定先后发生6级以上地震，每起地震发生后，农业农村部均第一时间与受灾省份联系，及时掌握灾区畜禽养殖规模，调度农业受灾情况，研究针对性措施。特别是四川泸定6.8级地震发生后，第一时间启动畜牧业应急响应，迅即推进农业抗震救灾相关工作。

三是加强灾后防疫，组织做好灾后死亡畜禽无害化处理。视灾情情况，组织受灾地区农业农村（畜牧兽医）部门派出工作组赶赴灾区，实地察看了解灾后动物防疫工作情况，指导组织当地落实因灾死亡畜禽无害化处理、灾后消毒、紧急免疫等防疫措施。加强应急物资调拨，四川泸定6.8级地震发生后，及时安排中国动物疫病预防控制中心紧急向灾区调拨防护装备、消毒药剂等物资，支持灾区强化养殖环境消杀和因灾死亡畜禽无害化处理，确保“大灾之后无大疫”。

四是帮助灾后重建，指导恢复农业正常生产秩序。积极协调饲料生产企业和交通运输等部门，确保饲草料调入、畜禽出栏等运输渠道畅通，协助养殖场（户）加强饲草料、兽药、消毒药等重点投入品储备，避免因灾造成饲料和消毒防疫品短缺。同时，督促地方农业保险承保机构全面核灾定损，及时赔付资金，减少受灾农户损失。全年落实2.5亿元救灾资金，有力应对各种灾害影响，促进了畜牧业防灾抗灾夺丰收。

2. 全面加强基层动物防疫体系建设

2022年初，农业农村部会同中央编办联合印发了《关于加强基层动植物疫病防控体系建设的意见》，并制定了落实《意见》的工作方案，印发了落实《意见》的通知。按照工作方案要求，农业农村部组织中国动物疫病预防控制中心建立了调度平台，全面采集填报畜牧兽医体系基础信息，摸清了省市县乡畜牧兽医系统机构队伍的“家底”，统筹加强了县乡动植物防疫工作力量，推动“县有机构乡有人”，确保责有人负、活有人干、事有人管。截至2022年底，全国畜牧兽医系统共有各类机构3.75万个，人员23.4万人，另有村级防疫员33万人。全国除内蒙古、福建、甘肃、青海、上海等5个省（区、市）正在同编制部门沟通外，其余省（区、市）均已下发贯彻落实《意见》的通知。

3. 抓好畜间人兽共患病源头防控

2022年，各级农业农村部门坚决贯彻落实党中央、国务院决策部署，坚持人病兽防、关口前移，强化顶层设计、系统治理，全力以赴抓好畜间人兽共患病源头防控。农业农村部修订发布《人畜共患传染病名录》和《一、二、三类动物疫病病种名录》，制定印发《国家动物疫病强制免疫指导意见（2022—2025年）》《全国畜间人兽共患病防治规划（2022—2030年）》和《畜间布鲁氏菌病防控五年行动方案（2022—2026年）》。开展动物防疫技术培训、净化无疫创建评估和春秋防交叉检查，督促指导各地切实落实监测预警、强制免疫、应急处置、调运监管、检疫监督等重点措施，牢牢守住不发生区域性重大动物疫情的底线。全年畜间人兽共患病疫情形势总体平稳，没有出现区域性暴发流行，有力保障了畜牧业生产安全、公共卫生安全和国家生物安全。

（三）渔业渔政风险防控

1. 加强组织，强化工作部署

2022年初，农业农村部召开全国渔业安全生产工作会议，部署年度重点工作任务。在春节、两会、“五一”、“十一”、二十大等重要时段，及时部署做好渔业安全生产工作，先后组织召开沿海渔业安全生产形势和典型事故调查处理情况调度视频会、水上运输和渔业船舶安全风险防控工作视频推进会等多个会议。农业农村部联合交通运输部海事局强化工作部署，共同举办了商渔船安全工作会商会，推动商渔共建共治、事故联合调查等重点工作；会同国务院防汛抗旱总指挥部办公室出台《关于进一步加强渔船跨省紧急避风管理的通知》，部署做好台风防御工作。

2. 加强排查，开展专项整治

聚焦渔业安全生产薄弱环节和突出问题，强化整治攻坚，消除安全风险隐患。农业农村部与交通运输部联合开展“商渔共治2022”专项行动，组织开展渔业安全生产“百日攻坚”行动，针对渔船不适航、船员不适任、渔港监管无力等情形，针对问题突出作业类型、事故多发区域时段，加大执法检查力度，依法依规从严从重处罚违法违规行为，对检查发现的问题紧盯不放，督促全面整改。累计出动执法力量12万人次、执法车（船）2.29万辆（艘）次、检查渔船18.1万艘次，检查渔港1.69万次，检查渔民11.75万人次，排查消除事故隐患18.36万个，查出违法案件1.73万件。

3. 加强督查，推动责任落实

深入开展督导检查，以事故多发地区为重点，督促地方党委政府和相关部门落实属地监管责任。深入开展明察暗访，开展渔业安全生产专项督查，农业农村部会同交通运输部海事局赴广西开展商渔共治专项行动督查。及时进行约谈，对辽宁省、山东省农业农村厅，以及盘锦市、日照市政府负责同志进行约谈，敦促汲取教训，强化安全监管。农业农村部会同应急管理部对2022年发生的较大事故原因开展调查督导，督促地方加快事故调查和追责问责。系统梳理一年来事故发生原因，督促采取有针对性的措施，防范事故再次发生。

4. 加强建设，提升监管水平

完善渔业船员管理制度。农业农村部组织开展全国渔业水上突发事件应急演练，落实24小时渔业安全应急值班，启用全国统一的渔业安全应急值守电话“95166”，推广应用渔业安全事故直报系统。指导开展渔船安全救生和通导装备配备更新，全面推进“插卡式AIS”试点，推动“一船一码一设备”管理。一年来，渔业生产事故发生数量、死亡失踪人数同比下降15%、3%。

5. 加强监控，提高防控能力

农业农村部组织实施《2022年国家水生动物疫病监测计划》，开展重要水生动物疫病监测预警。针对新发现的传染性肌坏死病，紧急向各对虾养殖省份发出预警；与海关总署动植物检疫司沟通，要求加强进境种虾的隔离检疫。指导各地加强基层体系建设，加强水产养殖动物疫病防控。发布《2022中国水生动物卫生状况报告》。推动修订出台《三类动物疫病防治规范》《动物检疫管理办法》等规章。针对荣成海带减产、南方高温干旱灾害等重大突发事件，组织实地调研，及时积极应对。

（四）农业科技防灾减灾

1. 做好科技防灾减灾预案

农业农村部制定印发《农业科技防灾减灾工作方案》，以“防灾、减灾、提质、增效”为核心，重点防治旱、涝、雹、风、虫、草、病、早霜等灾害。组织现代农业产业技术体系专家，分区域制定应急预案，分作物、分灾情、分环节发布一批防灾减灾技术指导方案，指导各地做好气象灾害和病虫害防控等田间技术指导工作。组建“农业科技防灾减灾”小分队，根据实际灾情分赴重点区域，分片分区开展巡回技术指导服务，帮助农民和各类农业生产经营主体解决生产管理中遇到的灾害问题，力争将农作物等受气象灾害和病虫害的影响降到最低，提高单产水平，确保全年粮食丰产丰收。应对罕见秋汛影响，启动冬小麦“科技壮苗”专项行动，全面部署做好冀、晋、鲁、豫、陕5省晚播冬小麦促弱转壮科技支撑工作。

2. 做好抗高温热害干旱夺秋粮丰收农技服务

农业农村部印发《关于组织基层农技人员全力做好抗高温热害干旱夺秋粮丰收农技服务工作的通知》，围绕防范应对多轮高温天气和干旱影响，要求各省农业农村系统积极行动，动员广大基层农技推广人员积极投身抗旱保秋粮丰收工作，建立技术服务责任制，包村联户，责任到人，抓住抗灾救灾窗口期，分区域、分条件科学评估高温干旱影响，精心做好技术指导服务，最大限度挖掘未受灾地区单产潜力，支撑重灾区少减产、轻灾区不减产、非灾区多增产，争取秋粮丰收主动权。

3. 遴选发布粮油生产主导品种主推技术

农业农村部办公厅印发《关于推介发布2022年粮油生产主导品种主推技术的通知》，面向全国科研推广单位、国家现代农业产业技术体系及相关企业等，按照增产潜力较大、产业发展急需、技术成熟配套等标准，遴选发布本年度粮油生产主导品种128个、主推技术114项，部分品种技术具有抗旱、抗倒、抗病等特点，可有效应对不利天气及病虫害影响，对支撑粮油稳产丰产发挥重要作用。

（五）农田水利风险防控

1. 推进防洪工程建设

水利部全面加强水库除险加固工作，消除水库大坝安全隐患，完成124座大中型水库、6 082座小型水库除险加固任务。水库安全鉴定存量任务清零，16 472座小型水库除险加固历史遗留问题全部解决。累计安排中央预算内投资143.4亿元，支持139条流域面积3 000平方公里以上主要支流治理。安排中央财政水利发展资金213.8亿元，完成中小河流治理约1.2万公里。安排中央财政补助资金19亿元，在全国29个省（区、市）和新疆生产建设兵团开展山洪灾害补充调查评价、监测预警能力巩固提升及群测群防体系等非工程措施建设与运行维护及小流域山洪灾害防御能力提升建设，实施183条重点山洪沟防洪治理。通过“周调度、月通报”、点对点督导、现场监督检查等方式，指导地方充分利用冬春有利时机，切实加快水毁修复进度，并于2022年主汛期前全部完成水毁修复项目，及时恢复水利工程防洪功能。

2. 实施抗旱应急工程

水利部商财政部累计安排中央水利救灾资金67亿元，支持内蒙古、江西、重庆等19个省（区、市）开展抗旱水源和调水供水设施建设、提运水设备购置、抗旱油电补助等抗旱工作，其中建设抗旱水源和调水供水设施11 000多处。

3. 实施中小型水库工程

累计安排中央预算内投资46.6亿元，支持云南、贵州等9个省份58座中型水库建设。安排中央财政水利发展资金38.5亿元，落实地方建设资金52.5亿元，支持江西、福建等21个省份136座小型水库建设，2022年已全部开工，共完成年度投资93.7亿元，投资完成率103%。

4. 加强水利工程运行管护

严格落实水库大坝安全责任制、小型水库“三个责任人”“三个重点环节”制度。汛前全面排查水库、堤防、水闸隐患，有力整治妨碍行洪突出问题。科学妥善降等水库1 145座、报废水库235座。19 189座小型水库雨水情测报设施、16 007座小型水库大坝安全监测设施建成投入使用。安徽、江西、湖北、湖南、广东开展小型水库监测能力提升试点，已全部完成项目建设任务。对乡镇村组分散管理的小型水库因地制宜推行区域集中管护、政府购买服务、“以大带小”等专业化管护模式，截至2022年底，实现48 226座分散管理小型水库专业化管护全覆盖。

5. 强化水旱灾害监测预警体系建设运用

水利部按照“预字当先、关口前移”的工作要求，密切监视雨情、水情、旱情，强化预报预警预演预案“四预”措施。在预报方面，加强水文气象耦合，加强雨水情监测特别是中小河流雨水情监测，发布强降雨过程预报44次，制作短中长期降水预报267期3 764张，组织发布1 947条河流3 729个断面实时作业预报37.4万站次。在预警方面，动态调整预警阈值，发布雷达短临暴雨预警548期，首次实现水库预警信息直达“三个责任人”，组织向社会公众发布水情预警2 833次，依托“三大运营商”向社会公众发布山洪灾害预警短信19.4亿条。在预演预案方面，完善15座骨干控制性水库串联、并联、混联“正向”预演方案，构建5个流域调度区域单库和库群并联“反向”预演方案，初步实现水工程调度对下游控制断面的快速影响分析。累计安排中央预算内投资12亿元，开展水文测站和水文监测中心等建设，支持大江大河支流、中小河流重点洪水易发区水文站网补充完善和国家基本水文测站提档升级。专门安排3亿元中央财政资金，在浙江、江西、广西等9省区重点地区实施山洪灾害防御能力提升项目建设，探索以小流域为单元，以省级平台“四预”功能提升为重点，构建集监测数据收集、传输、“四预”可视化等功能为一体的山洪灾害防御综合体系。推进全国旱情监测预警综合平台建设，开展气象、水文、农业等干旱多因子指标分析。

6. 做好长江流域特大旱情保供水工作

面对长江流域1961年有完整实测资料以来最严重长时间气象水文干旱，水利部实施2轮“长江流域水库群抗旱保供水联合调度”专项行动，科学调度以三峡水库为核心的长江上游梯级水库群，洞庭湖湘、资、沅、澧“四水”和鄱阳湖赣、抚、信、饶、修“五河”干支流水库群，共75座大中型水库协同配合，累计为下游补水61.6亿立方米，保障了人民群众饮水安全和1.83亿亩秋粮作物灌溉用水需求，大旱之年实现供水无虞、粮食丰收。

（六）应急管理服务保障

1. 全力做好防汛抗旱防台风工作

国家防汛抗旱总指挥部、应急管理部密切关注全国雨情汛情旱情发展，组织气象、水利、自然资源、农业农村等部门开展联合会商130余次，及时启动和调整国家防汛抗旱总指挥部三级、四级应急响应32次，其中防汛三级应急响应最长维持22天，抗旱四级应急响应最长维持99天。针对珠江、辽河等江河洪水，四川绵阳和彭州、青海大通等地山洪灾害，四川盆地、长江中下游严重旱情，以及“梅花”“暹芭”等台风登陆，派出工作组、专家组50余个，及时调派国家综合性消防救援队伍、央企工程抢险力量赴地方参与抗洪抢险和抗旱拉送水工作，下达中央自然灾害救灾资金（防汛）24.31亿元、中央自然灾害救灾资金（抗旱）10.05亿元，会同国家粮食和物资储备局调运价值4 637.6万元的中央防汛抗旱物资装备，支持地方防汛抗旱、抢险救援。

2. 提升防汛抗旱应急物资保障能力

应急管理部会同国家发展改革委、财政部、国家粮食和物资储备局联合印发《“十四五”应急物资保障规划》，部署中央防汛抗旱物资储备库建设等重点建设工程项目，支持加强交通不便或灾害事故风险等级高的乡镇应急物资储备。应急管理部印发《“十四五”防汛抗旱应急能力建设规划》，着力夯实防汛抗旱应急管理基层基础，统筹基层应急能力建设。会同国家粮食和物资储备局采购3.48亿元中央应急抢险救灾物资，进一步优化中央应急抢险救灾物资储备品种，充实重点地区应急物资储备。

3. 积极协助做好农业防灾减灾工作

农业农村部联合水利部、应急管理部、中国气象局印发《关于深入贯彻落实习近平总书记重要指示批示精神 毫不放松抓好抗高温热害干旱夺秋粮丰收的紧急通知》，推动各地落实落细农业抗旱减灾措施，力保夏粮、秋粮丰收。

4. 服务保障渔业、农机生产安全

农业农村部印发《渔业船舶重大事故隐患判定标准（试行）》，制作《蓝色警示》专题警示教育片。交通运输部、农业农村部联合开展“商渔共治2022”专项行动。国家防汛抗旱总指挥部办公室、农业农村部联合印发《关于进一步加强渔船跨省紧急避风管理的通知》，从责任落实、预案完善、信息共享、应急处置等渔船防台风工作方面，指导各地进一步落实“船进港、人上岸”防台风避险措施。农业农村部会同应急管理部印发《“十四五”时期“平安农机”创建活动工作方案》，以点带面进一步夯实农机安全基础。

（七）严防动植物疫情疫病传入和外来物种跨境入侵

1. 严防人兽共患病输入

一是密切关注全球重大动植物疫情和检疫政策动态。按照世界动物卫生组织数据，全年共有32个国家和地区报告发生非洲猪瘟6 323起，74个国家和地区报告发生高致病性禽流感8 327起。针对新发重大动物疫情，海关总署与农业农村部联合依法发布疫情禁令19份，严防疫情随相关动物及动物产品传入。

二是深化境外预检工作新模式。在常态化疫情防控形势下，不断提高境外预检工作效能。海关总署组织开展58批进境动物境外预检，淘汰不合格动物9.1万头，淘汰率为22.7%。

2. 强化动植物疫情疫病和外来入侵物种口岸防控

一是加强制度建设。海关总署印发《海关动植物疫情和外来入侵物种监测评估预警及应急处置管理规定》，从监测预警、口岸检查、名录清单、应急处置、违规处罚、信息发布、

宣传教育等方面完善制度体系。

二是加强动植物检疫能力建设。海关总署先后制定印发《海关有害生物和外来物种初筛鉴定室通用规范（试行）》《海关有害生物和外来物种初筛鉴定室能力核定工作程序（试行）》，加强口岸初筛鉴定室建设。开发国门生物安全基础信息平台，已收录9.4万种有害生物、1.2万种外来物种信息。

三是严格入境口岸检查。海关总署印发《外来物种入侵口岸防控操作指引（试行）》，开展“国门绿盾2022”行动和“跨境电商寄递‘异宠’综合治理”专项行动，运用机检、智能审图等技术手段，加强进境货物、物品、运输工具的检查，严防动植物疫情疫病传入和外来物种入侵。2022年，全国截获检疫性有害生物6.3万种次；从进境寄递和旅客携带渠道截获外来物种2012批次。

四是严厉打击非法引进外来物种行为。2022年成功打掉4个非法引进“异宠”犯罪团伙，有效防范“异宠”等外来物种入侵，形成有力震慑。用好双多边合作机制，向有关国家官方部门通报截获情况，督促强化源头管控，防范外来物种入侵。

五是开展普查监测。在全国主要入境口岸组织开展普查工作，摸清口岸外来入侵物种种类、数量、发生分布等情况，为下一步加强外来物种入侵口岸防控提供基础数据支撑。

六是加强宣传教育。开展经常性国门生物安全宣传活动，并在国际生物多样性日、全民国家安全教育日、进出境动植物检疫法实施30周年等时间点，通过知识讲座、警示教育等形式开展国门生物安全专题宣传。持续对跨境电商平台、寄递运营企业开展宣传教育。推动将海关国门安全教育知识点纳入《大中小学国家安全教育指导纲要》。全年累计开展1 387场次现场宣传，出动工作人员7 366人次，社会受众达1.8亿人次。

3. 外来入侵物种防控管理

农业农村部会同自然资源、生态环境、海关等部门出台《外来入侵物种管理办法》，自2022年8月1日起施行，构建覆盖源头预防、监测预警、治理修复等关键环节的防控制度体系。国家林草局、农业农村部、自然资源部、生态环境部、住房城乡建设部、海关总署共同制定并发布《重点管理外来入侵物种名录》，在科学评估物种侵害风险基础上，遴选确定59种危害程度重、扩散蔓延快、防控治理难的物种。组织开展鳄雀鳝等水生入侵物种种植养殖情况排查，发布福寿螺、加拿大一枝黄花防控指南，指导相关省份开展集中灭除活动，综合实施物理清除、化学灭除、生态控制等措施，推动群防群治。采取面上调查和重点监测相结合方式，全面铺开外来入侵物种普查，分区域开展技术培训和跟踪调度，督促指导地方以县为单元开展面上调查，依托3万个点位开展重点物种调查监测。

专栏3

《外来入侵物种管理办法》简介

外来物种入侵防控事关国家粮食安全、生物安全和生态安全。近年来，随着我国商品贸易和人员往来日益频繁，外来入侵物种扩散途径更加多样化、隐蔽化，多数入侵物种可在我国找到适宜的生存环境，一旦定殖，彻底根除难度大，严重影响入侵地生态环境，损害农林牧渔业可持续发展和生物多样性。《中华人民共和国生物安全法》明确规定，“国家加强对外来物种入侵的防范和应对，保护生物多样性。国务院农业农村主管部门会同国务院其他有关部门制定外来入侵物种名录和管理办法”。为切实加强外来入侵物种管理，农业农村部会同自然资源部、生态环境部、海关总署，系统梳理国内外相关立法情况，深入开展专家研讨和实地调研，广泛听取有关部门、行业专家和社会公众意见，在此基础上研究制定了《外来入侵物种管理办法》（以下简称《办法》），2022年5月31日发布，8月1日起施行。

外来入侵物种是指传入定殖并对生态系统、生境、物种带来威胁或者危害，影响我国生态环境，损害农林牧渔业可持续发展和生物多样性的外来物种。加强外来入侵物种管理总的考虑是，坚持风险预防、源头管控、综合治理、协同配合、公众参与，突出重点领域和关键环节，建立健全管理制度，强化联防联控、群防群治，全面提升外来入侵物种管理水平。一是加强全链条监管。《办法》对外来入侵物种源头预防、监测预警、治理修复等方面作出规定，从各个环节进一步加强外来入侵物种防控，构建全链条防控体系。二是明确职责分工。农业农村部会同有关部门建立外来入侵物种防控部际协调机制，县级以上地方人民政府依法对本行政区域外来入侵物种防治负责，县级以上地方人民政府相关部门按职责分工开展防控工作。三是引导公众参与。加强宣传教育与科学普及，鼓励引导公众依法参与防控工作，任何单位和个人未经批准，不得擅自引进、释放或者丢弃外来物种。

《办法》主要从3个方面对加强源头预防提出明确要求。一是规范引种管理。因品种培育等特殊需要从境外引进农作物和林草种子苗木、水产苗种等外来物种的，应当依据审批权限办理进口审批与检疫审批。属于首次引进的，引进单位应当进行风险分析，并向审批部门提交风险评估报告。二是强化口岸防控。海关应当加强口岸防控，对非法引进、携带、寄递、走私外来物种等违法行为进行打击，对发现的外来入侵物种依法进行处置。三是加强境内检疫。县级以上农业农村、林业草原主管部门加强境内跨区域调运农作物和林草种子苗木、植物产品、水产苗种等检疫监管，防止外来入侵物种扩散传播。

《办法》对加强外来入侵物种监测预警，及时掌握外来入侵物种状况，主要作了3方面规定。一是开展调查监测。建立外来入侵物种普查和监测制度，每10年组织开展一次全国普查，构建全国外来入侵物种监测网络，开展常态化监测。二是发布预警预报。省级以上农业农村、林业草原等主管部门和海关应当加强监测信息共享，分析研判外来入侵物种发生、扩散趋势，及时发布预警预报，指导开展防控。三是规范信息发布。全国外来入侵物种总体情况由农业农村部商有关部门统一发布。相关领域外来入侵物种发生情况由国务院有关部门按职责权限发布。省级农业农村主管部门商有关部门统一发布本行政区域外来入侵物种情况。

为有力推进外来入侵物种治理，《办法》规定，农业农村部、自然资源部、生态环境部、国家林草局应按照职责分工研究制定外来入侵物种防控策略措施，各地结合实际制定防控治理方案，落实防控措施。一是加强外来入侵植物治理，可根据实际情况在其苗期、开花期或结实期等生长关键时期，采取人工拔除、机械铲除、喷施绿色药剂、释放生物天敌等措施。二是加强外来入侵病虫害治理，应当采取选用抗病虫品种、种苗预处理、物理清除、化学灭除、生物防治等措施，有效阻止病虫害扩散蔓延。三是加强外来入侵水生动物治理，应采取针对性捕捞等措施，防止其进一步扩散危害。此外，《办法》要求因地制宜采取种植乡土植物、放流本地种等措施，对外来入侵物种发生区域进行生态系统恢复。

（八）气象监测预警

1. 农业防灾减灾救灾

一是及早部署安排。中国气象局召开全国春季农业生产气象保障服务工作视频会议、全国农业气象服务专家组座谈会、东北地区春耕春播气象服务调度会、保秋粮丰收等专题会议，制定印发保夏粮丰收、保秋粮丰收气象服务工作方案，印发《关于做好秋粮作物高温干旱气象服务的通知》，部署粮食安全气象保障服务。

二是强化精细服务。中国气象局围绕农作物全生产周期，开展分区域、分作物、分时段"全链条"伴随式气象服务，增设冬小麦春管、南方双季稻区"双抢"、大豆推广和复合种植专项保障业务。推进15个特色农业气象服务中心建设，苹果产业链服务、设施农业寒潮影响预报、茶叶高温预报预警等特色服务成效显著。在21个省（区、市）、254个地（市、州）建立以气象预警为先导的应急联动机制，开展面向基层防灾减灾责任人的重大突发灾害预警叫应服务，农村极端天气防范应对能力进一步提升。

三是做好抗旱保障。中国气象局组织开展干旱调研和对农业生产的影响分析，提前得出干旱对秋粮产量影响有限的结论。加强农业水资源预测，湖南、江西、湖北等省根据气象部门建议，提前在6月超常规开展汛期水库蓄水，为有效应对历史罕见高温干旱奠定了基础。超常规开展人工影响天气作业，调拨4架国家级人影飞机和1架军方飞机支持南方旱区开展人工增雨作业，累计开展飞机增雨作业756架次、飞行2 165小时，累计增加降水超200亿吨，有效缓解旱情。

2. 农业农村、水利、气象灾害监测预警体系建设

一是天气监测更精密。面向农村气象灾害防御需求，新增建设3 817套自动气象站、49套垂直观测系统、146部X波段天气雷达，全国业务雷达组网拼图产品频次由10分钟提高到6分钟，气象监测更精密。

二是预报预警更精准。全面推进预测预报和短临预警业务，准确预测全国平均气温趋势和高温异常特征，暴雨预警准确率达到91%，强对流天气预警时间提前至发生前42分钟，霜冻预报准确率提高15%~21%。建立了大宗作物和特色作物农业气象指标和灾害指标，形成了"分作物、分灾种、分区域"基于网格的全国精细化农业气象灾害预报格点产品，农用天气预报更精准。

三是预警服务更精细。建成精细到乡（镇、街道）的预警信号指导产品体系，气象灾害预警信号精细到乡（镇、街道）。加强对极端天气过程的风险研判，发布预警信息40.9万条，平均5～8分钟送达防灾减灾责任人。分灾种建立主要大宗作物农业气象灾害风险预警指标体系，构建风险预警技术流程，各级气象、农业农村部门联合发布125期相关风险预警，精细服务于新型农业经营主体等重点用户，助力农业防灾减灾从"灾后救助"转向

“灾前预防”。

3. 加强中长期气候变化对农业影响研究

开展气候变化对水稻生产影响及高温热害防御技术的研究和气候变化对水稻生育期影响评估，并结合未来气候变化情景，评估了气候变化对水稻产量的影响。形成系列决策咨询报告，为党中央、国务院提供科技支撑。

第三章　防止返贫

中　国　乡　村　振　兴　发　展　报　告　2022

一、健全防止返贫动态监测和帮扶机制

健全防止返贫动态监测和帮扶机制是从制度上预防和解决返贫问题、巩固拓展脱贫攻坚成果的有效举措。有关部门深入学习贯彻习近平总书记关于健全防止返贫动态监测和帮扶机制的重要指示精神，认真落实党中央、国务院决策部署，持续抓好工作落实，有效防止返贫致贫，牢牢守住不发生规模性返贫底线。

（一）完善制度设计，强化政策支持

一是健全政策体系。针对基层干部对防止返贫监测帮扶有关政策理解不深入、把握不精准、执行不到位等问题，国家乡村振兴局研究印发《健全防止返贫动态监测和帮扶机制工作指南（试行）》，对监测对象识别、帮扶实施、风险消除、政策保障等作出具体规范。二是调整监测范围。健全防止返贫监测范围年度调整机制，指导中西部22个省（区、市）和东部的山东、辽宁、福建3省分别以2021年监测范围为基数，综合考虑农村居民收入、农村低保、物价指数等情况，因地制宜确定2022年监测范围。三是加大政策支持。明确中央衔接资金支持落实防止返贫监测对象帮扶措施，允许用于防止返贫监测对象跨省就业交通补助和乡村公益性岗位补助、帮扶车间就业奖补等。

（二）强化工作部署，推动落实落地

国家乡村振兴局组织召开全国防止返贫动态监测帮扶工作会议，安排年度重点工作，推动工作落实。一是在湖北咸宁市举办全国防止返贫监测帮扶专题培训班，解读健全防止返贫动态监测和帮扶机制有关政策，促进工作落实。二是先后在重庆江北区、安徽六安市举办全国防返贫监测动态调整和信息采集培训班，对脱贫人口人均纯收入等信息采集的工作程序、工作要求、采集录入等年度动态管理工作进行培训。三是在湖北组织举办全国线下专题培训班，围绕重点难点问题，采取政策解读、交流发言、分组讨论等方式，对各省（区、市）业务人员开展集中培训，为河南、湖南、湖北、广西、贵州、陕西等地乡村振兴系统以及160个国家乡村振兴重点帮扶县党委政府、农业农村和乡村振兴部门主要负责同志开展专题辅导培训，加强针对性指导，着力提升各级干部政策水平和业务能力。四是督促各省（区、市）下沉培训力量，开展健全防止返贫动态监测和帮扶机制专项培训，全覆盖培训直接从事防止返贫监测帮扶工作的基层干部。

（三）持续跟踪监测，按季调度分析

一是优化指标体系。在脱贫攻坚期建档立

卡工作基础上，优化完善防止返贫监测指标体系，将原全国建档立卡信息系统升级为全国防止返贫监测和衔接推进乡村振兴信息系统，为防止返贫监测帮扶提供数据支撑和服务保障。二是强化数据共享。加强部门沟通协作，建立健全国家乡村振兴局与民政、人社、残联和涉及“三保障”相关部门的数据交换和信息共享机制，督促各地不断提升数据质量，为完善防止返贫监测帮扶制度设计和宏观决策提供数据支撑。三是按季监测调度。按季度调度各地工作进展情况，开展数据分析，研判工作形势，报告工作情况。

（四）突出问题导向，开展集中排查

落实《中央农村工作领导小组关于健全防止返贫动态监测和帮扶机制的指导意见》中关于“每年至少开展一次集中排查”的工作要求，国家乡村振兴局组织开展集中排查，确保“应纳尽纳”“应扶尽扶”。2022年上半年，组织各地重点关注脱贫户、低收入户等8类重点人群，聚焦“应纳未纳”“体外循环”和风险消除不稳定、帮扶不精准等突出问题开展全面排查。2022年下半年，指导各地统筹脱贫人口和监测对象年度信息动态调整，结合审计、暗访和第一轮集中排查发现的问题，有针对性地开展第二次重点排查。通过开展集中排查，进一步压实各地工作责任，提高数据质量。

（五）紧盯风险隐患，应对疫情灾情

积极稳妥应对疫情灾情影响，指导各地落实落细应对措施，有效防止因疫因灾返贫。一是积极应对疫情影响。国家乡村振兴局成立工作专班，建立调度通报机制、重要情况报告机制和局领导分片联系地方工作机制。国家乡村振兴局印发《关于应对新冠肺炎疫情影响持续巩固拓展脱贫攻坚成果若干措施的通知》，围绕强化防止返贫监测帮扶、稳岗就业、产业帮扶、项目实施和资金支出、社会帮扶和驻村帮扶出台5个方面24项针对性措施。召开全国乡村振兴局长视频会议作出安排，推动各地落细落实防止返贫监测帮扶等政策措施，全国没有出现因疫情导致的规模性返贫现象。二是有效应对灾情影响。国家乡村振兴局会同民政部、财政部等9部门印发《关于建立健全防范因灾返贫长效机制的通知》，允许受灾地区优先安排实施防止因灾返贫急需项目，通过“绿色通道”对受灾有返贫风险的农户先实施帮扶，后完善程序。开展旱情影响专题分析，按旬下发6期旱灾中短期预警，指导各地提早防范化解风险。

（六）提升监测效能，完善救助机制

2022年，民政部深化落实《中共中央 国务院关于实现巩固拓展脱贫攻坚成果同乡村振兴有效衔接的意见》《中共中央 国务院关于做好2022年全面推进乡村振兴重点工作的意见》要求，持续健全完善低收入人口动态监测和救助帮扶机制，加强全国低收入人口动态监测信息平台建设应用，归集约6 500万低收入人口信息，实现“到村到户、见人见事、有进有出、应帮尽帮”。

一是推动建立健全主动发现机制。民政部办公厅印发《关于建立完善社会救助主动发现机制的通知》，指导基层丰富完善求助渠道，及时识别并归集低收入人口基本信息。二是拓展应用全国低收入人口动态监测信息平台。民政部会同教育部、人力资源社会保障部、住房城乡建设部、国家医保局、国家乡村振兴局等8部门出台《社会救助信息共享和数据利用管理办法》，加强社会救助部门间信息共享和数据利用，提升监测预警效能，同时指导地方拓展平台监测预警功能，及早发现低收入人口风险点。全国1/3省份已建立多部门联动的风

险预警、综合研判和快速处置机制，实现从预警到救助的闭环管理。三是完善社会救助家庭经济状况核对机制。民政部印发《关于进一步健全完善社会救助家庭经济状况核对机制的意见》，健全完善跨部门、多层次、互联互通、信息共享、业务协同的社会救助家庭经济状况核对机制。四是制定低收入人口分层分类救助政策。民政部会同教育部等9部门研究起草关于加强低收入人口动态监测、做好分层分类社会救助工作的政策文件，依据困难类别和救助需求，推动专项救助政策延伸至低保边缘人口、支出型困难人口等困难群众。

专栏4

健全防止返贫动态监测和帮扶机制典型案例

甘肃省把落实健全防止返贫动态监测和帮扶机制作为巩固拓展脱贫攻坚成果、防止规模性返贫的基础性工作来抓，在规范流程、群众申报、风险排查、精准帮扶、风险消除5个方面持续发力，发现一户、识别一户、帮扶一户、动态清零一户，牢牢守住不发生规模性返贫底线。

一是设计“三个一”体系，规范监测帮扶程序。制定印发《甘肃省健全防止返贫动态监测和帮扶机制工作指南》，配套印制单行本手册，规范发现响应、评估核查、精准帮扶、风险消除等环节，创新推出一幅工作流程图，直观形象呈现监测帮扶工作体系；提炼一张政策要点表，梳理归纳8个方面到户到人帮扶措施；编纂一首监测帮扶口诀，强化政策运用效率。制定防止返贫监测帮扶政策“明白纸”，以通俗易懂的语言、一目了然的表述，提高政策知晓度透明度和群众满意度。

二是推广“一键报贫”机制，建立群众申报前哨。建立并启动“甘肃一键报贫”机制，设计“一码通”，群众通过手机“扫一扫”功能，仅填写姓名、电话号码、身份证号、家庭住址4项信息即可完成申报。坚持“接诉即办”“特事快办”，由上到下点对点进行督办，村级工作人员在5个工作日内完成入户核查、信息采集等，15个工作日内完成纳入程序并制定落实帮扶措施，农户可在线查询办理结果，实现申报诉求受理“零超时”，实现数据多跑路、群众少跑腿。

三是实行“六必访六必查”，消除风险排查盲区。组建覆盖所有行政村的村级监测小组，网格化排查所有农村居民。对所有农户和八类人群开展集中排查，实行重点人群“六必访”，对大病重病患者家庭、负担较重的慢性病患者家庭、重度残疾人家庭、留守老人妇女儿童、单亲家庭和失能老年人、遭遇重大变故和自然灾害家庭必访，做到随时发现、随时纳入。严格核查认定环节，对农村低保和特困供养对象、有病人住院家庭、供养高中和大中专学生家庭、残疾人家庭、突发意外家庭、有投诉举报情况的开展“六必查”。

四是量身定制“一户一策”计划，提高到户帮扶实效。突出群众个性化需求、分层分类施策、跟踪评估成效3个方面，根据监测对象基本情况、风险类别和发展需求，由乡村干部、驻村帮扶工作队、帮扶责任人与农户面对面共同商议制定“一户一策”帮扶计划，对风险单一的实施单项帮扶，对风险复杂多样的实施综合性帮扶，户均落实帮扶措施3.9项。不定期评估帮扶成效，帮扶效果不明显的及时调整完善，直至风险稳定消除。创新开展“农村留守老人妇女儿童和特困群众关爱服务行动”，16.7万名干部结对关爱41.5万名农村“三留守”人员和特困群众，及时解决群众急难愁盼问题。

二、促进脱贫人口持续增收

2022年，各地区各部门在牢牢守住不发生规模性返贫底线的同时，把增加脱贫群众收入作为根本措施，加快转变资源投入和政策帮扶重点，重点抓好产业和就业两个关键，多管齐下用好发展类项目、激励性补贴、技能性培训等造血手段，促进脱贫群众持续较快增收，帮助脱贫地区加快改善发展条件、提升发展能力。脱贫人口人均纯收入达到14 342元、同比增长14.3%，脱贫县农村居民人均可支配收入达到15 111元、同比增长7.5%，增速分别高于全国农村居民人均可支配收入8个和1.2个百分点。

（一）持续抓好产业帮扶

农业农村部、国家乡村振兴局会同各地各部门，强化政策扶持，加强指导服务，健全工作机制，持续抓紧抓好脱贫地区特色产业发展。2022年，中央财政衔接推进乡村振兴补助资金规模达1 650亿元，优先用于支持联农带农富农产业发展，脱贫县通过涉农资金统筹整合试点政策整合涉农资金约2 300亿元。脱贫县农村居民人均经营净收入5 118元，同比增长6.6%。

一是强化部署指导。农业农村部召开全国乡村产业发展工作推进电视电话会，对过渡期内脱贫地区产业发展工作作出全面安排。指导832个脱贫县全部编制完成“十四五”特色产业发展规划，组织中西部22个省（区、市）开展规划审查工作。编制脱贫县“一主两辅”特色主导产业目录，引导资源要素进一步集聚支持主导产业发展。财政部、农业农村部、国家乡村振兴局、国家发展改革委等部门联合印发《关于加强中央财政衔接推进乡村振兴补助资金使用管理的指导意见》，进一步细化明确衔接资金支持重点和管理要求。国家乡村振兴局实施脱贫地区特色产业提升行动，督促指导各地完善联农带农机制，优先支持联农带农富农产业发展。

二是持续完善设施建设。持续完善农产品市场流通体系建设，畅通产品销售渠道，促进产销衔接顺畅。支持脱贫地区建设3 100余个产地仓储保鲜冷链物流设施项目，脱贫县农产品冷藏保鲜等产业配套基础设施进一步改善，错峰销售、减损增效能力进一步增强。

三是推进产业聚集发展。依托资源优势和产业发展基础，脱贫地区稳步推进特色产业持续发展，产业规模稳步扩大。832个脱贫县特色主导产业产值超过1.6万亿元，比2020年增长4%。农产品加工产值近9 000亿元，同比增长5%以上。进一步巩固提升特色产业基地10万多个，建成一批绿色化标准化特色产业生产基地。农业产业集聚发展态势更加显现，累计创建国家现代农业产业园60个、省市县级园区2 000多个，农业产业强镇350个，科技研发、加工物流、营销服务等进一步向主导产业集聚。一批产业亿元村、十亿元镇、百亿元县加快涌现。

四是持续推进产销对接。特色产品品牌不断创响。累计注册产品商标（品牌）数量达6.1万个，新发展绿色、有机、地理标志农产品数量6 237个，同比增长3.7%。陕西柞水木耳、山西大同黄花菜、四川苍溪猕猴桃等一大批特色农产品品牌享誉全国。政府采购脱贫地区农副产品政策深入实施，直播带货等网络销售新模式加快呈现，带农增收能力不断提升。完善利益联结机制，让脱贫群众更多分享产业链增值收益。加快构建龙头企业引领、上下游企业联动、农民合作社和家庭农场跟进、脱贫户广泛参与的产业发展雁阵。各类主体累计带动脱贫人口实现人均产业增收2 200元以上。

五是强化科技人才服务。大力推进产业技术服务，组织6 200多个产业技术专家组和3.3万名农技人员全年开展技术服务71.9万次，推广应用新品种新技术1.7万个（项），基本形成“国家有产业技术体系、省有产业专家组、县有农技推广队伍、村有产业指导员”的产业技术服务格局。持续加强农业科技服务，向160个国家乡村振兴重点帮扶县选派科技特派团，向其他脱贫县匹配产业顾问组，支持脱贫县产业发展，实现特色主导产业全产业链技术服务全覆盖。农村实用人才带头人、高素质农民培育等继续向脱贫地区倾斜，全年培训脱贫地区各类产业带头人810多万人次。

六是强化金融保险服务。新发脱贫人口小额信贷945.45亿元，惠及脱贫户和防止返贫监测对象218.23万户。全国产业带动贷款余额超过11万亿元、同比增长12.8%。引导各地积极推进优势特色农产品保险提标扩面，832个脱贫县农业保险保额超过1.1万亿元、同比增长超过5%。优势特色农产品保险险种达到5 400多个、同比增加22.7%，覆盖75%以上的脱贫地区主导产业。

七是强化社会帮扶推进。深入推进民营企业“万企兴万村”行动，新认定358家民营企业为国家级农业产业化重点龙头企业，组织121万人次专家和技术人员为民营企业提供服务，安排财政资金812.8亿元支持近8万家民营企业发展乡村产业项目4万多个。东部省份引导2 633家企业到协作地区投资，共建产业园区701个，实际投资1 354.2亿元，一批劳动密集型产业落户脱贫地区。

八是提升非农帮扶产业质量。持续巩固光伏扶贫工程成效，支持符合条件的脱贫地区继续发展光伏产业。全国8.3万座村级光伏帮扶电站累计发电185亿千瓦时、同比增长7.4%，运维覆盖率96.77%、同比增长2.2%。发电收入总额148.68亿元、同比增长6.2%，带动公益岗位87.9万个。脱贫地区累计认定就业帮扶车间3.64万个，平均每个就业帮扶车间吸纳就业人口13.4人。

（二）扎实推进就业帮扶

各地区各部门认真落实党中央、国务院“六稳”“六保”决策部署，将脱贫人口就业帮扶作为重大政治任务，明确目标任务，强化部署推动，完善政策举措，全力以赴扎实推进就业帮扶各项工作。截至2022年底，全国脱贫人口务工规模达到3 278万人，超出全年目标任务259万人，同比增加133万人；160个国家乡村振兴重点帮扶县和全国易地搬迁安置区脱贫人口务工规模分别达到644万人、407万人，同比分别增加18.1万人、3.5万人；全国脱贫人口人均工资性收入达到9 710元，同比增长13.9%，占人均纯收入比重达到67.7%。

一是强化就业帮扶政策。人力资源社会保障部会同国家发展改革委、财政部、农业农村部、国家乡村振兴局印发《关于做好2022年脱贫人口稳岗就业工作的通知》，将防止返贫监测对象全部纳入就业帮扶政策范围。会同国家发展改革委、财政部、农业农村部、国家乡村振兴局印发《关于进一步支持农民工就业创业的实施意见》，明确稳定就业岗位、引导有序外出、促进就近就业创业、强化就业服务保障等支持举措，对乡村公益性岗位采取适度灵活的管理方式，多措并举促进农民工及脱贫人口就业创业。持续落实《关于加强国家乡村振兴重点帮扶县人力资源社会保障帮扶工作的意见》，组织开展国家乡村振兴重点帮扶县人社帮扶政策评估，进一步摸清重点帮扶县工作情况，完善政策措施。

二是强化脱贫人口就业服务。人力资源社会保障部会同国家乡村振兴局组织开展"春风行动"，将脱贫人口作为重点服务对象，指导各地因地制宜稳岗留工，引导有序返乡返岗，努力实现"留岗有关怀、就业有帮扶、用工有支持"。国家乡村振兴局、教育部、人力资源社会保障部共同组织开展"雨露计划+"就业促进专项行动，为雨露计划毕业生就业创业搭建供需对接平台。组织开展百日千万网络招聘专项行动，设立脱贫人口招聘专场，持续发布适合的就业岗位，帮助人岗精准匹配。实施企业吸纳就业社会保险补贴"直补快办"行动，鼓励支持企业更多吸纳脱贫人口就业，帮助脱贫人口稳在岗位、稳在企业。国家发展改革委指导各地健全完善劳务协作机制，有序组织外出务工，促进更多脱贫人口实现外出就业。拓展就地就近就业空间，帮助农村困难群众在乡村龙头企业、就业帮扶车间、社区工厂以及乡村公益性岗位就业。

三是强化重点地区帮扶。人力资源社会保障部会同国家发展改革委、国家乡村振兴局印发《关于进一步推进东西部人社协作的通知》，进一步健全东西部协作帮扶体制机制，强化服务保障、提高协作效果。依托东西部协作、对口支援、省内协作机制等，实施易地扶贫搬迁安置区就业协作帮扶专项行动，结对帮扶万人以上大型安置区。面向国家乡村振兴重点帮扶县和易地搬迁万人安置区常态化开展就业协作帮扶，密集开展岗位投放和招聘活动，援建产业项目、企业实体和帮扶车间，促进当地脱贫人口就业。将国家乡村振兴重点帮扶县作为中央就业补助资金分配的考虑因素，加大资金倾斜支持力度。召开全国劳务品牌发展大会，指导脱贫地区特别是国家乡村振兴重点帮扶县立足自身特色禀赋培树推介劳务品牌，发挥劳务品牌促进就业创业的作用。

（三）充分发挥以工代赈项目就业带动作用

一是完善政策制度体系。国家发展改革委对《国家以工代赈管理办法》进行全面修订，印发实施《以工代赈工作成效综合评价办法（试行）》《关于做好以工代赈巩固拓展脱贫攻坚成果衔接乡村振兴试点示范经验做法复制推广工作的通知》等政策文件，进一步规范和加强新形势下以工代赈管理。

二是抓好专项资金项目管理。国家发展改革委联合财政部下达以工代赈中央投资计划75亿元，带动地方政府资金、社会资本等投入18亿元，支持中西部地区实施以工代赈项目2 000余个，带动超过20万名农村低收入群众在家门口务工就业。将项目劳务报酬占比由原来的不低于15%逐步提高至30%，最大限度吸纳当地农村劳动力参与工程建设，依托以工代赈项目拓展实施就业技能培训、公益性岗位开发等新赈济模式。

三是大力推广以工代赈方式。国家发展改革委报请国务院办公厅转发《关于在重点工程项目中大力实施以工代赈促进当地群众就业增收的工作方案》。2022年，重点工程项目和中小型农业农村基础设施建设领域推广以工代赈方式累计吸纳群众就地就近就业约280万人，发放劳务报酬310余亿元，带动人均增收1.1万元。

（四）大力实施消费帮扶

一是推动落实《关于继续大力实施消费帮扶巩固拓展脱贫攻坚成果的指导意见》，国家发展改革委等部门制定印发《2022年国家层面消费帮扶年度重点工作事项》，明确70项年度重点工作事项。

二是组织实施消费帮扶。财政部、农业农村部、国家乡村振兴局、中华全国供销合作总社进一步优化调整政府采购脱贫地区农副产品政策。引导东西部协作、中央单位定点帮扶以及京东、阿里等大型电商平台助力脱贫地区农产品销售，拓展销售渠道。针对疫情影响导致部分地区农产品滞销卖难问题，开设“菜篮子”农产品产销对接服务热线，确保农产品销售畅通。据统计，2022年各地区、各部门累计直接采购和帮助销售脱贫地区农产品近4 300亿元，其中，直接采购622.2亿元、帮助销售3 667.7亿元。各地区各部门创新消费帮扶方式，拓宽了农副产品营销渠道。

三是组织开展2022年度消费帮扶助力乡村振兴典型案例遴选。国家发展改革委明确166个年度优秀典型案例并做好宣传推广工作，积极指导广州市、深圳市等重点城市积极争创全国消费帮扶示范城市和产地示范区。《“直播+消费帮扶”乡村产业发展新路径》获评2022年全国消费帮扶助力乡村振兴优秀典型案例。

三、集中支持国家乡村振兴重点帮扶县

各地区各部门坚持把国家乡村振兴重点帮扶县作为巩固拓展脱贫攻坚成果的重点区域，统筹整合各方资源，全力推动重点帮扶县发展。

（一）全面安排部署

2022年3月，全国巩固拓展脱贫攻坚成果同乡村振兴有效衔接暨乡村振兴重点帮扶县工作推进会议召开，专题研究部署当年重点任务。2022年9月，国家乡村振兴重点帮扶县重点工作推进视频会召开，根据新形势新任务对重点工作进行安排部署，推动160个国家乡村振兴重点帮扶县完成全年目标任务。

（二）编制实施方案

贯彻落实2022年中央1号文件要求，国家乡村振兴局编制印发《国家乡村振兴重点帮扶县巩固拓展脱贫攻坚成果同乡村振兴有效衔接实施方案》，明确了总体要求、主要任务、重点

项目、支持政策和保障措施。指导西部10个省（区、市）和160个重点帮扶县编制省、县两级实施方案，完成省、县两级实施方案备案。初步梳理统计，省、县两级方案项目储备超过10万个，估算投资超过1万亿元。

（三）强化倾斜支持

1. 财政金融支持

国家乡村振兴局会同财政部出台倾斜支持政策，过渡期在重点帮扶县延续统筹整合使用财政涉农资金试点政策，分配中央财政衔接推进乡村振兴补助资金时予以倾斜支持。继续实施脱贫人口小额信贷政策，开展“富民贷”试点，“富民贷”产品服务实现160个县全覆盖。组织东部133个经济较发达县结对帮扶160个重点帮扶县，实现帮扶全覆盖。中国人民银行引导金融机构在产品和服务创新、信贷资源配置、资金转移定价、绩效考核等方面对国家乡村振兴重点帮扶县予以倾斜。过渡期内，要求国家开发银行、中国农业发展银行和国有商业银行应在依法合规、风险可控前提下，力争每年对全部国家乡村振兴重点帮扶县各项贷款平均增速高于本机构各项贷款平均增速。截至2022年末，金融精准帮扶贷款（含脱贫攻坚期存量）余额4.8万亿元；国家乡村振兴重点帮扶县各项贷款余额1.64万亿元，同比增长14.7%，高出全国贷款增速4.1个百分点。深入推进“万企兴万村”行动，动员3 740家民营企业与160个重点帮扶县建立对接关系。

2. 人才技术支持

围绕助力160个国家乡村振兴重点帮扶县补齐医疗、教育、农业产业发展短板，中央组织部积极推进干部人才“组团式”帮扶国家乡村振兴重点帮扶县工作，会同国家卫生健康委、教育部、科技部、农业农村部等部委印发医疗、教育干部人才“组团式”帮扶和选派科技特派团工作方案，召开电视电话会议进行部署并推动落实。截至2022年底，选派近5 000名干部人才到160个重点帮扶县开展“组团式”帮扶工作。通过帮扶工作帮助西部地区提高医疗、教育事业和农业产业发展水平。

2022年，中央组织部、科技部、农业农村部会同有关部委，统筹调配全国涉农科技人才资源，组建科技特派团，以“一县一团”的方式，为160个国家乡村振兴重点帮扶县选派1 557名高层次科技专家。全年累计下沉1.7万人次，驻点服务覆盖近2 200个乡镇和近7 000个行政村，对接服务4 000多个新型经营主体，结对帮带本土科技人员近7 000名，帮扶工作取得积极成效。一是解决品种技术难题，促进产业提档升级。推动产学研协同创新和全产业链技术攻关，引进优质高效、绿色栽培、疫病防控等新品种新技术1 261项，解决各类产业问题3 361个。二是引进龙头建设基地，扩大产业规模水平。参与制定县级产业发展规划300余个，引进龙头企业143家，指导推动1 287个规模化种养基地和标准化农业示范区建设。三是推动产业标准应用，打响当地特色品牌。制定农产品标准62个，加大区域农产品品牌塑造和推广力度，打响“土字号”“乡字号”品牌115个。四是促进市场供需对接，带动农民增收致富。积极推动需求主导的双向选择，“土特产”变成带农致富的“香饽饽”，切实带动农户增收致富。五是培养帮带本土人才，增强产业内生动力。与当地农技人员、高素质农民和致富能手开展结对培养帮带，组织专题讲座、现场讲解、示范服务等活动，线上线下累计培训2 761场次，超过11万人次。

科技部印发《科技支撑国家乡村振兴重点帮扶县巩固拓展脱贫攻坚成果助力乡村振兴三年行动方案》，聚焦重点帮扶县农业主导产业，集成创新资源，推动人才下沉、科技下乡，力争在3年时间内实现重点帮扶县科技项目、成果转化、科技特派团、平台园区、科技金融、科普宣传“六个全覆盖”。科技项目方面，科技部通过“乡村产业”“绿色宜居村镇”两个重点专项，安排中央财政经费4.15亿元，西部10省科技管理部门按1∶1配套，部署19个项目160个课题，“一县一课题”定向支持160个重点帮扶县肉牛肉羊、生猪、马铃薯、茶叶等主导产业。成果转化方面，科技部启动实施科技计划成果“进园入县”行动，推介成熟度高、适应性强的技术成果700项。科技特派团方面，将1 132名科技特派团成员纳入2022年“三区”人才科技人才专项支持，每人工作经费2万元。平台园区方面，指导重点帮扶县加强创新平台建设，在160个县建有国家和省级高新区、农业科技园区、可持续发展试验区和科技企业孵化器、众创空间、星创天地等251家。科技金融方面，与中国农业银行深度合作，为160个县制定个性化的科技金融服务方案。2022年，中国农业银行在160个县新增贷款418亿元，同比增长15.7%。科普宣传方面，科技部向160个县科技特派团和党委政府以及科技管理部门赠送《科技日报》《中国农村科技》等。

（四）开展跟踪监测

从巩固拓展脱贫攻坚成果、县域经济社会发展和实施方案跟踪监测等3个方面，健全完善国家乡村振兴重点帮扶县监测评价指标体系，组织西部10个省（区、市）和160个重点帮扶县开展数据监测。国家乡村振兴局编印《160个国家乡村振兴重点帮扶县经济社会发展和巩固拓展脱贫攻坚成果相关数据手册》，制作《国家乡村振兴重点帮扶县分布图（2021—2025年）》，为相关部门强化政策支持、细化工作举措提供参考。

四、加大对易地搬迁集中安置点支持力度

2022年，国家发展改革委、国家乡村振兴局会同有关部门深入学习贯彻习近平总书记重要指示精神，全面落实党中央、国务院决策部署，围绕“稳得住、能融入、逐步能致富”目标，加强谋划部署，加大政策支持，扎实推进易地扶贫搬迁后续扶持工作，取得明显成效。

（一）加强统筹协调，部署安排年度重点工作

国家发展改革委联合相关部门印发《关于推动大型易地扶贫搬迁安置区融入新型城镇化实现高质量发展的指导意见》《易地扶贫搬迁后续扶持2022年工作要点》，推动各类政策、资金、资源向安置点和搬迁群众倾斜。国家发

展改革委联合国家乡村振兴局组织召开全国巩固易地搬迁脱贫成果工作视频推进会暨部际沟通协调会议，部署安排易地扶贫搬迁后续扶持年度重点工作。国家乡村振兴局组织乡村振兴系统在山西忻州市召开全国易地扶贫搬迁后续扶持暨促进就业帮扶车间发展工作会议，总结交流经验做法，研判巩固易地搬迁脱贫成果面临的新形势、新挑战，安排部署全年搬迁后扶重点工作。

（二）树牢底线意识，持续抓好搬迁群众防止返贫监测帮扶工作

着眼守住搬迁群众不发生规模性返贫这条底线，将易地扶贫搬迁集中安置点和搬迁群众作为防止返贫动态监测和帮扶重点，加强常态化监测预警，组织开展安置点搬迁群众防止返贫监测帮扶集中排查，及时将有返贫致贫风险的搬迁群众识别为防止返贫监测对象，落实针对性帮扶措施。

（三）强化稳岗就业，抓紧抓实安置点就业帮扶工作

推动大型安置区公共就业服务机构建设，实现800人以上安置点公共就业服务站点（窗口）全覆盖。将易地搬迁脱贫人口稳岗就业作为重点工作安排部署，通过系统数据和现场核实定量定性分析搬迁脱贫人口稳岗就业形势，督促指导各地持续加大易地搬迁地区劳务协作力度，积极拓宽就业渠道，确保就业规模总体稳定。2022年，易地搬迁脱贫人口务工人数超过2021年底水平，有劳动力的搬迁家庭基本实现了1人以上就业目标。

（四）促进社会融入，扎实开展安置点乡村治理专项行动

国家发展改革委、农业农村部、国家乡村振兴局组织开展易地扶贫搬迁安置点乡村治理专项行动，推动健全安置点乡村治理体系，创新安置社区治理模式，提高搬迁群众融入新社区、适应新环境能力，安置社区和谐稳定，治理能力明显提升。大中型安置点实现“一站式”社区综合服务设施、基层党组织和村（居）民自治组织、驻村（社区）工作队全覆盖。22个省份向17 342个安置点派驻了第一书记和驻村（社区）工作队，实现“应派尽派”。

（五）坚持问题导向，全面排查整改搬迁群众急难愁盼问题

国家发展改革委、国家乡村振兴局部署开展易地扶贫搬迁群众急难愁盼问题全面排查整改工作。各地聚焦搬迁群众急难愁盼的“三保障”和饮水安全基础是否稳固可靠，配套设施和公共服务是否完备齐全，公共空间是否整洁安全，安置社区社情民意是否安定和谐，搬迁群众权益保障是否充分全面，搬迁群众社会融入是否持续有效等六个方面问题，通过县市自查、省级抽查等方式，对易地扶贫搬迁集中安置点开展全覆盖检查，建立问题排查台账，分类制定整改措施，明确整改责任和整改期限，妥善解决关乎搬迁群众切身利益的急难愁盼问题。

（六）加大资金投入，强化后续扶持

财政部等部门联合发文，进一步明确中央财政衔接推进乡村振兴补助资金可用于支持完善易地搬迁集中安置点社区内必要的配套设施，适当补助“一站式”社区综合服务设施建设。2022年，中央财政下达47.83亿元衔接资金用于人口较多的易地扶贫搬迁集中安置区后续扶持，122.8亿元衔接资金用于对纳入“十三五”规划的易地搬迁贷款予以贴息和对调整规范易地扶贫搬迁融资方式后发行的地方政府一般债券按规定予以补助，确保资金投入保障到位。

五、推动脱贫地区帮扶政策落地见效

各地区各部门认真贯彻落实党中央关于过渡期内严格落实“四个不摘”的要求，摘帽不摘责任、摘帽不摘政策、摘帽不摘帮扶、摘帽不摘监管，推动脱贫地区帮扶政策落地见效。

（一）保持主要帮扶政策稳定

1. 切实强化衔接资金政策保障

一是进一步加大资金投入力度。2022年中央财政安排衔接推进乡村振兴补助资金（以下简称衔接资金）1 650亿元（含补助新疆生产建设兵团），同口径较上年增加84.76亿元，增长5.4%。利用中央专项彩票公益金支持欠发达革命老区乡村振兴，2022年安排中央专项彩票公益金支持欠发达革命老区乡村振兴项目资金20亿元。

二是细化完善衔接资金政策顶层设计。财政部会同农业农村部、国家乡村振兴局等5部门联合印发《关于加强中央财政衔接推进乡村振兴补助资金使用管理的指导意见》，督促指导各地围绕“三聚焦”用好管好衔接资金。聚焦重点地区，督促相关省份切实将重点帮扶县摆在巩固拓展脱贫攻坚成果的突出位置，加大倾斜支持力度。聚焦重点任务，要求各地逐年稳步提高中央财政衔接资金用于产业的比重，优先支持联农带农富农产业发展，完善产业项目利益联结机制。聚焦重点环节，加快前期工作进度，最大限度用好施工季节，同时加强项目实施和资金使用情况跟踪督促。

三是强化衔接资金政策跟踪问效。财政部联合国家乡村振兴局、农业农村部等有关部门2次召开全国视频会议，详细解读衔接资金使用管理政策，明确工作要求。依托财政直达资金监控等系统定期调度衔接资金项目实施和支出进度，对工作推进较慢、出现预警问题的省逐一督促，持续传导压力。财政部、国家乡村振兴局会同国家发展改革委等部门组织第三方对28个省（区、市）和新疆生产建设兵团2022年衔接推进乡村振兴补助资金开展了绩效评价及考核，并对北京、天津2市开展了试评价，为牢牢守住不发生规模性返贫底线、扎实推进巩固拓展脱贫攻坚成果同乡村振兴有效衔接提供了有力保障。

四是进一步规范扶贫项目资产后续管理。指导各地落实《关于加强扶贫项目资产后续管理的指导意见》，加强部门协作，细化操作办法，组织摸底确权，分类开展管护，健全长效运行管理机制。2022年开展扶贫项目资产后续管理“回头看”，集中排查解决存在问题，推动各地工作重心从摸底确权向管好用好转变。积极应对疫情影响，帮助支持暂时出现生产运营困难的产业帮扶项目尽快恢复正常生产经营活动，推进盘活用好低效闲置资产，防止出现新的闲置资产。截至2022年底，已摸清扶贫项目资产2.87万亿元，已确权2.85万亿元，近一半确权到村集体。

2. 继续实施支持乡村产业振兴的政府采购政策

推动“832平台”与脱贫县政府、企业深度合作，挖掘、孵化脱贫地区优势主导产业，探索“平台+合作社+农户”“平台+政府+企业”产业帮扶模式，帮助地方培育自身品牌，推动乡村产业振兴。2022年通过稳定、可持续、有预期的政府采购需求牵引，“832平台”销售脱贫地区农副产品136.5亿元。

3. 继续实施脱贫地区信贷支持政策

一是持续增加脱贫地区信贷投放。脱贫地区全年累计发放贷款6.97万亿元。截至2022年末，脱贫地区各项贷款余额10.7万亿元，同比增加1.38万亿元，增长14.8%。二是不断完善脱贫人口小额信贷支持政策，为脱贫户和防止返贫监测对象免担保免抵押的小额信贷提供适当贴息，对脱贫群众“扶上马、送一程”。截至2022年末，全国脱贫人口小额信贷余额1 859.77亿元，同比增长14.47%，贷款户数432.22万户。三是加大创业担保贷款政策实施力度，支持农村群众发展增收。截至2022年末，创业担保贷款余额2 679亿元，同比增长14%。

4. 继续开展城乡建设用地增减挂钩节余指标跨省域调剂

2021年12月，自然资源部等三部门印发《巩固拓展脱贫攻坚成果同乡村振兴有效衔接过渡期内城乡建设用地增减挂钩节余指标跨省域调剂管理办法》，明确过渡期内，在东西部协作和对口支援框架下，继续开展增减挂钩节余指标跨省域调剂。同时，将国家乡村振兴重点帮扶县纳入支持范围。根据上述规定，财政部配合自然资源部审核完成了2022年第一批城乡建设用地增减挂钩节余指标跨省域调剂任务，涉及调剂资金205亿元。

5. 积极推动政策调整衔接与落地见效

国家乡村振兴局会同有关部门制定出台《“十四五”时期巩固拓展脱贫攻坚成果同乡村振兴有效衔接规划》，细化过渡期目标任务和方法路径。继续落实教育、医疗、住房、饮水等民生保障普惠性政策，并继续根据脱贫人口实际困难给予适度倾斜，中央财政继续安排资金，支持实施生态护林员政策。启动巩固拓展脱贫攻坚成果同乡村振兴有效衔接政策落实效果评估，推动脱贫地区帮扶政策调整优化和落地见效，组织开展暗访调研。

（二）深化东西部协作和中央单位定点帮扶

2022年5月18日，全国东西部协作和中央单位定点帮扶工作推进电视电话会召开，承担东西部协作任务的18个省（区、市）签订年度协作协议，明确工作重点和任务。东部省份向协作地区投入财政援助资金230.9亿元，互派干部3 146人、专业技术人员2.3万人。305家中央单位向592个定点帮扶县投入和引进帮扶资金689亿元。3 740家民营企业与国家乡村振兴重点帮扶县建立帮扶关系。

中国人民银行持续把定点帮扶“责任田”建设成为金融服务乡村振兴“示范田”。制定《中国人民银行2022年定点帮扶工作要点》《中国人民银行2022年定点帮扶任务清单》，组织召开定点帮扶乡村振兴座谈会，推动22家金融单位发挥自身优势、强化资源投入、健全长效机制。2022年，22家金融单位直接投入无偿帮扶资金7.89亿元，引进无偿帮扶资金3.47亿元，培训干部群众43.55万人次，购买帮销脱贫地区农产品64.85亿元。

（三）开展巩固拓展脱贫攻坚成果同乡村振兴有效衔接考核评估

一是圆满完成2021年巩固拓展脱贫攻坚成果同乡村振兴有效衔接考核评估工作。对综合评价“好”的中西部省份给予衔接资金奖励，推广典型经验做法。对排名靠后的省份组织约谈，并逐省开展调研督导，对考核评估中发现巩固拓展脱贫攻坚成果任务重、难度大的县整改情况开展挂牌督办。中西部22个省份对照查摆问题全面完成整改，挂牌督办县全部摘牌。二是开展2022年考核评估工作，优化指标体系和工作流程，树牢实效导向。三是各地将巩固拓展脱贫攻坚成果纳入市县党政领导班子和领导干部推进乡村振兴战略实绩考核，责任进一步落实。

第四章　乡村发展

中　国　乡　村　振　兴　发　展　报　告　2022

一、农村一二三产业融合发展

习近平总书记指出，产业振兴是乡村振兴的重中之重，要落实产业帮扶政策，做好“土特产”文章，依托农业农村特色资源，向开发农业多种功能、挖掘乡村多元价值要效益，向一二三产业融合发展要效益，强龙头、补链条、兴业态、树品牌，推动乡村产业全链条升级，增强市场竞争力和可持续发展能力。2022年，各地立足资源优势和区域特点，强政策、育主体、建平台、促融合，持续推动乡村产业高质量发展。

（一）农产品加工业保持平稳增长

面对国际局势动荡，国内疫情多点散发、消费需求收缩等多重考验，农产品加工业顶住压力、克服困难，总体保持平稳发展态势。一是产业规模不断扩大。全口径农产品加工企业45万家，其中，规模以上农产品加工企业9万家。规模以上农产品加工业实现营业收入19.14万亿元，完成利润总额1.13万亿元。二是产业基础更加坚实。累计建设41个农产品加工技术集成科研基地、1 600多个农产品加工园、15.6万个农产品初加工设施、5万多个产地冷藏保鲜设施，制定180项农产品加工行业标准。推进建设31个农业全产业链重点链和63个典型县。三是联农作用不断增强。引导农产品加工企业向县域下沉，约2/3的农产品加工龙头企业把总部设在了县域，建设原料供应基地、加工生产基地、物流配送基地，统筹发展初加工、精深加工和副产物综合利用，带动农户多环节参与产业发展，更多分享产业链增值收益。80%以上的农产品加工企业与合作社、农户建立了稳定订单、保底收益、按股分红等利益联结机制，辐射带动了1亿多农户。

（二）乡村休闲旅游业展现产业韧性

2022年以来，各地积极应对新冠疫情带来的不利影响，聚焦开发农业多种功能、挖掘乡村多元价值，农事体验、观光采摘、乡土美食、特色乡宿、研学科普等新产业新业态蓬勃发展。乡村休闲旅游业总体运行震荡趋稳，全年营业收入与上年基本持平，恢复到2019年八成以上，通过带动餐饮住宿、农产品加工和文化体验等关联产业促进农民增收，带动农户近900万户，成为旅游业应对疫情冲击韧性最强的领域。

1. 树立示范标杆，壮大产业发展载体

农业农村部、文化和旅游部等部门通过推动资源适度集聚，强化典型引领带动，构建了“点线面”结合的乡村休闲旅游发展格局。

一是建设一批全国休闲农业重点县。农业农村部以县域为单元，新认定60个资源优势突出、产业初具规模、业态类型丰富和联农带农效果显著的全国休闲农业重点县，并综合评价首批60个重点县运行情况，推动各级农业农村部门从产业集聚发展、政策集成创新、设施服务升级等方面率先实现突破，推动县域休闲农业提质升级，打造休闲农业高质量发展先行区。两批120个休闲农业重点县成为打造宜居宜业和美乡村、全面推进乡村振兴的重要抓手。二是提升中国美丽休闲乡村和乡村旅游重点村镇。农业农村部首次将农家乐特色村纳入中国美丽休闲乡村推介范围，推介255个创新业态丰富、农民主体地位凸显、数字赋能服务的中国美丽休闲乡村，其中有84个村为农家乐特色村。文化和旅游部联合国家发展改革委，推出第四批200个全国乡村旅游重点村和98个全国乡村旅游重点镇（乡）。各级政府部门对入选中国美丽休闲乡村和乡村旅游重点村镇在资金奖励、金融信贷、宣传推广等方面均予以支持，培育了一批生态美、生产美、生活美的乡村休闲旅游目的地。三是创新培育新型载体。农业农村部对接中国科协，推荐一批科普业绩突出的休闲农业经营主体纳入全国科普教育基地，示范带动更多主体跟进，将“科普研学”与“休闲农业”有机结合，进一步拓宽行业发展维度。

2. 立体化宣传推广，提升行业影响力

为进一步营造行业良好发展氛围，农业农村部、文化和旅游部采用多种方式丰富优质线路供给，扩大宣传范围，增强乡村休闲旅游知名度和吸引力。一是推广精品景点线路。农业农村部以“品味乡土美食”和“体验农耕文化”为主题，举办2期中国美丽乡村休闲旅游行推介活动，以县长代言、网红带游和非遗展示等强化互动的形式，发布精品线路106条。通过线上直播、网站专题和公众号等方式累计推介了213条观赏田园风光、体验民俗文化、乐享和美乡村的休闲旅游精品线路。文化和旅游部开展“乡村四时好风光”全国乡村旅游精品线路遴选推广，联合相关部门先后推出“春生夏长 万物并秀”“乡村是座博物馆”“稻花香里说丰年”“瑞雪红梅 欢喜过年”系列主题乡村旅游精品线路。二是联合打造重点节目。文化和旅游部与中央广播电视总台联合摄制《山水间的家》。共推出12期，聚焦全国乡村旅游重点村，带领观众感受新时代美丽乡村的山水风貌、文化底蕴、温暖乡愁，以乡村旅游的视角呈现10年来我国乡村的壮美蝶变和振兴成就。文化和旅游部与中央广播电视总台合作推出新版《正大综艺》节目。共推出30期，实地深度探访超过25个全国乡村旅游重点镇（乡），深入呈现当地乡村的文化自然风貌。文化和旅游部联合央广购物开展“游购乡村”活动，结合线路推广带动周边农文旅产品销售。三是培育国际乡村旅游品牌。文化和旅游部推荐广西大寨村和重庆荆竹村入选联合国世界旅游组织第二批“最佳旅游乡村”。通过指导首批“最佳旅游乡村”余村和西递村参加联合国世界旅游组织“最佳旅游乡村”交流平台网络会议，指导大寨村和荆竹村赴沙特阿拉伯参加“最佳旅游乡村”颁奖仪式等，向世界讲述中国旅游业促进遗产保护、乡村发展、人民致富的美好故事。

3. 强化工作保障，协调推进政策落实

农业农村部、文化和旅游部联合相关部门加大行业支持力度，注重激发行业发展活力，有效增强了乡村休闲旅游发展的内生动力。一是加强行业指导。文化和旅游部、农业农村部等部门印发《关于推动露营旅游休闲健康有序发展的指导意见》，促进行业在创新中恢复发展。文化和旅游部、公安部、自然资源部等10部门制定印发了《关于促进乡村民宿高质量发展的指导意见》，推动乡村民宿提质升级、高质量发展。文化和旅游部健全完善乡村旅游监测工作体系，指导设立文化和旅游部数据中心乡村旅游分中心，为乡村旅游行稳致远提供数据支撑。文化和旅游部以“扩展视野、增强能力、提升面貌”为重点开展乡村旅游人才培训，农业农村部以“拓展乡村多种功能 推动休闲农业高质量发展”为主题开展休闲农业管理人员培训，进一步提高从业人员的管理水平、服务水平。二是加大金融支持。为落实农业农村部和中国农业银行制定的《关于加强金融支持乡村休闲旅游业发展的通知》，农业农村部全面摸底调查中国美丽休闲乡村信贷需求情况，协调中国农业银行加大对中国美丽休闲乡村贷款倾斜，截至2022年末，中国农业银行在1 697个中国美丽休闲乡村各类贷款余额达249.12亿元。三是完善基础设施。交通运输部等10部门制定《农村道路畅通工程专项推进方案》，将中国美丽休闲乡村纳入农村道路畅通工程建设范围。交通运输部、农业农村部等部门印发《农村公路扩投资稳就业更好服务乡村振兴实施方案》，加大对中国美丽休闲乡村和乡村旅游重点村镇的倾斜支持。

（三）农村电商蓬勃发展

2022年，全国农村网络零售额达2.17万亿元，全国农产品网络零售额5 313.8亿元，同比增长9.2%。农村电商与直播电商等新业态以及特色产业集群等加速融合，农产品品牌化和产业数字化转型步伐不断加快。

电商助力农村消费升级。深化电子商务进农村综合示范，充分发挥农村电商公共服务体系和物流快递配送体系作用，不断扩大农村电商覆盖面。商务部依托“全国网上年货节”“双品网购节”等网络消费重点活动，组织各地广泛开设“数商兴农”专场，促进农产品上行和工业品下行，推动电商平台企业面向县域乡村延伸服务。深入推进“互联网＋”农产品出村进城工程，农业农村部指导110个试点地区与知名电商企业合作，评选一批农村电商典型模式，增加对试点地区优质特色农产品的宣传，推动农产品上网销售、优质优价。完善适应农产品销售的电商服务体系，加强农民电商技能培训，举办农村电子商务专题培训班，组织开展“大国农匠”全国农民技能大赛（农村电商人才类），助力农村电商发展，促进农产品上行。组织各地和企业开设涉农专场，促进地理标志农产品和各地农特产品销售。短视频、直播带货等新业态应用深入县域乡村，成为拓展农产品销售的重要渠道，并促进了下沉市场消费场景的改善和提升。

电商与特色产业融合发展趋势渐成。继续引导市场力量广泛参与，商务部引入公益资源开展4批农产品认证帮扶，累计培训企业2 400家，资助约700家，指导中国电商乡村振兴联盟开展常态帮扶，累计帮助对接销售约400亿元。聚焦木本油料、食用菌等重点产业，引导直播电商等企业参与，发展电商赋能的农产品网络品牌和特色产业。商务部组织开展“数商兴农”进地方，开展农产品网络品牌推介洽谈系列活动，推动电商平台与地方就企业入驻、产品采购、品牌发展、人才培养等达成合作，累计对接金额达22.9亿元。

（四）品牌打造取得积极进展

一是加强政策创设，健全工作机制。农业农村部印发《农业品牌精品培育计划(2022—2025年)》，聚焦打造精品目标，聚集优势资源，全面提升品牌竞争力影响力带动力。农业农村部办公厅印发《农业生产“三品一标”提升行动有关专项实施方案的通知》，发布《农业品牌打造实施方案(2022—2025年)》，明确“十四五”时期农业品牌建设思路、目标和重点任务。国家发展改革委、工业和信息化部、农业农村部等7部门联合印发《关于新时代推进品牌建设的指导意见》，明确农业品牌打造的方向目标和工作重点。农业品牌建设工作机制不断健全，政策体系日趋完善，为农业品牌建设提供了政策保障。

二是建立品牌标准，引领区域公用品牌高质量发展。农业农村部制定农业品牌标准体系建设方案，构建农业品牌标准体系框架，并结合品牌建设实际和工作重点，率先建立农产品区域公用品牌建设标准，并于2022年10月1日发布实施。该标准作为首个农业品牌行业标准，对引领带动全国区域公用品牌健康有序发展将发挥积极作用。加强标准宣贯，组织部属媒体刊发专家解读文章，2022年线上线下累计培训超过250万人次。

三是启动精品培育，发挥示范带动效应。农业农村部启动实施农业品牌精品培育计划，根据产业规模、品牌基础、市场消费和国内外影响力等要素，分品类分梯次分年度培育一批产业优势领先、市场空间潜力大、文化底蕴深厚的农业品牌。2022年首批发布五常大米、洛川苹果、西湖龙井、盐池滩羊等75个区域公用品牌，建立核心授权企业及产品名录，支持开展优势链条对接，组织全媒体宣展和海外推广，加强金融支持，全面提升农业品牌竞争力影响力。

四是加强品牌帮扶，支持脱贫地区品牌打造。启动脱贫地区农业品牌帮扶，聚焦乡村振兴重点帮扶县和部帮扶县，“一对一”支持打造区域公用品牌，并组织开展品牌建设和电商发展培训服务活动。截至2022年底，农业农村部牵头帮扶20个重点县，培训服务活动覆盖了152个县，培训人数超过3 000人。

五是搭建营销平台，促进区域公用品牌消费。农业农村部举办中国农业品牌创新发展大会，聚焦品牌打造热点难点问题开展分享交流。建设中国农业品牌公共服务平台，打造农业品牌权威服务窗口，并组织媒体单位多角度多层次多方位开展宣传推广，为农业品牌打造营造良好氛围。利用农交会、茶博会、丰收节、产销对接等活动开展品牌营销和促消费活动，促进品牌产品销售。2022年，组织开展消费帮扶新春行动、中国农民丰收节金秋消费季、系列农产品产销对接活动等品牌消费活动，累计销售农产品超过600亿元。

六是加强理论研究。开展案例研究。农业农村部发布2022年农业品牌创新发展典型案例，首批发布50个案例，分类梳理品牌打造经验和做法，开展跟踪研究，提供品牌建设思路和路径。启动分类研究。农业农村部发布《中国农业品牌发展报告（2022）》，多角度全方位展现农业品牌建设情况，系统梳理各行业品牌发展现状、存在问题和发展趋势，为推动行业品牌发展奠定基础。

（五）营造产业发展良好环境

1. 促进农副产品直播带货规范健康发展

在制度建设层面，为规范网络直播营销

市场秩序，2022年3月，国家网信办、税务总局、市场监管总局联合印发《关于进一步规范网络直播营利行为促进行业健康发展的意见》，针对网络直播销售行业特点和发展趋势，从规范网络直播营销行为、规范税收管理、治理偷逃缴纳税款、促进社会公平正义等方面细化措施，切实为“直播经济”健康有序发展提供良好市场环境。在监管实践层面，市场监管总局以网络市场监管与服务示范区创建为抓手，通过农副产品直播带货等方式带动农村经济高质量发展，助力乡村振兴。同时，各级市场监管部门依法加强对食用农产品市场销售环节的监督检查，督促食品经营者严格落实食品安全主体责任，保证线上线下销售的产品同质同标，不断提高市场销售食用农产品质量安全保障水平。

2. 积极推进农业标准化生产

市场监管总局会同农业农村部等部门组织起草《乡村振兴标准化行动方案》，明确乡村振兴标准化行动实施的重点内容，为各地农业标准化生产水平提升提供指引。围绕农业基础设施建设、农业投入品质量安全、动植物疫病防控、农产品质量分级、农产品流通等重点内容，发布《高标准农田建设通则》等155项国家标准，下达199项国家标准制定修订计划，逐步构建现代农业全产业链标准体系，为各地实施农业标准化生产提供标准支撑。联合指导各地深入开展国家农业标准化示范区建设，总结农业标准化示范区在农业品种培优、品质提升、品牌打造等方面的可复制、可推广的经验做法，组织有关媒体进行报道，指导各地区因地制宜探索形成符合本地实际的农业标准化生产模式。

3. 推进食用农产品承诺达标合格证制度，完善全产业链质量安全追溯体系

一是督促各地严格落实食用农产品进货查验和入场查验要求。市场监管总局配合农业农村部指导各地持续推进食用农产品“治违禁 控药残 促提升”三年行动，督促食用农产品批发市场开办者严格落实入场查验要求，督促食用农产品销售者严格落实进货查验要求，严防来源不明或不符合食品安全国家标准的食用农产品进入市场销售。二是引导各地积极推进农批市场食品安全信息化追溯管理。市场监管总局指导各地落实食用农产品批发市场食品安全查验要求，以疫情常态化防控形势下的农批市场改造升级为契机，采取“先行先试、重点推进”等方式，引导交易量较大和辐射范围较广的农批市场率先实施食品安全信息化追溯管理，实现场内销售的食用农产品来源可查、去向可追、信息真实、查询便捷。截至2022年底，已有11个省级市场监管部门建成食用农产品质量安全追溯省级平台（系统）。

专栏5

农村一二三产业融合发展典型案例

——陕西黄土高原苹果产业集群着力打造全产业链

陕西按照“扩规模、调结构、提品质、树品牌、拓市场”思路，从构建现代农业产业体系、生产体系、经营体系入手，在推进果业高质量发展上持续用力、扎实作为，做大做优苹果产业集群，将“小苹果”打造成带动农民增收和县域经济发展的“强产业”。

一是做优一产。开展良种苗木繁育体系建设，打造“千阳模式现代苹果矮砧集约化生产示范区”，支持千阳县建设20万亩矮化苹果、10 000亩自根砧苗木繁育基地。改造提升标准化果园，积极推广矮化密植苹果种植品种和模式，做好乔化果园提质增效。优化调整品种结构，适当减少晚熟品种比重，增加早熟品种和中熟品种比重，加大新品种推广力度，降低富士品种“一果独大”的风险，提高品种多样性。

二是做强二产。提升采后初加工能力，支持适宜不同生产规模的智能选果线购置，提升苹果精深加工和果网、果袋、农业机械等配套服务水平。提升储藏冷链物流能力。支持田间地头果农建小型临时性贮藏库、合作社建中型贮藏库、龙头企业和产地批发市场建设大中型冷库群，大力发展以冷藏运输车为主、以网点冷藏为辅的鲜果冷链物流体系。提升市场营销创新能力。以洛川国家级苹果批发市场为龙头，做强产地与大市场对接的国家级平台，自上而下形成引领省、市、县和乡镇四级果品批发市场体系。

三是做亮三产。提升地域品牌实力，按照“市场导向、企业主体、政府推动、社会参与”的联动机制，突出“特、优、新”的特征，努力把洛川苹果、白水苹果、马栏红苹果、铜川苹果等区域公用品牌，打造成质量水平高、具有较强国际竞争力的知名品牌。

二、县域富民产业发展

发展县域富民产业是拓宽农民增收致富渠道的重要抓手，是推动城乡融合发展的重要举措，是巩固拓展脱贫攻坚成果的必然选择，对促进农民农村共同富裕具有重大意义。近年来，各地充分依托优势特色产业集群、现代农业产业园和产业强镇建设，充分挖掘地方优势特色资源，培育主导产业，健全联农带农机制，在提升农产品质量和附加值、培育龙头企业、提高产业链供应链现代化水平、促进乡村产业发展和农民增收致富等方面取得了较好成效。

（一）优势特色产业集群不断做大做强

农业农村部会同财政部累计支持各地建设140个优势特色产业集群，取得了积极成效。一是构筑了重要农产品保供的支撑力量。截至2022年底，累计建设72个重要农产品产业集群。72个集群建设标准化种植基地485万亩、标准化养殖舍755万平方米，增加加工产能超4 300万吨，建设各类数据信息平台173个。二是构建了一批全链开发的产业体系。140个优势特色产业集群全产业链总产值约4万亿元。

其中，主导产业总产值超过100亿元的集群有118个、超500亿元的集群有31个、超1 000亿元的集群有4个。三是壮大了一批抱团发展的经营主体。吸引超1 800家省级以上农业产业化龙头企业、近6万家农民合作社链条共建、渠道共享、品牌共创。四是提高了从业农民收入。优势特色产业集群发挥龙头企业和新型农业经营主体带动作用，探索建立了多种联农带农机制。据农业农村部调度，140个优势特色产业集群辐射带动超1 000万农户，集群内从事主导产业农村居民人均可支配收入平均提高超4 000元。

（二）现代农业产业园建设成效显著

截至2022年底，农业农村部、财政部累计支持创建250个国家现代农业产业园，带动各地建设7 000多个省市县产业园，初步形成以园区引领农业现代化的新格局。

一是培育壮大主导产业。产业集聚渐成趋势，培育90多个规模大、集中度高、效益好的主导产业，建成44个产值超100亿元的产业园。技术集成配套推广，普遍与科研院校建立产业技术研究院，平均每个产业园与5家省级以上科研单位开展合作，集成推广300多项节水节肥、种养循环、加工综合利用等技术标准和作业规范。2022年产业园所在县的休闲农业和乡村旅游营业收入超1 000亿元。

二是强化科技支撑驱动。推进关键技术研发攻关，北京、浙江等省市推动50多个重点品种育种创新项目、100多个农业科技试验基地在园区布局，协同攻关主导产业核心关键技术。推进实用技术成果转化，组建产业园全产业链专家技术团队，采取“产业园+专家团队+技术推广服务机构”模式，强化全链条、全环节科技支撑；山东、福建等省围绕产业链列出技术需求清单，引导科研单位开展技术服务。加强科技人才引进，搭建产业研究院、产业联盟、创业孵化基地等平台，平均每10个产业园拥有1个院士工作站、本科以上专业技术人才300名左右。

三是推进要素集聚融合。加大财政金融投入，2017—2022年，中央财政累计安排170多亿元奖补资金，有力撬动金融信贷和社会资本支持产业园建设；推动国家开发银行等设立园区贷，推行银保、银担等融资新模式，打通金融资本入园通道。强化用地保障。制定产业融合发展用地政策，引导县级国土空间规划和土地利用年度计划安排新增建设用地指标，通过试行“标准地”“点状供地”“奖励用地”等方式，优先保障产业园用地需求。组织对接撮合，2022年首次举办“合作融通、聚力兴园”撮合活动，签订178项合作协议，推动园企对接、院地合作。

四是激发创业创新活力。领军企业牵引发力，吸引加工旗舰企业、科技研发企业入驻，配套一批仓储物流、电商营销等服务型企业，聚集1 800多家省级以上农业产业化龙头企业。新型主体支撑助力，培育5.7万家农民合作社、7.4万个家庭农场，依托50多个区域性大数据服务平台，开展专业化社会化服务。返乡创业注入动力，建立119个“一站式”就业创业服务平台，建设561个农民返乡入乡创业园、农村创业孵化实训基地，平均每个产业园创业达到2 100多人次。

五是健全联农带农机制。订单契约保收入，推行订单农业模式，带动300多万农户，建立稳定产销对接关系。股份分红拓收入，推行土地流转得租金、入园就业得薪金、家庭经营得现金、入股分红得股金“一地生四金”模式，惠及240多万农户。园村共建增收入，推进产村融合、产镇融合，产业园所辖区有50.6%的村开展产业园区、农村社区、生态功能区“三区同建”，实现园兴村美人和。

六是加强督导监测评估。定期监测评价，制定产业园监测评价办法，围绕产业发展质量、技术装备条件等方面，设计42项指标，每年监测产业园建设成效。加大绩效评估，组织产业园创建绩效预评价，开展中期评估和约谈督导，分批对创建期满、达到认定标准的产业园，授予产业园称号。推动结果运用，建立信息通报、奖优罚劣机制，对未通过中期评估的7个产业园进行通报批评，暂缓安排后续中央财政奖补资金，并根据整改、中期评估等情况再研究是否继续支持。

七是强化组织领导。部门协同推进，按照历年中央1号文件对产业园建设做出的具体部署要求，农业农村部、财政部联合推动产业园融入国家重点规划和区域经济社会发展总体安排，定期研究重大事项。部省联动推进，压实省级主体责任，指导14个省编制省级产业园建设规划，印发创建导则、验收办法等，优化建设布局，广东省投入150亿元财政资金用于省级产业园建设，四川省制定实施产业园星级管理制度。县市具体推进，把产业园建设作为县市乡村产业振兴的重点内容，出台专项扶持政策，建立工作专班，细化年度建设方案，确保产业园建设各项任务落实落地。

（三）农业产业强镇推动产业升级

截至2022年底，农业农村部会同财政部累计支持各地建设农业产业强镇1 309个，覆盖约1 100个县（市、区），有力促进乡村产业振兴。一是培育了一批优势产业。聚焦大豆、水稻、苹果、辣椒、生猪、肉牛等优势主导产业，充分延伸产业链条，建设全产业链产值超10亿元的农业产业强镇约350个，为构建新时代乡村产业体系奠定基础。二是壮大了一批产业经营主体。据调度，参与强镇建设的农业企业9 800余家，其中，国家级重点龙头企业250家、省级重点龙头企业1 450家。累计吸引10万多个家庭农场、农民合作社，其中，地市级以上家庭示范农场、示范合作社超6 000个。撬动地方财政、企业自筹、社会投资超过1 000亿元。三是带动了农民增收致富。推动完善利益联结机制，为农民提供更多就业机会，实现多环节增收、多方面受益。新增就业岗位15万个，辐射带动农民1 100万人，主导产业从业农村居民人均可支配收入比申报时平均提高约20%。

三、县域商业体系建设

2022年各部门认真贯彻落实党中央、国务院决策部署，按照《关于加强县域商业体系建设促进农村消费的意见》部署要求，聚焦农产品上行和推动释放农村消费潜力两个关键点，加快建设完善以县城为中心、乡镇为重点、村为基础的县域商业体系，促进农村消费扩容和提质升级。

（一）做好县域商业统筹部署和政策支持

商务部联合国家邮政局、中央网信办、国家发展改革委等8部门印发了《关于加快贯通县乡村电子商务体系和快递物流配送体系有关工作的通知》，指导推动农村电商和快递物流协同发展，鼓励设备设施共建共享，促进实现“多站合一、一点多能、一网多用”；联合财政部、国家乡村振兴局实施县域商业建设行动和农产品供应链体系建设，支持各地补齐县域商业设施短板，健全县乡村三级物流配送体系，完善农产品冷链物流设施，畅通工业品下乡和农产品上行渠道。

启动实施县域商业建设行动。2022年，中央财政安排资金40亿元支持各地启动实施县域商业建设行动，支持各地以渠道下沉为主线，以县乡村商业网络体系和农村物流配送“三点一线”为重点，加快补齐商业设施短板、优化消费渠道、增强农村产品上行动能，不断建立完善以县城为中心、镇乡为重点、村为基础的县域商业体系，推动县域商业高质量发展。据统计，在前述资金支持下，2022年全国共建设改造1 911个乡镇商贸中心、506个县级物流配送中心、650个乡镇快递物流站点，改造县城综合商贸服务中心983个、乡镇“大集”和商贸中心3 941个。截至2022年底，95%的行政村实现了快递直达，超过1/3的县快递当天就能从县城送到村里。2022年全国乡村消费品零售额实现5.93万亿元，增速高于城镇消费品零售额0.3个百分点。

（二）持续完善农村物流体系

一是加快邮政县乡村三级物流体系建设。财政部认真贯彻落实党中央、国务院决策部署，支持加快邮政县乡村三级物流体系建设，持续巩固提升邮政农村寄递物流服务能力。2022年，中央财政下达相关资金2亿元，引导加大县乡村三级物流体系投入，提升县乡村物流体系终端服务能力。全国已累计建设1 000余个县级邮政共配中心；建制村汽车化投递率提升至45%，农村快递投递能力明显增强；累计开通交邮联运邮路2 000余条，覆盖3 000多个乡镇，2.9万个建制村；构建邮政特色的农村电商新零售平台，建成150个全国级农产品基地。

二是持续完善农村物流节点网络。加大对乡镇运输服务站的资金支持力度，着力完善农村物流三级节点网络，不断提高农村物流网络节点覆盖率。供销合作社系统因地制宜利用已有商场、门店、土地、仓库等资源，依托系统连锁经营企业发展县域集采集配中心、仓储配送等流通设施；逐步将基层社纳入集采集配体系，支持基层社建设运营乡镇综合超市、农产品经营网点等；通过社有企业带动、基层社自建、村社共建、合作加盟等多种方式发展农村综合服务社，强化终端便民服务功能，供销合作社县乡村经营服务网点覆盖面和服务功能得到提升。2022年，全系统6 300多家连锁经营企业建成各类物流配送中心8 900多个，发展县乡村连锁经营网点71.3万个。

三是持续提升农村物流服务品质。2022年10月，交通运输部会同国家邮政局印发《关于公布第三批农村物流服务品牌并组织开展第四批农村物流服务品牌申报工作的通知》，在全国开展农村物流服务品牌宣传推广工作，公布了第三批40个农村物流服务品牌名单，通过多个渠道进行宣传推广，引导各地打造一批网络覆盖健全、资源整合高效、运营服务规范、产业支撑明显的农村物流服务品牌，推动构建模式创新、运营高效的农村物流服务体系，不断提升农村物流服务品质。

四是持续提升农村物流信息水平。鼓励和引导“城乡公交+物流电商+共同配送”和交邮融合发展，指导各地推进农村交通运输综合信息服务平台建设，加快农村客运与电商物流融合发展，提高县乡村的客货运和邮政物流综合服务站利用效率。

（三）深入推进农村客货邮融合发展

2022年5月，交通运输部印发《农村客货邮融合发展典型案例》，宣传推广农村客货邮融合典型模式和经验做法。2022年8月，交通运输部办公厅印发《加快构建发展长效机制切实保障农村客运稳定运行的通知》，指导各地推进农村客运与货运物流、邮政快递、供销等深度融合发展，加快构建“一点多能、一网多用、功能集约、便利高效”的农村运输服务发展新模式，实现站场、线路、信息资源的共建、共享、共用。指导北京市通州区等61个第二批城乡交通运输一体化示范创建县，聚焦农村客货邮融合发展，探索农村客货邮融合发展模式，依托乡镇客运站、乡镇运输服务站等建设乡镇客货邮综合服务站，积极开通客货邮合作线路。截至2022年底，全国累计开行农村客货邮合作线路8 000条，有力支撑了农村客运可持续发展，畅通了农村群众出行、物流配送、邮政寄递“最后一公里”。

（四）加快推进冷链物流高质量发展

2022年4月，交通运输部联合国家铁路局、中国民用航空局、国家邮政局、中国国家铁路集团有限公司等部门联合印发《关于加快推进冷链物流运输高质量发展的实施意见》，从加快完善基础设施网络、推动技术装备创新升级、创新运输组织服务模式、健全完善运输监管体系、强化政策支持保障等方面作出安排，进一步推动冷链物流运输高质量发展。2022年安排中央财政资金50亿元，支持建设1.6万个以上产地冷藏保鲜设施，预计新增库容600万吨。加强农产品产地市场建设，推进共建12家国家级农产品产地市场，提升带动示范作用。全国支持升级改造近900家农产品批发市场、农贸市场，新增各类农产品冷链物流设施944万立方米。中华全国供销合作总社制定出台《全国供销合作社“十四五”公共型农产品冷链物流发展专项规划》，28个省级社参与实施供销合作社系统公共型农产品冷链物流建设工程（“612工程”）。按照“1个中心+N个田头保鲜仓”模式，规划建设一批县域产地农产品冷链物流中心，提升县域农产品流通服务功能。2022年供销合作社系统新建成冷链物流项目323个，新增冷库总库容244万吨。

（五）健全完善农村物流规范标准

2022年9月，交通运输部制定发布《乡镇运输服务站运营服务规范》（JT/T442—2022）行业标准，明确了乡镇运输服务站选址布局、功能设置、设施设备、运营管理、客货服务等要求，引导各地盘活既有设施资源，加快相关资源整合，增强乡镇运输服务站可持续运营能力，提升农村地区交通运输基本公共服务水平。

（六）创新发展农村电商

各部门以县域为重点，挖掘地方优质特色农产品，引导传统流通企业加快发展电商业务，延伸实体网络电商功能，推进线上线下融合发展。积极打造区域性电商，加快基层经营服务网点信息化改造，实现线上下单、线下配送，服务好“本地生活”，带动农产品上行和农民增收。中华全国供销合作总社指导脱贫地区农副产品网络销售平台（“832平台”）加强价格、质量监测和用户体验管理，进一步提升平台运营服务能力。中华全国供销合作总社会同财政部、农业农村部、国家乡村振兴局等部门联合印发《关于进一步做好政府采购脱贫地区农副产品有关工作的通知》，优化供应商审核推荐流程，加强供应商管理与服务，带动脱贫地区农产品扩大销售。2022年，“832平台”实现交易额136.5亿元，累计交易额达335亿元；全国农村网络零售额达2.17万亿元，增长3.6%；农村网商（店）达1 730.3万家，增长6.2%。

（七）强化产销对接机制

农业农村部充分利用中国国际农产品交易会、中国国际茶叶博览会、中国农民丰收节等展会节庆活动，以农产品区域公用品牌为重点，不断创新营销推介方式。通过举办推介专场、高峰论坛、品牌大会等活动，有力提升了农业区域公用品牌知名度和影响力。2022年，第十九届农交会约1.2万家展商携8万余种展品参展，吸引全国各地2万名专业采购商到会采购，成交额达308亿元。组织开展消费帮扶新春行动、中国农民丰收节金秋消费季、系列农产品产销对接活动等品牌消费活动，2022年累计销售农产品超过600亿元。商务部组织开展农产品产销对接助力乡村振兴系列活动，指导各地商务主管部门举办500多场产销对接活动，帮助销售农产品160多亿元。中华全国供销合作总社引导推动系统农产品市场、连锁超市和电商平台等，加强与农民合作社、农产品生产基地、冷链物流仓储企业等的对接合作，建立长期稳定的购销关系。同时，积极开展消费帮扶，截至2022年底，推动供销合作社系统商贸连锁企业、农产品批发市场等设立线下消费帮扶专区专柜5 600个，开设线上消费帮扶专区的电商平台2 100多个，通过举办各类展示展销会等活动，集中推介、展示、销售脱贫地区农副产品，举办或者参与产销对接活动3 000多场（次）。依托海南“冬交会”组织举办脱贫地区优质农产品展示展销活动，带动脱贫地区农民群众增产增收。

四、农民就地就近就业创业

农民就地就近就业创业是增加农民收入、繁荣乡村产业的重要途径。有关部门加大政策支持，强化工作落实，多措并举全面推进农村创业，带动农民就地就近就业，取得积极成效。

（一）全面推进农村创业

一是强化政策宣传。农业农村部开展吸引人才返乡入乡创业就业政策研究，收集整理各省（区、市）农村创业相关扶持政策。按照政策引导、财政补贴、金融支持、税费减免优惠、用地保障、平台建设、人才培育、社会保障等8个类别，梳理汇总338项政策措施，汇编并印发农村创业支持政策清单，引导各地加大宣传，让更多返乡入乡人员及时了解政策，用好用足政策。人力资源社会保障部会同有关部门印发《关于实施重点群体创业推进行动的通知》，将支持农民工返乡创业作为重要内容。

二是培育创业主体。聚焦农村电商，举办第六届全国农村创业大赛，遴选推介44项优质农村创业项目。举办“中国创翼”大赛，支持培育一批创业项目。

三是搭建平台载体。依托各类产业园区、物流节点、名村名镇、农业企业和种养基地等场所，积极搭建返乡创业载体。开展创业服务进园区、进基层、进乡村行动，提供政策咨询、开业指导等专业化服务。加强返乡创业园等载体建设，提供培训、场地、政策全链条支撑。

截至2022年底，全国返乡入乡创业人员累计达1 220万人，同比增加100万人，其中返乡农民工占70%，大专以上学历占比为15%；全国农村创业园区（基地）达4 600多家，平均每县有3家园区（基地），创业领域覆盖农业全产业链，返乡入乡创业就业人员从业方向多样化。据测算，一个返乡创业项目平均可吸纳6～7人稳定就业，人均年收入约3万元，同时还可吸纳17人灵活就业，人均年增收1万元。

（二）促进农民工就近就业

发展乡村优势特色产业，加大以工代赈投入力度，提高劳务报酬资金占比，优先组织当地农民工参与就业。成立农村劳务专业合作社，发展就业帮扶车间，挖潜本地岗位，支持家门口就业。统筹用好现有各类乡村公益性岗位，对“无法离乡、无业可扶”且有就业意愿、有能力胜任岗位工作的脱贫人口托底安置。截至2022年底，全国农民工总量29 562万人、比上年增长1.1%，其中，外出农民工17 190万人、增长0.1%，本地农民工12 372万人、增长2.4%。

（三）推进县域农民工市民化工作

人力资源社会保障部研究部署县域农民工市民化质量提升行动，以提升县域农民工市民化质量为重点，进一步落实落细农民工市民化相关政策，多措并举稳定和扩大县域就业岗位，大规模开展农民工职业技能培训，强化农民工劳动权益保障，加大县域公共服务供给，提升服务农民工能力，增强县域农民工享有基本公共服务的可及性和便利性。为积极适应人口流动，2022年以来各地医保部门持续做好流动人口基本医保参保工作。实现包括进城务工人员在内的各类人群参保“零政策障碍”，与单位有稳定劳动关系的应随单位参加职工医保，由单位和个人共同缴费，没有稳定劳动关系的既可以灵活就业身份缴费参加职工医保，也可选择参加居民医保，在个人缴费的基础上享受财政普惠性的参保补助。各地医保部门积极为各类人群参保提供便捷服务，基本实现城乡居民基本医保参保登记和参保信息变更“跨省通办”。

（四）大力开展农民工职业技能培训

2022年，中央预算内投资共计13亿元用以支持地方建设58个公共实训基地。人力资源社会保障部指导各地将农民工作为职业技能培训重要服务对象，组织开展职业技能培训专项行动计划。指导各地面向农民工群体，开展大规模、广覆盖和多形式的职业技能培训，促进农民工技能提升，推动农民工稳岗就业和返乡创业。各地将职业培训作为公共就业服务重要内容，多渠道公开职业培训信息，建立“两目录一系统”，即公布补贴性职业培训目录、培训和评价机构目录，建立培训实名制信息管理系统，为农民工自主选择培训机构和培训项目提供便捷服务。开展农村创业（视频）培训，邀请专家、企业家、创业辅导师讲解创业政策、分享创业经验、分析创业形势，培训农村创业优秀带头人典型案例创始人或联合创始人以及全国农村创业大赛获奖人员220人。2019—2022年，全国共开展补贴性职业技能培训1亿多人次，其中农民工3 400多万人次。

（五）加强灵活就业人员服务和权益保障

人力资源社会保障部、民政部、财政部、住房城乡建设部、市场监管总局印发《关于加强零工市场建设 完善求职招聘服务的意见》，推动公共就业服务机构设立零工服务专区，免费向社会提供零工信息登记发布和即时快招服务。持续落实《关于维护新就业形态劳动者劳动保障权益的指导意见》，人力资源社会保障部会同有关部门多次对平台企业开展行政指导，约谈、警示侵害劳动者权益的平台企业。积极推进灵活就业人员参加职工养老保险，根据农民工流动性强的特点，连续出台城镇企业职工基本养老保险跨省转移接续、城乡养老保险制度衔接等一系列政策文件，完善农民工跨制度、跨区域的养老关系转移接续办法，更好保障农民工养老保险权益。

五、农业农村绿色发展

（一）农业面源污染综合治理

1. 持续推进化肥减量

农业农村部启动实施到2025年化肥减量化行动，按照“精、调、改、替、管”技术路径，大力推进化肥减量增效，在保障国家粮食安全前提下，推进科学合理施肥。一是示范推广“三新”技术模式。以施肥新技术为基础，以肥料新产品为载体，以施肥新机具为手段，因地制宜开展“三新”技术模式集成创新。2022年推广应用水稻侧深施肥2 200万亩次、玉米种肥同播面积3.3亿亩次、小麦机械深施肥面积1.1亿亩次。推广缓控释肥料、水溶性肥料和生物有机肥等新型肥料施用面积1.7亿亩次。二是测土配方施肥纵深发展。在全国开展主要农作物肥效、化肥利用率等试验，完善施肥指标体系。通过信息化手段，开展农户施肥调查，指导地方制定发布县域施肥配方。2022年三大粮食作物配方肥用量占比超过60%。三是多元替代减少化肥用量。统筹推广种植绿肥、增施有机肥、施用缓释肥等措施，替代部分化肥投入，减少化肥用量。印发南方绿肥种植技术指导意见，在江西、安徽、福建、湖北4省推广绿肥种植100万亩。四是推进科学施肥专业化服务。应用大数据、物联网、移动互联等技术开展土壤养分、施肥方案、肥料价格等信息查询，加强农企合作，提供智能化诊断、配肥、用肥“一条龙”服务。

2. 持续推进农药减量

农业农村部制定印发《到2025年化学农药减量化行动方案》。组织绿色防控“双百”行动，省部共建100个示范基地，集成推广技术模式150余套。组织统防统治提升行动，遴选出3 670个专业化防治组织，加大扶持力度，推进统防统治和绿色防控融合发展。2022年主要农作物病虫害绿色防控覆盖率达到52%、同比提高6个百分点；三大粮食作物统防统治覆盖率达到43.6%、同比提高1.2个百分点；农药使用量连续7年保持下降趋势。

3. 持续推进畜禽粪污资源化利用工作

紧盯全国畜禽粪污综合利用率和规模养殖场粪污处理设施装备配套率“两率”提升不放松，持续推进畜禽粪污资源化利用工作。2022年全国畜禽粪污综合利用率达到78%，规模养殖场粪污处理设施装备配套率稳定在97%以上，畜禽养殖污染状况明显改善。

一是加强工作谋划部署。农业农村部印发《完善畜禽粪污资源化利用体制机制重点工作部内分工安排》，推动完善畜禽粪污资源化利用体制机制，明确任务分工，发挥协同推进合力。农业农村部联合生态环境部印发《畜禽养殖场（户）粪污处理设施建设技术指南》，细化提出设施建设的总体要求和七大类设施建设内容。组织召开全国畜禽养殖废弃物资源化利用现场会，系统总结进展成效，谋划部署下一阶段重点任务。

二是加强政策支持引导。农业农村部认真落实《“十四五”全国畜禽粪肥利用种养结合建设规划》，新增建设95个畜禽粪污资源化利用整县推进项目，逐一审核实施方案，季度通报建设进度，强化处理设施建设，建立粪肥还田利用示范基地，推动种养结合农牧循环。组织召开加快项目实施视频会议，进一步明确项目实施要求，强化地方责任意识。举办畜禽粪污资源化利用项目培训班，面向省市县各级畜牧兽医部门，解读政策，明确项目管理要求。生态环境部联合农业农村部印发《关于进一步加快推进畜禽养殖污染防治规划编制的通知》，坚持以用促治、利用优先，不断提高畜禽粪污资源化利用的规范化、标准化水平，探索畜牧业绿色发展的新路径。截至2022年底，全国611个畜牧大县基本完成畜禽养殖污染防治规划编制。

三是加强监督检查评估。农业农村部选取全国10个省300家养殖场（户），组织开展生猪粪污监测，摸清不同区域、不同规模粪污处理前后主要成分变化，核查处理设施建设与运行情况。指导地方编制畜禽养殖污染治理规划，加强畜禽粪污资源化利用计划和台账管理。在全国范围内开展专项整治行动，全面摸排集中处理设施建设和运行情况，深入分析问题根源。

4. 实施秸秆综合利用行动

各地农业农村部门深入推进秸秆综合利用，加强制度建设和科技支撑，秸秆综合利用效能稳步提高，秸秆农用为主、多元利用的格局基本形成，全国秸秆综合利用率达到88.1%。农业农村部遴选一批产业基础好、发展潜力大、工作积极性高的县，围绕秸秆沃土、产业化利用、能源化利用、与其他废弃物协同利用等进行创新实践，建设300个秸秆综合利用重点县和600个展示基地，以点带面提升全国秸秆综合利用水平。完善秸秆资源台账填报制度，形成《全国农作物秸秆综合利用情况报告》并向社会发布。围绕秸秆还田对耕地地力、病虫害、温室气体排放等影响，农业农村部在主要粮食主产区布设32个监测点位，开展秸秆还田生态效应监测评价。组织农业农村部秸秆综合利用专家指导组、现代农业产业技术体系秸秆利用岗站等，开展科技创新、集成示范和技术指导。在春耕、“三夏”、秋收等关键农时，印发不同区域秸秆还田指导意见。强化科普宣传，全年中央和省级主流媒体报道共200余次，发掘秸秆综合利用亮点和典型，讲好秸秆利用故事。

5. 推进农膜回收利用

一是加强执法监管。推动将农膜监管列入2022年全国农资打假工作要点，作为农资打假为民办实事十项举措之一，加大监管力度。从各地查处的生产销售使用非标地膜、未按规定回收废旧农膜等案例中，研究梳理典型案例，引导生产经营主体履行保护责任。二是启动科学使用回收试点。农业农村部联合财政部印发《关于开展地膜科学使用回收试点工作的通知》，在河北、内蒙古等9省区和新疆生产建设兵团、北大荒农垦集团有限公司，试点推广加厚高强度地膜和全生物降解地膜，加快构建废旧地膜污染治理长效机制。

6. 加强农业农村领域大气污染治理

一是正式实施中国第四阶段非道路移动机械排放标准，推动农业机械大气污染防治迈向新阶段。二是生态环境部制定《规模化畜禽养殖场氨气减排量核算技术规范》和《规模化畜禽养殖场氨排放控制技术规范》，推动解决人民群众身边的畜禽养殖恶臭污染问题的同时，减少京津冀及周边地区大气氨排放。三是大力推进秸秆禁烧管控工作，指导全国特别是东北地区开展秸秆禁烧管控工作，加强指挥调度，强化禁烧监管，严防因秸秆焚烧导致的重污染天。

7. 重点流域面源污染综合治理

农业农村部联合国家发展改革委推动长江经济带农业面源污染综合治理，突出抓好重点流域治理工作。推动长江经济带、黄河流域65个农业面源污染综合治理重点县建设，因地制宜实施农田面源污染防治、畜禽粪污资源化利用、水产养殖尾水治理、农作物秸秆综合利用、农膜回收利用等工程，提升流域农业面源污染治理水平。组建农业面源污染防治专家指导组，分区域分专题开展技术培训指导。优化农业生态环境监测“一张网”，在241个农田氮磷流失、500个地膜残留国控点开展周年监测，掌握农业生态环境动态变化。

8. 探索农业面源污染治理监督指导

生态环境部联合农业农村部在全国选定26个地区开展农业面源污染治理与监督指导试点，调查监测面源污染，推动污染治理，评估治理成效。印发《全国农业面源污染监测评估实施方案（2022—2025年）》，建设国家农业面源污染监测评估体系，并指导各省（区、市）和新疆生产建设兵团制定本行政区域2023—2025年农业面源污染监测评估实施方案，启动监测评估工作。以重点县域（如蔬菜大县、畜牧大县和国家重点生态功能区考核县等）为单元开展农业面源污染监测，2022年共监测3 947个农业面源污染控制断面。

（二）乡村生态保护与修复

1. 持续推进山水林田湖草沙一体化保护和系统治理

2022年1月17日，习近平主席在2022年世界经济论坛视频会议发表演讲并指出，“中国坚持绿水青山就是金山银山的理念，推动山水林田湖草沙一体化保护和系统治理，全力以赴推进生态文明建设，全力以赴加强污染防治，全力以赴改善人民生产生活环境”。在强有力的政策推动下，重点生态功能区森林、草原、湿地、荒漠生态系统质量和稳定性不断提升，生态脆弱区得到集中治理，生态状况持续改善。

一是深入推进重点生态工程建设。国家林草局按照山水林田湖草沙系统治理要求，在“三区四带”等重点区域组织开展72个生态保护和修复工程项目建设，下达中央预算内投资营造林资金172亿元，安排营造林任务3 261.82万亩，涉及23个省（区、市）和新疆生产建设兵团。其中，黄河重点生态区12个项目，营造林任务1 100.6万亩；青藏高原生态屏障区8个项目，营造林任务192.76万亩；长江重点生态区19个项目，营造林任务871.96万亩；北方防沙带14个项目，营造林任务587.6万亩；东北森林带8个项目，营造林任务236.09万亩；海岸带3个项目，营造林任务4.34万亩；南方丘陵山地带7个项目，营造林任务268.47万亩；实施吉林哈泥国家级自然保护区湿地保护与恢复基本建设项目。

二是持续推进“十四五”山水林田湖草沙一体化保护和修复工程（以下简称山水工程）。财政部、自然资源部、生态环境部指导各地推进“十三五”时期25个山水工程试点总结工作，加快实施“十四五”第一批10个山水工程项目。通过竞争性评审将河南秦岭东段洛河流域等9个项目纳入“十四五”第二批山水工程中央财政支持范围，对每个项目将安排20亿元奖补资金。发布《国土空间生态保护修复工程实施方案编制规程》《国土空间生态保护修复工程验收规范》，规范和提升工程实施的科学性。通过自然资源部和财政部的积极申报，“中国山水工程”获评首批世界十大生态恢复旗舰项目，为全球生态保护修复贡献了中国智慧和中国方案。山水工程的实施对提升实施区域的生态系统质量和服务功能、乡村生态保护与修复水平发挥了积极作用。

三是统一设计、试点示范。国家林草局印发《国土绿化项目作业设计管理规定（试行）》，以“双重”工程、国土绿化试点示范项目为重点，建立作业设计合理性评价制度，落实用地用水用苗科学要求，实现造林、种草、治沙、质量提升等系统治理内容统一设计。组织国土绿化试点示范项目20个，开展系统治理模式专题调研，编制《山水林田湖草沙系统治理典型案例选编》。完成造林5 745万亩、种草改良4 821万亩。

2. 科学推动国土绿化

2022年3月30日，习近平总书记在参加首都义务植树活动时指出，“我们要坚定不移贯彻新发展理念，坚定不移走生态优先、绿色发展之路，统筹推进山水林田湖草沙一体化保护和系统治理，科学开展国土绿化，提升林草资源总量和质量，巩固和增强生态系统碳汇能力，为推动全球环境和气候治理、建设人与自然和谐共生的现代化作出更大贡献”。党的二十大报告要求科学开展大规模国土绿化行动。2022年，我国国土绿化工作在强调精细管理、注重科学实施的方向上继续迈进。

一是强化任务督导落实。全国绿化委员会出台了《全国国土绿化规划纲要（2022—2030年）》，国家林草局印发了《关于科学开展2022年国土绿化工作的通知》，部署安排当前和今后一个时期的国土绿化重点任务。执行春季造林周报制度，以《林长制简报》等形式通报督导各地抢抓林时，圆满完成国土绿化目标任务，进一步筑牢乡村振兴生态屏障。

二是突出规划引领。自然资源部在《全国国土空间规划纲要（2021—2035年）》中综合考虑未来国土空间开发保护总体布局，按照宜林则林、宜灌则灌、宜草则草、宜湿则湿、宜沙则沙的原则，统筹确定国家生态安全格局，指引未来造林绿化重点区域。组织编制省级国土空间生态修复规划，统筹谋划生态、城镇、农业空间生态修复工作，截至2022年底，已有21个省（区、市）印发省级国土空间生态修复规划。同时，结合各级国土空间规划编制，部署开展了在国土空间规划中统筹落实规划造林绿化空间的相关工作，提高造林绿化科学性，避免空间冲突。

三是持续推进造林绿化落地上图。国家林草局统筹耕地保护与国土绿化，2022年首次实行带位置上报、带图斑下达年度造林计划任务，从源头上避免违规占用耕地造林和同一地块重复造林。升级国土绿化落地上图管理系统，国家林草局联合自然资源部修订《造林绿化落地上图技术规范》，实现造林绿化、油茶种植、防沙治沙等国土绿化任务统一上图。

四是稳步推进森林质量提升。国家林草局组织编制《全国森林可持续经营试点实施方案（2023—2025年）》，计划打造一批森林可持续经营试点示范单位，带动各地森林质量提升；制定《退化林修复技术规程》，确定退化林判定标准和修复措施，组织编制全国退化林修复规划；印发《主要栽培珍贵树种参考名录（2022年）》，出台《"十四五"全国珍稀林木培育实施方案》，安排专项资金1.3亿元，新造、改培珍稀林木18.14万亩，持续提升森林生态系统多样性、稳定性、持续性。

五是不断完善科学绿化制度体系。国家林草局印发《未成林地自然灾害受损核定办法》，进一步规范未成林地因灾受损核定工作。联合中国气象局印发《科学绿化气象保障服务行动计划（2022—2025年）》，加强气象保障服务。制定印发营造林领域标准体系，完成《造林技术规程》修订。

3. 加强草原休养生息

2022年3月30日，习近平总书记在参加首都义务植树活动时指出，森林和草原对国家生态安全具有基础性、战略性作用，林草兴则生态兴。党的二十大报告明确要求推进草原休养生息。2022年，各地认真贯彻落实禁牧休牧和草畜平衡制度，狠抓草原禁牧和草畜平衡监管，建立完善季节性休牧制度，确保"禁得下、稳得住、不反弹"。2022年全国落实草原禁牧面积14亿亩、草畜平衡面积26亿亩（其中，季节性休牧面积9亿亩），草原植被加快恢复，生物多样性明显增加，草原无序利用、过度开发、严重过牧的状况得到扭转。

一是落实基本草原保护制度。把维护国家生态安全、保障草原畜牧业健康发展所需最基本、最重要的草原划定为基本草原，是让重要草地得到有效保护的基本保障。据行业统计，全国共划定基本草原面积约38亿亩。为加强与国土"三调"数据有效衔接，切实加强基本草原管理，内蒙古于2021年启动了基本草原调整优化工作，划定范围从原有65个县旗增加到96个，划定基本草原面积约7亿亩，2022年，县旗级调整优化已基本完成，进入自治区级验收阶段。宁夏、青海等省区也在2022年陆续启动了基本草原划定调整优化工作。

二是落实第三轮草原生态保护补助奖励政策。继续在河北、山西、内蒙古、辽宁、吉林、黑龙江、四川、云南、西藏、甘肃、青海、宁夏、新疆等13省区以及新疆生产建设兵团和北大荒农垦集团有限公司实施第三轮草原生态保护补助奖励政策，支持农牧民实施草原禁牧、推动草畜平衡，提高草牧业现代化发展水平，稳步提升农牧民收入水平和改善生活条件。组织科研院所等开展政策效益评价，综合评估补奖政策实施效果，组织开展入户信息核查和政策宣传，细化管理措施，扩大政策宣传范围。国家林草局部署各级林草主管部门继续按照相关文件要求，做好草原禁牧和草畜平衡区优化调整、草原禁牧休牧、草畜平衡监管以及基础信息共享互通等重点工作。通过政策实施，全国近12亿亩草原通过禁牧封育得以休养生息，近28亿亩草原通过季节性休牧轮牧和减畜初步实现草畜平衡，草原承载压力显著降低，草原涵养水源、保持水土、防风固沙等生态功能逐步恢复。

二是推动草原承包经营制度改革。据行业统计，我国已承包草原43.08亿亩。按地域分，268个牧区半牧区县承包草原32.4亿亩；按承包类型分，承包到户31.99亿亩，占比74.3%，承包到联户10.34亿亩，占比24.0%，其他形式承包0.75亿亩，占比1.7%。2022年，为科学运用国土“三调”结果，加强草原承包管理与确权登记衔接，国家林草局会同自然资源部联合印发《关于开展承包管理与草原确权登记有关情况书面调研的通知》，在联合开展深入调研的基础上，按照职能分工，研究提出相应政策措施。

4. 加快构建以国家公园为主体的自然保护地体系

一是生态环境部联合有关部门印发《国家公园空间布局方案》，加快构建以国家公园为主体的自然保护地体系。二是加强自然保护地生态环境监管，生态环境部联合有关部门开展“绿盾2022”自然保护地强化监督。三是生态环境部印发《国家级自然保护区生态环境保护成效评估工作方案（2022—2026年）》，有序推动自然保护地生态环境保护成效评估工作的开展。

5. 推进乡村地区水环境修复

一是实施母亲河复苏行动。2022年7月，水利部印发《母亲河复苏行动方案（2022—2025年）》，组织排查确定纳入断流河流、萎缩干涸湖泊修复名录的河湖212条（个），确定母亲河复苏行动河湖88条（个），采取一河（湖）一策、靶向施策，加快修复河湖生态环境。推进华北地区河湖生态补水，补水河湖扩大到7个水系48条（个）河湖，累计生态补水近70亿立方米，唐河、沙河等常年干涸河流实现全线贯通，大清河白洋淀水系、子牙河水系、漳卫河水系贯通入海，白洋淀生态水位达标率100%、水位面积稳定在250平方公里，永定河实现春秋季两次全线通水，官厅水库以上基本实现全年不断流，潮白河、潮白新河夏季集中贯通期间212公里河道实现全线有水。开展京杭大运河全线贯通补水行动，2022年4月28日，京杭大运河实现百年来首次全线水流贯通，累计补水量8.4亿立方米，黄河以北河段及补水路径河道入渗地下水量2.69亿立方米，置换深层承压水超采区农田灌溉面积77.71万亩，黄河以北河段水面面积达到45.1平方公里，较补水前增加4.1平方公里，补水沿线河道以及衡水湖水面面积增加12.4平方公里。推进重点河湖水质、水生态监测与评价，完善水质水生态监测体系，加快构建与国家水网相匹配的水质水生态现代化监测站网，在汉江、赤水河、长江口、黄河河口三角洲湿地、三峡库区、鄱阳湖等重要水域拓展底栖生物、浮游动植物及鱼类等水生生物监测与分析评价，推进水生态监测工作的常态化，探索监测成果评价模式。

二是强化河湖长制。水利部指导各地因地制宜设立村级河湖长（含巡河员、护河员）90多万名，组织订立河湖保护村规民约，引导群众参与河湖管护。深入开展河湖“清四乱”行动，推动河湖“清四乱”范围向中小河流和乡村河湖延伸，集中清理整治乱占、乱采、乱堆、乱建等突出问题，解决了一大批侵占河湖、破坏河湖的“老大难”问题，持续改善乡村河湖面貌，切实提升农村人居环境。开展幸福河湖建设，完成2 500多条（个）河湖健康评价，推进福建木兰溪、吉林查干湖、安徽巢湖等一批河湖治理和生态修复。截至2022年底，清理整治河湖乱占、乱采、乱堆、乱建问题2.9万个，查处河道非法采砂行为5 839起；共排查出妨碍河道行洪突出问题1.25万个，完成整改1.24万个。

三是实施水土流失综合治理。水利部会同国家发展改革委、财政部，以长江、黄河上中游和东北黑土区等区域为重点，安排水土保持中央资金83亿元，支持地方实施国家水土保持重点工程，治理水土流失面积1.31万平方公里，整治坡耕地面积83万亩，治理侵蚀沟2 067条，除险加固病险淤地坝622座，新建淤地坝和拦沙坝790座，年可拦截入黄泥沙600万吨，有效保护耕地面积130万亩，年可增加粮食产量近7 000万公斤，受益人口超过100万人。

四是开展水系连通及水美乡村建设。水利部以县域为单元、河流为脉络、村庄为节点，推进水系连通及水美乡村试点县建设，安排中央财政水利发展资金44.58亿元，着力解决农村水系存在的河塘淤塞萎缩、水域岸线被挤占、河湖水污染严重、防洪排涝标准低等问题，打造一批各具特色的县域综合治水示范样板，建设河畅、水清、岸绿、景美的水美乡村。截至2022年底，85个试点县（市、区）基本完成建设任务，累计整治河道长度5 500余公里、湖泊塘坝约1 400个，防洪除涝受益面积1 400万亩，新增或保护湿地面积近850平方公里、补充生态水量8亿多立方米，受益村庄4 700余个、受益人数超过800万。

6. 推动湿地保护

2022年是我国湿地保护工作具有里程碑意义的一年。11月5日，习近平主席在《湿地公约》第十四届缔约方大会开幕式上的致辞中指出："中国湿地保护取得了历史性成就，构建了保护制度体系，出台了《湿地保护法》。中国将建设人与自然和谐共生的现代化，推进湿地保护事业高质量发展。"党的二十大报告要求"推行草原森林河流湖泊湿地休养生息"。国家林草局持续推动我国湿地保护工作。

一是积极完善法规政策。2022年6月1日，《中华人民共和国湿地保护法》正式实施。2022年10月，国家林草局联合自然资源部印发《全国湿地保护规划（2022—2030年）》，依据国土空间规划，按照"三区四带"国家生态保护修复格局，统筹全国湿地分布特征和保护现状，布局湿地保护修复任务。2022年12月，国家林草局联合自然资源部、生态环境部、住房城乡建设部、水利部、农业农村部印发《重要湿地修复方案编制指南》，规范重要湿地修复的程序和要求。

二是持续推动保护实践。实施湿地保护工程建设，配合安排2022年中央预算内投资5.54亿元，组织实施湿地保护修复重大工程13个。指导地方开展湿地保护，配合安排2022年中央财政20亿元，指导各地实施多个湿地保护与恢复、湿地生态保护补偿项目。推动国家湿地公园建设，试点验收61处国家湿地公园，成功晋升4处省级湿地公园为国家湿地公园，不断加强湿地公园内河湖生态环境保护。

三是有力推动国际合作。2022年11月，成功举办《湿地公约》第十四届缔约方大会，习近平主席在大会开幕式上发表题为"珍爱湿地 守护未来 推进湿地保护全球行动"的视频致辞，面向全球倡议"深化认识、加强合作，共同推进湿地保护全球行动"，指引全球湿地保护事业高质量发展。会议达成《武汉宣言》和《2025—2030年全球湿地保护战略框架》，共通过21项决议。我国提议的"设立国际红树林中心""将湿地保护和修复恢复纳入国家可持续发展战略""加强小微湿地保护和管理"3项决议得到各方一致支持。中国当选《湿地公约》常委会主席，将在未来3年全面引领公约进程。

7. 推动小水电绿色发展

水利部持续推进小水电分类整改，完成长江经济带清理整改任务，2.1万座整改、保留类电站落实了生态流量，修复减脱水河段9万多公里；黄河流域小水电清理整改扎实推进，沿黄省区2 700多座电站完成问题核查与综合评估。推动小水电站生态流量监管规范化常态化，将小水电生态流量监管考核纳入2022年度实行最严格水资源管理制度考核重要内容，全国26个有生态流量泄放要求的省份全部建立了重点监管名录，纳入省级监管名录电站5 700多座，全国4.25万座小水电站基本达到“应泄尽泄”“应测尽测”。严格绿色小水电示范电站创建，完善“有进有出”动态管理机制，新创建134座绿色小水电示范电站，40座绿色小水电示范电站因限期整改不到位退出名录，累计创建964座。

（三）农业生物资源保护

1. 实施生物多样性保护重大工程

一是研究制定生物多样性标准规范。生态环境部建立健全生物多样性调查、观测与评价标准体系，发布《生物多样性观测技术导则》《区域生物多样性评价标准》等相关技术导则、规范26项。二是深入开展生物多样性调查监测。江苏、浙江、湖北、海南、辽宁、河北、安徽等省份已在全省范围开展县域生物多样性本底调查。浙江依托调查成果创新开展体验地建设，安徽积极谋划建设生物多样性展示中心。三是提升生物多样性信息化管理水平。建设涵盖2 376个县级行政单元、样线总长超过3.4万公里的物种分布数据库，建立物种资源调查及收集信息平台。浙江、江苏、湖北、广西等省份以及东北虎豹、祁连山、三江源等国家公园及候选区探索开展生物多样性智慧监测。

2. 水生生物资源养护

一是不断完善渔业资源保护制度。2022年12月，《农业农村部关于加强水生生物资源养护的指导意见》正式印发，指导意见确定了水生生物资源养护工作的指导思想、主要原则、主要目标、重要任务和保障措施等，对“十四五”及今后一段时期水生生物资源养护工作作出部署安排。这是继2006年国务院印发《中国水生生物资源养护行动纲要》后农业农村部发布的关于加强水生生物资源养护工作的纲领性文件，对于指导各地全面加强水生生物资源养护工作具有重要意义。落实《黄河流域生态保护和高质量发展规划纲要》要求，先后发布《农业农村部关于进一步加强黄河流域水生生物资源养护工作的通知》和《农业农村部关于调整黄河禁渔期制度的通告》，专题部署黄河水生生物资源养护工作，优化黄河禁渔期制度，首次对黄河河源区及上游重点水域实行常年禁渔，对黄河中下游水域延长1个月禁渔时间，进一步扩大禁渔范围，加大保护力度。截至2022年底，长江、黄河、闽江、海南省内陆水域、海河、辽河、松花江等我国内陆七大重点流域禁渔期制度已实现全覆盖。坚持实施并不断完善海洋伏季休渔制度，科学稳妥有序扩大伏休期间专项特许捕捞范围，初步实现海洋渔业资源合理利用、渔民增收、休渔秩序平稳有机统一。

二是进一步强化渔业资源环境保护措施。出台《农业农村部关于做好“十四五”水生生物增殖放流工作的指导意见》，对“十四五”水生生物增殖放流工作作出总体安排，指导各地健全苗种供应体系，规范社会放生，开展效果评估，对加强增殖放流规范管理、提高放流苗种质量、引导社会公众规范放生发挥了积极作用。2022年共落实中央财政放流资金3.985亿元，带动全国共投入放流资金10亿余元，放流各类水生生物苗种300余亿尾。科学有序推进海洋牧场建设，2022年公布第七批共17个国家级海洋牧场示范区，国家级海洋牧场示范区已达到153个，引领带动全国海洋牧场持续健康发展，取得了良好的经济、生态和社会效益。严格审查涉渔工程对渔业资源影响，提出有关保护和生态补偿意见。2022年农业农村部组织审查涉渔工程项目103个，要求建设单位落实生态补偿资金2.76亿元以上。农业农村部开展海洋渔业资源调查和渔业水生生态环境监测，联合生态环境部发布《中国渔业生态环境状况公报（2021年）》。

三是持续加大水生野生动物保护力度。深入实施中华白海豚、斑海豹、海龟等旗舰物种保护行动计划。开展第13届全国水生野生动物保护科普宣传月活动，充分利用中华白海豚保护宣传日、世界海龟日等时间节点开展宣传，出版《国家重点保护水生野生动物》。强化水生野生动物利用监管，农业农村部联合国家林草局、市场监管总局等多部门开展“清风行动”“网盾行动”等专项执法行动，严厉打击涉水生野生动物违法违规行为。

四是继续强化渔政执法监管能力。持续擦亮“中国渔政亮剑”金字招牌，聚焦重点领域、重要时段、关键环节，扎实开展十大专项执法行动，据统计，全国共查处违法违规案件5.2万件，移送司法处理案件5 096件，清理取缔涉渔“三无”船舶1.9万艘、“绝户网”80.2万张（顶）。农业农村部联合公安部、中国海警局开展海洋伏季休渔专项执法行动，会同公安部联合部署黄河禁渔专项执法，组织联合交叉执法，开展休禁渔秩序评估，禁渔秩序整体稳定，得到社会广泛认可，94.7%的受访者认为2022年休渔秩序更加规范、好于往年。加强对地方执法办案业务指导，举办两期渔政执法骨干人员能力提升活动，近4万人次线上线下参与学习。充分发挥典型案例示范指引作用，发布黄河禁渔和海洋伏季休渔执法典型案例。开展2022年度全国渔政执法案卷评查，对优秀案卷进行通报。加强与公安、海警等部门的协作配合，会同中国海警局联合印发《关于进一步完善海上渔业执法协作配合机制的通知》，举办渔政海警执法协作机制推进活动，首次会同公安部、中国海警局联合通报表扬一批渔业执法工作突出集体和个人。

3. 长江十年禁渔

长江十年禁渔是习近平总书记亲自部署、亲自推动的重大政治任务。为深入贯彻习近平总书记关于长江禁捕退捕系列重要指示批示精神，农业农村部积极发挥牵头抓总作用，会同国家发展改革委、公安部、民政部、财政部、人力资源社会保障部等10个部门建立了长江水生生物保护暨长江禁捕工作协调机制，在协调机制下成立跨部门工作专班。15个省（市）党委政府也分别成立了主要负责同志任组长的工作领导小组和相应工作专班。专班成立以来，根据党中央、国务院决策部署，强化政策措施，健全落实机制，夯实工作基础，全面实施禁捕退捕各项工作，十年禁渔成效初步显现。

一是有效落实安置保障政策。2022年，农业农村部配合推动长江经济带发展领导小组办公室印发《关于进一步做好长江禁捕和退捕渔民安置保障工作的通知》，明确禁捕退捕“回头看”、健全长效机制、完善法律法规政策等3项重点任务。精准监测调度，督促各地把退捕渔民纳入防止返贫动态监测机制，实施好“十省百县千户”退捕渔民跟踪调研。拓宽就业渠道，督促沿江农业农村部门持续开展就业帮扶“暖心行动”。会同人力资源社会保障部继续深挖就业岗位，拓展二三产业就业渠道，统筹用好公益性岗位，坚决守住不返贫致贫的底线。截至2022年底，中央与地方累计落实禁捕退捕补偿补助资金总计269.98亿元，有力保障了禁捕退捕资金需求。对沿江有退捕任务的10个省（市）15.98万名有转产就业能力和就业需求的退捕渔民实现应帮尽帮，对符合参保条件的22万多名退捕渔民实现应保尽保，已有4.4万多名退捕渔民领取养老金。重点水域已转产就业退捕渔民中，企业吸纳、公益岗位任职的占34%，就业稳定性有所提高，退捕渔民对安置保障情况总体满意。

二是有力开展执法监管。农业农村部会同公安、市场监管等部门加大专项打击整治力度，常态化开展执法行动和各类明察暗访，坚决压紧压实各省（市）属地责任。沿江各地保持执法监管力度不减，确保禁渔秩序总体稳定可控。2022年，各地农业农村部门月均出动执法人员14万多人次，共查办非法捕捞等涉渔行政案件18 525起、同比增加53.4%；各地公安机关出动警力30余万人次，共破获刑事案件7 760余起、同比增加56.5%；各地市场监管部门月均检查餐饮、水产品市场等58万多家次，共查办各类案件3 032起、同比减少42.8%。禁捕秩序总体稳定。

三是统筹推进保护修复措施。组织开展2022年全流域长江江豚科学考察，实施极端气候和极枯水位条件下鄱阳湖和天鹅洲故道长江江豚应急救护迁移。推进监测调查体系建设，组织开展长江禁渔效果评估和生物完整性指数评价工作。规范增殖放流行为，控制经济鱼类放流规模，加大珍稀濒危物种放流力度。会同水利部、中国长江三峡集团有限公司实施三峡水库生态调度。

四是持续加强保护和执法能力建设。继续推进实施《长江生物多样性保护实施方案(2021—2025年)》，加强珍稀濒危物种资源保护，强化关键栖息地保护，提升流域渔政执法监管能力，健全水生生物资源及栖息地监测体系，提升长江水生生物保护技术能力。继续实施好中华鲟、长江江豚、长江鲟、鼋等拯救行动。加快实施“亮江工程”，视频监控范围总体覆盖“一江两湖”。截至2022年底，各地有渔政船艇2 443艘，比上年度增加471艘；执法车1 208辆，比上年度增加381辆；视频监控设备10 256套，比上年度增加4 619套；持证执法人员10 237人，比上年度增加705人；护渔员人数超过2.5万人，比上年度增加约1万人。

经过努力，水生生物资源保护效果显现。一是长江江豚数量有所回升。长江江豚自然群体数量止跌回升，由2017年的1 012头增加到2022年的1 249头，增加了23.4%。鱼类种类和资源量逐步提升，2022年长江流域重点水域监测到鱼类193种，比2020年（168种）增加25种。重点水域每1 000平方米网具、每小时的科研监测捕捞量为1.3 ~ 5.1公斤，比2020年增加69.8% ~ 320.8%。二是区域代表物种资源恢复较好。2022年长江上游监测到特有鱼类14种，比2020年增加4种；中游监利江段四大家鱼卵苗径流量78.7亿粒（尾），比2020年增加近5倍；下游刀鲚（刀鱼）汛期每1 000平方米网具、每小时的科研监测捕捞量为66公斤，比2020年增加近15倍。三是部分物种分布区域明显扩大。长江刀鲚能够溯河洄游至历史最远分布水域洞庭湖，多年未见的鳡在长江中游及洞庭湖屡有发现，长江江豚的活动范围也有较大幅度扩大。

（四）绿色兴农

1. 推进国家农业绿色发展先行区建设

农业农村部会同国家发展改革委、财政部等部门遴选确定第三批49个先行区创建单位，指导加快推进农业绿色发展试验示范。在山东举办全国农业绿色发展先行先试支撑体系培训班，现场观摩学习，交流经验做法，开展专家培训。加强首批16个国家农业绿色发展长期固定观测试验站建设，推动各地落实机构设置、试验用地、设施设备、观测人员及运行经费等条件，推动开展绿色技术观测试验。农业农村部、国家发展改革委、生态环境部、中国人民银行、中华全国供销合作总社联合印发《建设国家农业绿色发展先行区 促进农业现代化示范区全面绿色转型实施方案》，协同推进国家农业绿色发展先行区和农业现代化示范区建设。

强化多渠道宣传，在中国农民丰收节会场等设立专区，在农民日报等新闻媒体开设专栏，宣传先行区创建成效。

2. 推进农业绿色发展水平监测评价

落实中央1号文件关于开展农业绿色发展情况评价的部署，农业农村部开展农业绿色发展水平监测评价研究工作。组织中国农业科学院、中国农业绿色发展研究会编印发布《中国农业绿色发展报告2021》，展现2021年我国农业绿色发展工作成效，推介十大农业绿色发展技术模式和十大典型案例。遴选发布第一批51个农业绿色发展典型案例，编印《绿色发展先行者——2021年全国农业绿色发展典型案例专刊》进行推介。

3. 深入推进农业生产“三品一标”

农业农村部印发《农业生产“三品一标”提升行动2022年工作要点》《农业生产“三品一标”提升行动有关专项实施方案》，制定种植业、畜牧业、渔业和品种培优、品牌打造、标准化生产等6个领域专项实施方案，分行业、分领域推进工作落实落地。遴选40个全国农业生产“三品一标”典型案例，涵盖农业品种培优、品质提升、品牌打造、标准化生产等多个领域，在中国农民丰收节主会场进行专题发布，获得社会各界广泛关注。在农民日报、中国农村杂志社等媒体设立专栏专刊，宣传报道各地推进农业生产“三品一标”的典型经验和做法。

4. 探索开展生态环境导向的开发（EOD）模式创新

生态环境部会同国家发展改革委、国家开发银行推动开展EOD模式试点工作，2022年印发《生态环保金融支持项目储备库入库指南（试行）》。协调对接国家开发银行、中国农业发展银行等金融机构，帮助定点帮扶地区谋划EOD项目，识别当地突出生态环境问题，发展特色优势关联产业，促进环境治理与产业开发有效融合、一体化实施，将生态优势转化为产业发展优势，引导社会资金多元投入，实现特色产业价值增值与反哺环境治理的良性循环。

专栏6

农业绿色发展典型案例与经验

（1）山东省阳谷县：绿色循环引领下的现代农业发展之路

阳谷县隶属山东省聊城市，地处鲁西平原，黄河绕县境东南而过，是国家农产品质量安全县、全国粮食生产先进县、全省农业产业化先进县、山东省畜牧强县、畜牧业高质量发展先行县、农业“新六产”示范县、省级农产品加工示范县，是全国知名的农业强县，2022年获评国家农业绿色发展先行区。作为沿黄地区重要的农业强县，阳谷县深入贯彻落实习近平总书记在深入推动黄河流域生态保护和高质量发展座谈会上的讲话精神，以绿色循环理念为引领，因地制宜、强化创新，积极构建种养结合的农业循环体系，形成主体内部小循环、种养产业中循环、社会层面大循环的多级种养循环模式，走出了一条“大农业、大食物、大循环”的绿色发展之路。先后成立农业绿色发展工作领导小组、农业绿色发展工作专班等，健全体制机制。围绕产地初加工、精深加工、副产物利用加工这3个层级，开展农产品技术集成研究，提升增值空间，积极发展农产品加工业，大力推动农产品物流体系和品牌建设，建设集标准化种植养殖、分级储运、加工、品牌推广销售于一体的农业全产业链示范模式。

（2）福建省南平市：厚植生态优势 打造绿色样板

近年来，福建省南平市深入学习贯彻习近平生态文明思想，大力传承弘扬习近平总书记在闽工作期间的重要理念、重大实践，立足良好生态资源，聚焦肉鸡、茶、水稻、水果等特色产业，实施耕地保护利用、节肥、节药及节水“四大行动”，打造绿色生态茶园、智慧农业、清洁生产及循环利用“四大样板”，推动国家农业绿色发展先行区建设取得积极成效。组建农业绿色发展先行区建设工作推进专班，健全推进机制，出台《关于支持武夷新区建设加快南平全方位绿色高质量发展的若干措施》等激励保障政策，制定《绿色食品柑橘生产操作规程》等技术规程，实施农业标准化提升计划，农业生产标准体系不断健全，全市重点农业生产企业全部实现按标生产，以建设南方山区生态农业全产业链、丘陵红土壤高效生态循环农业为发展定位，探索打造南方地区农业绿色发展新模式。

（3）重庆市荣昌区：良种先行“荣昌猪”传统产业焕发新生机

重庆市荣昌区地处成渝经济区腹心地带，是以优良地方猪种荣昌猪为核心的中国特色农产品优势区，荣昌猪是世界八大、中国三大优良地方猪之一，被纳入国家生态原产地保护产品名单和国家级资源保护名录。近年来，全区立足荣昌猪资源保护和开发利用，聚焦品种培优，把握产品质量核心，着力塑造品牌，逐步形成品种、品牌、品质协同发展的现代畜牧业新格局。成立高质量发展工作领导小组，健全工作推进机制，研究出台荣昌猪产业发展支持政策，整合各级财政资金1.5亿元，有计划有重点支持荣昌猪保种育种、规模养殖、加工及品牌打造等。创新荣昌猪种质保护、育肥猪繁育等金融产品及服务模式，解决产业发展资金需求。探索形成“基因库+保种场+保护区”开放式动态三级保种模式，率先建成西南地区标准化、智能化国家生猪核心育种场。坚持标准引领，筑实产业链条，成功注册29类肉和31类活体国家地理标志证明商标，依托国家生猪大数据中心建设，逐步形成地方猪种产业数字化“荣昌模式”。

第五章　乡村建设

一、建立健全乡村建设实施机制

2022年中共中央办公厅、国务院办公厅印发《乡村建设行动实施方案》，明确建立自下而上、村民自治、农民参与的实施机制。农业农村部、国家乡村振兴局会同有关部门，认真贯彻党中央、国务院决策部署，强化统筹协调，建立健全乡村建设推进机制，扎实推进乡村建设行动。

（一）推动建立各负其责、合力推进的责任体系

按照中央统筹、省负总责、市县乡抓落实的要求，中央农村工作领导小组统筹组织实施，各有关部门专项推进实施，省级党委政府精心组织实施，共同推进乡村建设行动落地。按照“一项任务、一个推进方案”的要求，各有关部门围绕乡村建设行动重点任务，先后印发《关于健全完善村级综合服务功能的意见》等11个专项推进方案，构建了乡村建设行动“1+N”政策体系。中央农办、农业农村部、国家乡村振兴局联合召开全国乡村建设工作会议，部署行动实施工作。31个省（区、市）和新疆生产建设兵团均出台实施方案，专题部署推进，中央统筹、部门协同、上下联动的工作格局全面建立。

（二）建立村庄规划协同推进机制

自然资源部采取线下与线上相结合的方式，对全国村庄规划编制情况进行摸底调研，会同有关部门研究制定推进村庄规划编制的指导文件。坚持规划引领，按照先规划后建设的原则，指导有条件有需求的地方科学编制村庄规划，尊重村庄演进和人口演变规律，适应经济社会发展需要，在“三区三线”基础上进一步强化规划统筹作用，统筹城乡、统筹区域、统筹生产生活生态空间布局优化，统筹乡村地区空间平急两用转换功能，为加快农业农村现代化、全面推进乡村振兴提供更高质量、更可持续、更具价值、更为安全的空间保障。截至2022年底，县级以上国土空间规划编制已全部形成规划成果，县域内村庄布局分类基本明确，正在抓紧推进村庄规划编制。

（三）健全任务清单和项目建设管理制度

国家乡村振兴局会同农业农村部、国家发展改革委制定印发《乡村建设项目库建设指引（试行）》《乡村建设任务清单管理指引（试行）》，指导各地编制乡村建设任务清单，推动县（市）建立乡村建设项目库，统筹推进乡村建设任务落地，系统谋划项目实施。国家发展改革委修订并印发实施《国家以工代赈管理办法》，全面规范和加强农村基础设施建设领域推广以工代赈方式等工作。优化项目实施流

程，推广雇工购料、工分制、信用积分等做法，总结农民投资投劳项目采取直接补助、以奖代补等方式推进建设的经验，对小型村庄建设项目按规定施行简易审批。

（四）完善农民参与机制

国家乡村振兴局会同中央组织部、国家发展改革委、民政部、自然资源部、住房城乡建设部、农业农村部制定印发《农民参与乡村建设指南（试行）》，明确了引导农民参与规划、带动农民参与建设、支持农民参与管护、强化农民参与保障的工作要求。国家乡村振兴局启动“百校联百县兴千村”行动，推动104所高校与130个县结对开展陪伴式建设。

（五）建立乡村建设评价机制

国家乡村振兴局建立全国乡村建设信息监测平台，完成全国31个省（区、市）和新疆生产建设兵团49.8万个行政村、2.19亿农户建设数据采集录入，全面掌握了乡村建设基本情况，为各地区、各部门补短板、强弱项，加快建设宜居宜业和美乡村提供数据支持。依托监测平台组织开展建设成效评价，总结乡村建设行动实施进展情况和经验，分析面临的问题及原因，提出针对性对策建议，推动各地区、各部门全面改进提升工作。住房城乡建设部深入开展乡村建设评价，建立健全“开展评价、查找问题、推动解决”的工作机制。从农民群众满意度、城乡差距、年度纵向比较等维度开展综合评估，全面评价乡村建设情况，精准发现乡村建设问题，切实做到乡村建设进展可感知、可量化、可评价。及时将乡村建设评价结果反馈给地方，指导地方围绕评价查找出的问题制定工作方案，统筹制定相关政策措施。推动地方开展农村危房改造和抗震改造，建设现代宜居农房，建立完善农房建设管理机制，强化乡镇监管力量；指导地方协调相关部门，加强农村供电、道路、饮水、网络、燃气、污水处理等基础设施建设和运维管理，提高农村教育、医疗、养老服务设施覆盖面和服务水平，解决了一批农民群众急难愁盼的问题。

（六）健全基层公共文化服务网络

一是推进县级文化馆图书馆总分馆制建设，把优质公共文化资源延伸到基层。二是加大乡镇文化站治理力度。文化和旅游部印发《关于开展基层公共文化设施运行管理情况排查相关工作的通知》，召开加强基层公共文化设施运行管理工作视频调度会，指导各地分阶段开展乡镇文化站问题排查和专项治理，切实提高文化站使用率和服务水平。开展新时代文明实践中心建设，加强试点指导，推进乡村公共文化设施与新时代文明实践中心融合发展。三是扎实推进村级综合性文化服务中心建设。落实《国务院办公厅关于推进基层综合性文化服务中心建设的指导意见》，在村（社区）建设集宣传文化、党员教育、科技普及、普法教育、体育健身于一体的综合性文化服务中心。四是创新打造乡村新型公共文化空间。文化和旅游部实施“公共文化新空间”行动计划，拓展乡村公共文化阵地，立足乡村特点，鼓励各地因地制宜建设文化礼堂、乡村戏台、文化广场、非遗传习场所等主题功能空间。

（七）加强传统特色村落保护

住房城乡建设部会同文化和旅游部等部门印发《关于做好第六批中国传统村落调查推荐工作的通知》，并组织开展第六批中国传统村落调查认定，将1 336个有重要保护价值的村落纳入中国传统村落名录，推动8 155个中国传统村落形成世界上规模最大的农耕文明遗产保护群。住房城乡建设部联合财政部确定北京市门头沟区等40个县（市、区）为2022年传统村落集中连片保护利用示范县，支持各示范县充分挖掘片区自然山水、历史文化、田园风光等资源，因地制宜发展乡村旅游、民宿等产业，探索通过传统村落保护利用全面推进乡村振兴的有效方法和路径。文化和旅游部批复设立了23个国家级文化生态保护（实验）区，将相关区域具有重要价值和鲜明特色的农村文化形态纳入整体性保护范围，维护和培育良好的文化生态。加强中国传统村落非遗保护。2022年，通过国家非遗保护资金安排经费1 000余万元，重点支持国家级文化生态保护区内248个中国传统村落开展非遗保护工作。

（八）开展美丽宜居村庄创建示范

农业农村部会同住房城乡建设部印发《关于开展美丽宜居村庄创建示范工作的通知》，明确创建示范工作总体要求、标准、程序和保障措施，引领地方因地制宜开展创建示范活动，以点带面推进乡村建设，持续改善乡村风貌和人居环境、完善公共基础设施、提升公共服务水平，打造不同类型、不同特点的宜居宜业和美乡村示范样板。

二、扎实推进农村人居环境整治提升

深入贯彻习近平总书记关于改善农村人居环境的重要指示批示精神，全面落实党中央、国务院决策部署，农业农村部、国家乡村振兴局积极发挥牵头部门作用，会同各地各有关部门扎实推进《农村人居环境整治提升五年行动方案（2021—2025年）》落实，取得积极进展。截至2022年底，全国农村卫生厕所普及率超过73%，农村生活垃圾进行收运处理的自然村比例达91%，农村生活污水治理率达31%左右，14万个村庄得到绿化美化，95%以上的村庄开展了清洁行动，村容村貌焕然一新，农民群众生活质量和卫生观念普遍提高，农村人居环境整治提升五年行动实现好字当头、稳中有进。

（一）高点站位部署谋划，面上工作有力有序铺开

农业农村部、国家乡村振兴局推动农村人居环境整治提升纳入中央1号文件以及《“十四五”推进农业农村现代化规划》《乡村建设行动实施方案》等专项规划行动，作为实施乡村建设行动、全面推进乡村振兴的重要任务进行部署，列入工作考核评价。印发工作要点，明确34个部门和单位的58项重点任务；指导督促各地编制“十四五”农村人居环境整治提升省级实施方案，所有省份均已印发；组织召开全国视频会，对重点工作进行部署。

（二）问题导向精准发力，“厕所革命”取得务实成效

一是抓好农村户厕问题摸排整改。农业农村部、国家乡村振兴局在2021年开展农村户厕问题摸排整改的基础上，2022年组织摸排整改“回头看”，召开视频会、座谈会等，部署各地再次进行拉网式排查，及时查漏补缺，确保问题查清改好，分类有序推进整改。

二是加强厕所改造技术指导服务。农业农村部派出专家服务团赴中西部15个省（区、市）进行技术指导，同步线上解答问题；会同6部门印发《关于加强农村公共厕所建设和管理的通知》，组织开展节水防冻试点，指导编制《农村户用卫生旱厕建设技术规范》等5项行业标准。2022年全国新改造农村户厕500多万户，改厕质量得到明显提升。科技部在国家重点研发计划中支持农村改厕项目，研发示范寒旱地区改厕产品。文化和旅游部修订旅游厕所国家标准，明确达标评定工作流程。

三是完善问题发现和处置机制。农业农村部、国家乡村振兴局组织集中开展农村改厕及摸排整改“四不两直”调研，通报改厕不好用不能用以及摸排整改不全面不到位等问题典型案例，约谈问题较为严重的省份；持续通过舆情监测、投诉举报、新媒体平台等收集问题线索，及时转送地方核查整改。

（三）紧盯短板持续攻坚，生活污水治理步伐加快

生态环境部会同农业农村部、住房城乡建设部、水利部、国家乡村振兴局联合印发《农业农村污染治理攻坚战行动方案（2021—2025年）》，聚焦生活污水治理突出短板，深入推进农村环境整治。2022年新增完成1.9万个行政村环境整治；组织各地印发县域农村生活污水治理专项规划，着力治理乡镇政府驻地、中心村等重点村庄污水，40%以上重点村庄的生活污水得到治理；加大农村黑臭水体整治力度，2022年新增完成1 300余个较大面积黑臭水体整治，累计完成2 200余个，会同财政部安排资金支持15个城市开展农村黑臭水体治理试点；加强农村生活污水处理设施出水水质监测，以及国家监管清单中已完成治理的农村黑臭水体水质监测。2022年共监测7万余个污水处理设施和700余个水体。水利部指导各地因地制宜设立90多万名村级河湖长，在7个省份开展幸福河湖建设，推动河湖长治久清。

（四）收运体系不断完善，生活垃圾治理水平全面提升

住房城乡建设部会同农业农村部、国家发展改革委、生态环境部、国家乡村振兴局、中华全国供销合作总社联合印发《关于进一步加强农村生活垃圾收运处置体系建设管理的通知》，明确“十四五”期间农村生活垃圾收运处置体系建设管理工作目标和重点任务；会同国家开发银行印发《关于推进开发性金融支持县域生活垃圾污水处理设施建设的通知》，全国152个县域垃圾收运处理设施项目得到开发性金融支持。中华全国供销合作总社引导支持有条件的供销合作社将再生资源回收利用网络延伸到农村，大力发展绿色分拣中心，促进农村生活垃圾分类减量与资源化利用，共有1 765个供销合作社参与农村环境服务。生态环境部筛选确定113个地级及以上城市和8个特殊地区在“十四五”时期开展“无废城市”建设，将农村生活垃圾分类减量和资源化利用、畜禽粪污等农村有机废弃物综合处置利用相关工作纳入建设任务。

（五）彰显特色突出乡韵，村容村貌显著提升

一是村庄公共环境不断改善。自然资源部指导各地编制“多规合一”的实用性村庄规划，全国计划编制规划的村庄过半数形成编制成果；以乡镇为基本单元实施土地综合整治，优化乡村空间布局。工业和信息化部督促基础电信企业加强农村通信线缆维护梳理，指导福建、浙江等地开展农村通信线缆整治。国家能源局督促电网企业持续加强农村电网供电设备运维管理。国家电网专项排查整改农村“三线”搭挂隐患2.14万处，清理废旧杆塔1.7万根。

二是乡村绿化美化稳步推进。国家林草局联合有关部门印发《“十四五”乡村绿化美化行动方案》，制定修订《乡村绿化技术规程》和《国家森林乡村评价指标体系》，引导鼓励在农村水旁、路旁、村旁、宅旁种植乡土树种，2022年村庄绿化覆盖率达到32.01%。

三是乡村风貌引导有效加强。住房城乡建设部研究编制《乡村风貌保护提升指引》，在农房设计建设、公共环境整治和公共空间建设、特色风貌保护等方面提出要求，加强对各地乡村风貌保护提升工作的指导。同时，指导各地结合资源禀赋、经济条件、地域特色，加快出台本地区的建设指引，全国已有1/3的省份出台了美丽乡村建设或风貌保护提升指引。

（六）党建引领群众参与，长效机制逐步建立健全

农业农村部、国家乡村振兴局通过印发通知、召开视频会等，督促指导各地以“清洁村庄环境、共建洁美家园”为主题，压茬推进村庄清洁行动四季战役，全域化推进、常态化开展、长效化保持，并通报表扬98个2021年全国村庄清洁行动先进县。中央组织部推动农村基层组织引导党员群众积极参与人居环境整治提升，在村“两委”换届任职培训中纳入相关内容。国家发展改革委加快推进农村公共基础设施管护体制改革、村庄建设项目实施简易审批等政策落地落实。民政部动员引导社会组织参与改善农村人居环境。住房城乡建设部指导各地在乡村建设中开展美好环境与幸福生活共同缔造活动，组织动员农民群众积极参与投工投劳、开展庭院和房前屋后环境整治、拆除私搭乱建和残垣断壁、主动清运垃圾等，农民群众主体作用得到充分发挥，参与乡村建设积极性提高，村庄环境持续改善。全国妇联组织各地创建“美丽庭院”635万户，动员妇女积极投身人居环境改善。

（七）聚焦关键统筹施策，政策保障更加有力

一是加大资金保障。财政部会同农业农村部下达奖补资金74亿元，支持和引导各地因地制宜推动农村改厕。国家发展改革委会同农业农村部继续安排中央预算内投资30亿元，专项支持中西部155个项目县开展农村生活垃圾污水处理设施建设。中国人民银行、中国银保监会引导金融机构加大对农村人居环境整治提升的支持力度。

二是强化激励督促。农业农村部、国家乡村振兴局会同财政部组织开展改善农村人居环境等乡村振兴重点工作激励评价。中央文明办将加强农村人居环境整治提升纳入全国文明城市、文明村镇测评体系。农业农村部持续通过新媒体平台曝光农村人居环境典型问题，督促地方整改。市场监管总局开展产品质量安全监管“护农”行动，部署加大卫生陶瓷、化粪池等人居环境相关产品抽查力度。国家统计局在县域社会经济基本情况统计中设立农村人居环境相关指标，加强监测评价。

三是强化宣传引导。农业农村部通过中央媒体和部属媒体，宣传农村人居环境整治提升政策举措和进展成效。国家卫生健康委组织开展第34个爱国卫生月活动，宣传文明健康绿色环保理念。广电总局指导制作播出《幸福到万家》等相关题材优秀作品，讲述农村人居环境改善故事。

三、扎实开展重点领域农村基础设施建设

2022年各地区各部门认真贯彻落实党中央、国务院决策部署，持续强化农村交通、水利、能源、住房等重点领域建设，不断改善农村生产生活条件。

（一）加强农村交通建设

一是加大政策支持。交通运输部联合国家发展改革委等10部门制定印发《农村道路畅通工程专项推进方案》，压实有关部门主体责任，推动农村公路建设，巩固拓展交通运输脱贫攻坚成果同乡村振兴有效衔接。交通运输部会同中国银保监会联合印发《关于银行业保险业支持公路交通高质量发展的意见》，联合中国农业发展银行印发《关于"十四五"时期充分发挥政策性金融作用支持农村公路网高质量发展的意见》，构建以各级政府公共财政投入为主、多渠道筹措为辅的农村公路发展资金保障机制；联合财政部印发《关于规范政府还贷二级公路取消收费后补助资金农村公路奖励门槛等有关事项的通知》《关于调整农村客运、出租车油价补贴政策的通知》《"十四五"时期农村客运、城乡交通发展工作绩效考核办法》等政策文件，引导各地加大农村公路养护投入，保障农村客运可持续发展。

二是加快完善农村公路网络。交通运输部启动新一轮农村公路建设和改造，组织加快实施农村公路骨干路网提档升级工程、基础路网延伸完善工程、安全保障能力提升工程、产业融合发展工程、服务水平提升工程等"四好农村路"助力乡村振兴五大工程，稳定农村公路投资规模，加快完善便捷高效、普惠公平的农村公路网络。加快推进以乡镇及主要经济节点为网点的对外快速骨干农村公路建设，因地制宜推进较大人口规模自然村（组）通硬化路建设。2022年全国农村公路完成固定资产投资4 733亿元，新改建农村公路18.98万公里。

三是大力提升农村公路安全防护能力。扎实开展公路安全设施和交通秩序管理精细化提升行动，指导各地梳理农村公路安全提升路段清单，制定安全提升措施方案，加快推进隐患整治。2022年，全国改造农村公路危桥10 589座，同比增长38.1%；完成农村公路安全生命防护工程13.5万公里，同比增长66.7%；全国3.2万个农村公路平交路口加装5.4万个减速带。

四是持续深化农村公路管养体制改革。交通运输部印发《关于进一步健全完善农村公路“路长制”运行长效机制的通知》《关于印送农村公路“路长制”典型案例的函》，指导各地加快健全完善“路长制”运行长效机制，进一步夯实地方主体责任。截至2022年底，有农村公路管理任务的县级行政单位基本实现农村公路“路长制”全覆盖，全国路长总人数67.16万。

五是推动构建农村客运发展长效机制。交通运输部印发《关于加快构建发展长效机制切实保障农村客运稳定运行的通知》，指导各地加强农村客运运行监测，强化通客车台账维护，紧盯许可到期或车辆即将报废的线路，采取有力有效措施，保障农村客运“真通实通”；指导各地优化运营组织，深化融合发展，完善扶持政策，强化重点服务保障，切实保障农村客运可持续稳定运行。

六是强化行业示范引领作用。交通运输部联合财政部、农业农村部、国家邮政局、国家乡村振兴局印发《“四好农村路”全国示范县创建管理办法》，进一步规范“四好农村路”全国示范县创建，组织确定201个2022年度“四好农村路”全国示范县创建单位。交通运输部出台《城乡交通运输一体化示范县创建管理办法》，深入开展城乡交通运输一体化示范县创建，推进城乡交通运输基础设施、客运、货运与物流服务一体化，提升城乡交通运输公共服务均等化水平。

（二）强化农村供水保障

一是加快推进农村供水工程建设改造。水利部联合国家开发银行等金融机构出台一系列投融资政策，支持农村供水工程建设；联合财政部、国家乡村振兴局出台政策，补齐农村供水设施短板。各地通过“两手发力”共筹集工程建设资金1 007亿元，加快推进农村规模化供水工程建设和小型供水工程规范化改造，完成农村供水工程建设18 169处，提升了8 791万农村人口供水保障水平。截至2022年底，全国农村自来水普及率达到87%，规模化供水工程覆盖农村人口比例达到56%，均超额完成既定目标。

二是抓好农村供水水质保障。生态环境部持续开展乡镇级饮用水水源地保护区划定、立标，并开展环境问题排查整治。截至2022年底，全国累计划定19 633个乡镇级集中式饮用水水源保护区，占比95.4%；完成17 177个水源保护区定界立标，占比83.5%。水利部联合生态环境部、国家疾病预防控制局、国家乡村振兴局开展农村供水水质提升专项行动，配合生态环境部门推进乡镇级饮用水水源保护区“划、立、治”工作，以千人以上供水工程为重点加快配齐净化消毒设施设备并规范运行，健全县级水质检测中心巡检和千吨万人水厂日检制度。

三是加强农村供水工程运行管理。水利部印发《关于推进农村供水工程标准化管理的通知》，提升农村供水规范化、专业化、智慧化管理水平。巩固已建农村供水工程成果，组织对脱贫地区和供水条件薄弱地区开展农村饮水安全状况摸底排查和动态监测，排查监测并推动解决393万人口面临的因灾因工程老化导致临时供水不稳定问题。安排农村供水工程维修养护中央补助资金30.69亿元，较2021年增加9.6%。各地维修养护农村供水工程11.5万处，服务农村人口2.34亿人。推进农村供水区域统筹管理和专业化管理，健全完善管水员队伍，全国已配备村级管水员59.5万人，占需要配备人数的96%以上。

（三）巩固提升农村能源保障能力

一是农村电力保障能力有效提升。2022年，结合“十四五”电力发展规划，进一步完善全国各区域特别是中西部地区的电网主网架结构，不断扩大主电网覆盖范围。扎实推进配电网建设改造各项工作，着力解决配电网薄弱问题，有效提升配电网供电能力和可靠性。组织实施农村电网巩固提升工程，下达中央预算内投资计划151亿元，其中，中央预算内投资50亿元，重点支持农网薄弱地区，共安排项目719个，持续巩固提升农村地区电力保障水平。

二是农村可再生能源多元化开发利用。太阳能方面，在2021年印发整县屋顶分布式光伏开发试点方案的基础上，持续推进建设工作，2022年全国光伏新增装机8 741万千瓦，其中以农村地区为主的户用光伏约占1/3。风能方面，国务院办公厅转发《国家发展改革委 国家能源局关于促进新时代新能源高质量发展的实施方案》，明确提出促进新能源开发利用与乡村振兴融合发展，积极推进乡村分散式风电开发。同时，《"十四五"可再生能源发展规划》明确提出实施"千乡万村驭风行动"，大力推进乡村风电开发。截至2022年底，全国风电累计并网达到3.65亿千瓦，大部分位于乡村地区。生物质能方面，结合农村实际需要，推动生物质多元化利用，国家能源局联合国家发展改革委、财政部印发了《关于做好生物质发电补贴工作有关事项的通知》，进一步压实地方责任和发挥市场作用，引导生物质发电健康发展，2022年全国生物质发电并网容量达到4 132万千瓦，规模世界第一。

三是北方农村地区清洁取暖系统推进。2022年，财政部、生态环境部、住房城乡建设部、国家能源局进一步扩大中央财政支持北方地区冬季清洁取暖范围，通过竞争性评审，新增25个项目城市，每年支持省会城市7亿元、其他城市3亿元，连续支持3年，累计已支持88个城市。在2022年大气污染防治资金中共下达清洁取暖专项资金146.4亿元、运营补贴53.5亿元。国家能源局联合国家发展改革委印发《关于做好今冬明春北方地区清洁取暖工作的通知》，部署做好采暖季清洁取暖工作，印发《2022—2023年采暖季北方地区清洁取暖监管工作方案》，发挥派出机构现场监管优势，及时协调解决群众困难、确保群众温暖过冬。会同国家发展改革委、财政部、生态环境部、住房城乡建设部等部门印发《关于促进北方地区清洁取暖持续向好发展的意见》，对未来清洁取暖工作作出总体安排。积极推进可再生能源供热，对符合条件的乡村可再生能源供热项目，可由省级政府按程序发行专项债券予以支持。截至2022年底，我国北方地区清洁取暖率达到70%以上，替代散煤1.5亿吨以上，农村地区累计完成散煤治理3 700万户左右，对改善空气质量的贡献率超过30%。

（四）实施农房质量安全提升工程

一是编制专项推进方案。住房城乡建设部等11部门制定印发《农房质量安全提升工程专项推进方案》，明确农村危房改造、农村房屋安全隐患排查整治、建立农村房屋建设管理长效机制、完善相关法律法规等重点工作内容和责任分工。

二是持续实施农村危房改造和农房抗震改造。下达中央财政农村危房改造补助资金62.8亿元，支持约43.88万农户实施农村危房改造和农房抗震改造。财政部、国家发展改革委、住房城乡建设部联合印发《中央财政农村危房改造补助资金管理暂行办法》，强化农村危房改造项目监督和绩效管理。

三是深入推进农村房屋安全隐患排查整治。住房城乡建设部会同农村房屋安全隐患排查整治部际协调机制成员单位指导各地分类细化整治措施，引导产权人（使用人）通过采用拆除、重建和维修加固等工程措施消除安全隐患，对暂不具备条件的采取停止使用、人员搬离和标识警示等管控措施。截至2022年底，各地已完成157.9万户鉴定危房的整治。结合全国自建房专项整治工作，组织各地开展用作经营的农村自建房安全"回头看"，进一步深化排查整治工作。

四、数字乡村建设

数字乡村是乡村振兴的战略方向，也是建设数字中国的重要内容。2022年，中央网信办、农业农村部、国家发展改革委、工业和信息化部、国家乡村振兴局等44家数字乡村发展统筹协调机制成员单位，认真落实党中央、国务院决策部署，进一步加强顶层设计和政策协调，大力推进数字乡村建设，取得积极成效。

（一）持续完善数字乡村顶层设计

中央网信办会同农业农村部、国家发展改革委、工业和信息化部、科技部、住房城乡建设部、商务部、市场监管总局、广电总局、国家乡村振兴局9部门印发实施《数字乡村发展行动计划（2022—2025年）》，对"十四五"时期数字乡村发展作出部署安排。中央网信办会同农业农村部、国家发展改革委、工业和信息化部、国家乡村振兴局4部门印发《2022年数字乡村发展工作要点》，部署了10个方面30项年度重点任务。中央网信办联合农业农村部研究制定数字乡村发展评价指标体系，试行开展数字乡村发展评价，起草发布《中国数字乡村发展报告（2022年）》。

（二）加快推动数字乡村标准化建设

中央网信办会同农业农村部、工业和信息化部、市场监管总局印发《数字乡村标准体系建设指南》，提出了数字乡村标准体系框架，指导各地区、各有关部门和行业加强数字乡村标准化建设。农业农村部农业信息化标准化技术委员会加快共性关键标准与通用技术规范的制定修订，累计立项农业农村信息化相关标准100余项。浙江省制定全国首个省级数字乡村建设规范，黑龙江省印发《数字乡村发展工作指引1.0》，四川、陕西等省份加快制定数字农业建设、农业农村大数据等相关标准规范。市场监管总局发布实施《农业物联网应用服务》国家标准，下达《农业物联网通用技术要求 第1部分：大田种植》等4项国家标准计划，开展国家智慧集约蛋鸡养殖标准化示范区、国家智慧农业综合标准化示范区等7项数字乡村相关国家农业标准化示范项目创建。

（三）深化数字乡村试点示范建设

中央网信办会同农业农村部等6部门持续

推进国家数字乡村试点工作，组织开展试点终期评估和网络问卷调查，指导各地区持续推进数字乡村建设。中央网信办联合农业农村部在浙江德清联合举办全国数字乡村建设现场推进会，举办数字乡村试点专题网络培训班，推动浙江、江苏、山东、江西、安徽、辽宁、四川、广西等20个地区开展省级试点，探索具有区域特色的数字乡村发展新模式。中国互联网发展基金会组织实施数字乡村聚力行动示范村建设公益项目，协调相关互联网企业捐赠2 000万元，资助建设10个数字乡村示范村。

（四）加强乡村信息基础设施建设

工业和信息化部会同财政部组织实施2022年度电信普遍服务，部署建设超过9 000个农村4G、5G基站，按需逐步推动千兆光网、5G网络向农村地区延伸，全国行政村历史性实现“村村通宽带”。5G网络覆盖所有县城城区，基本实现农村城市“同网同速”。截至2022年底，我国农村地区互联网普及率达61.9%，农村网民规模达3.08亿。广电总局2021—2022年使用中央资金23.76亿元支持21个省（区、市）268个符合条件的老少边及欠发达地区实施县级应急广播体系建设、6个省区22个市级广电融合提升建设项目、6个省区61个智慧广电固边工程建设项目、15个省（区、市）197万户有线高清交互数字电视机升级改造，着力提升乡村广播电视基础设施建设水平。开展广播电视和网络视听行业数据规范化标准化工作，广电总局指导全国有线网络开展面向广电5G的光纤化、IP化、云化、智慧化、融合化升级改造，提升有线电视网络在乡村信息化建设中的服务能力。住房城乡建设部继续推进中国传统村落数字博物馆建设，新增云南省大理白族自治州南涧县南涧镇向阳村等126个村落单馆，实现传统村落基本信息全覆盖。

（五）加快推进智慧农业发展

农业农村部编制印发《“十四五”全国农业农村信息化发展规划》《“十四五”数字农业农村建设规划》，进一步细化实化“十四五”期间智慧农业推进思路、重点任务和建设内容，不断优化完善政策体系。农业农村部加快推进农业农村大数据平台建设，累计支持苹果、大豆、茶叶、油料等8个重要农产品全产业链大数据建设和全国农村集体资产监督管理平台等3个大数据平台建设。农业农村部实施数字农业建设项目，2022年支持建设水稻、蔬菜、柑橘等7个国家数字农业创新分中心和41个国家数字农业创新应用基地。宣传推介农业农村部认定的106家农业农村信息化示范基地，示范带动生产、经营、管理、服务各环节各领域信息化应用创新。工业和信息化部支持先进适用农机装备发展，搭建智能农机装备管理等平台，组织农机、电子、信息等相关行业企业协同编制《智能农机技术路线图》，指导建设25个无人农业作业试验区，并在河南、吉林等地组织开展试验推广活动。

（六）以数字化赋能乡村治理和公共服务

全国政务服务“一张网”基本建成，指导31个省（区、市）构建了省、市、县、乡、村五级网上政务服务体系，推动90.5%的省级行政许可事项实现网上受理和“最多跑一次”。民政部在全国48.9万个村委会部署使用全国基层政权建设和社区治理信息系统，实现信息集中汇聚、统一管理、动态更新。教育部建成上线国家智慧教育公共服务平台，中西部农村边远地区利用平台资源实施“双师课堂”，提升了教学质量和水平。国家卫生健康委积极完善省、市、县、乡、村五级远程医疗服务网络，县级远程医疗覆盖率达到90%以上，推动优质医疗资源下沉。广电总局制定印发《关于推进智慧广电乡村工程建设的指导意见》，围绕加强农村思想道德建设、服务乡村治理能力和治理体系建设、推动乡村公共服务智慧化发展、服务乡村产业振兴、服务美丽乡村建设等方面，推动智慧广电全面融入乡村振兴战略。2022年，智慧广电乡村工程初步形成了“五大应用场景+三大服务类型+N种业务模式”的框架体系，即以智慧党建、文化振兴、公共服务、乡村治理、产业振兴为核心的五大应用场景，以高清及交互广播电视服务、政用民用商用综合信息服务、社会管理服务为重点的三大服务类型，以平安乡村、智慧教育、智慧水利、智慧旅游、数字农业、农村电商等为主要内容的N种业务模式，延伸党和政府宣传、服务的触角和范围，提升基层治理能力和水平，让乡村居民享受到智慧广电带来的“红利”。

（七）提升农民数字素养与技能

中央网信办会同农业农村部等13个部门联合主办2022年全民数字素养与技能提升月活动，加快构建全民数字素养与技能发展培育体系。农业农村部持续开展农民手机应用技能培训，举办农民手机培训周活动，完善“农民学手机”App、“全国农民手机应用技能培训”等线上培训平台和线下培训体系，不断丰富培训资源和内容，助力提升农民数字素养与技能，2022年培训超过4 400万人次。农业农村部稳步推进全国农业科教云平台建设运营工作，持续完善云上智农、中国农技推广等手机应用功能，平台开展在线农民教育培训，上线发布8 000门精品课程，注册用户近2 000万名。

五、基本公共服务县域统筹

各地统筹县域资源推进基础设施建设，从医疗、养老、教育等方面入手，聚焦农民群众的“急难愁盼”，促进农村基本公共服务供给提质增效，稳步提高城乡公共服务均等化水平，推动改革发展成果更多更公平地惠及全体人民。

（一）推进基本公共服务县域统筹

2022年中央1号文件指出：“加强基本公共服务县域统筹。加快推进以县城为重要载体的城镇化建设。加强普惠性、基础性、兜底性民生建设，推动基本公共服务供给由注重机构行政区域覆盖向注重常住人口服务覆盖转变。”2022年5月，中共中央办公厅、国务院办公厅印发《关于推进以县城为重要载体的城镇化建设的意见》，提出统筹县城生产、生活、生态、安全需要，因地制宜补齐县城短板弱项，促进县城产业配套设施提质增效、市政公用设施提档升级、公共服务设施提标扩面、环境基础设施提级扩能，增强县城综合承载能力，提升县城发展质量，更好满足农民到县城就业安家需求和县城居民生产生活需要，为实施扩大内需战略、协同推进新型城镇化和乡村振兴提供有力支撑。适应农村人口结构和经济社会形态的变化，加快提升县城综合服务能力。农业农村部会同国家发展改革委遴选推出22个可学可用的加强农村公共服务典型案例，示范推动农村基本公共服务县域统筹。国家发展改革委会同相关部门实施“十四五”社会服务设施建设支持工程，支持易地扶贫搬迁人口较多且有需求的县建设儿童福利设施、未成年人保护设施，支持基本殡葬服务设施尚未覆盖的县新建殡仪馆或公益性骨灰安放设施。2022年，共安排中央预算内投资7.6亿元，支持上述项目73个，推动社会服务设施补短板、强弱项、提质量，进一步织密扎牢民生保障网。促进城乡基本公共服务均等化。逐步建立统一的城乡居民基本养老保险、基本医疗保险、大病保险制度，进一步健全城乡基本公共服务普惠共享的机制。推动越来越多的优质公共服务资源下沉乡村，农村基本公共服务水平稳步提升。全国90%的家庭15分钟内能够到达最近医疗点，农民看病越来越方便。

（二）提高农村教育质量水平

1. 不断提升学前教育普及普惠水平

把握学前教育公益普惠基本方向，实施“十四五”学前教育发展提升行动计划，进一步提高学前教育普及普惠水平。中央财政继续加大对学前教育的支持力度，2022年下达支持学前教育发展资金230亿元，比上年增加30亿元、增长15%，重点向中西部农村地区倾斜，支持补齐农村地区普惠性资源短板，健全学前教育公共服务网络，完善普惠保障机制，改善办园条件，全面提升农村幼儿园办园水平。教育部出台《幼儿园保育教育质量评估指南》，引导各地特别是农村幼儿园聚焦保育教育过程，以先进经验为引领，转变教师观念，全面提高农村地区保教质量。截至2022年底，全国共有幼儿园28.9万所，在园幼儿4 627.5万人，普惠性幼儿园覆盖率达到89.6%，其中，农村幼儿园18.7万所，在园幼儿2 482万人，普惠性幼儿园覆盖率达到92.2%，所有国家乡村振兴重点帮扶县都达到90%以上。

2. 推进义务教育由基本均衡迈向优质均衡

2022年4月，国务院教育督导委员会公布2021年通过义务教育均衡发展国家督导评估认定的县名单，至此，31个省（区、市）和新疆生产建设兵团的2 895个县均实现了县域义务教育基本均衡发展，这是继全面实现“两基”后，我国义务教育发展中的又一重要里程碑，标志着我国义务教育站在了新的历史起点上。党的二十大作出决策部署，要求加快义务教育优质均衡发展和城乡一体化，优化区域教育资源配置。教育部扎实巩固基本均衡成果，大力推进义务教育优质均衡发展。建立健全政策保障体系，研究制定《关于构建优质均衡的基本公共教育服务体系的意见》《关于全面加强义务教育学区制管理和集团化办学的指导意见》，全面保障义务教育优质均衡发展，进一步缩小区域、城乡、校际、群体教育差距，推进城乡学校共同体建设，着力扩大优质教育资源。推动开展先行创建工作，在各省级教育行政部门遴选推荐的基础上，2022年教育部确定了135个义务教育优质均衡先行创建县（市、区、旗）率先攻坚，针对包括建立合理布局农村学校的有效模式、探索乡村温馨校园建设的有效途径、健全县域内城乡学校共同体建设机制等在内的攻坚清单内容，探索义务教育优质均衡发展的实现路径和有效举措。

3. 加快县域普通高中建设

教育部会同财政部继续实施改善普通高中学校办学条件补助项目，投入资金70亿元，重点支持全国县域普通高中学校校舍改扩建，扩大教育资源，优化校舍功能，消除“大班额”，配置图书和教学仪器设备，以及体育运动场等附属设施建设。2022年，全国各省（区、市）普通高中生均公用经费标准均已达到1 000元以上的要求，有效保障了学校正常运转。全国高中阶段教育毛入学率达到91.6%，农村地区高中阶段教育普及水平大幅提升。2022年4月，中组部、教育部等8部门联合印发《国家乡村振兴重点帮扶县教育人才“组团式”帮扶工作方案》，按照对口支援关系，组织东部省份面向中西部10省区160个国家乡村振兴重点帮扶县开展教育帮扶，帮助受援县县中和中职学校提升办学水平。2022年5月，教育部办公厅印发《关于组织实施部属高校县中托管帮扶项目的通知》，组织48所部属高校和相关专业机构，从2022年秋季学期开始，面向中西部、东北地区23个省份和新疆生产建设兵团托管帮扶115所县中，着力在帮扶受援县中提升学校管理水平、教师专业能力和教育教学质量上下功夫，充分发挥示范引领作用。

4. 推进特殊教育适宜融合发展

2022年初，国务院办公厅发布《“十四五”特殊教育发展提升行动计划》。教育部会同有关部门认真贯彻落实提升计划，进一步推动特殊教育高质量发展。安排特殊教育补助资金5亿元，支持改善特殊教育办学条件，督促各地落实义务教育阶段特殊教育生均公用经费标准，对家庭经济困难残疾学生实行从义务教育到高中阶段教育12年免费教育，并优先纳入资助范围。推动各地合理规划布局，增加特殊教育学位供给，通过普通学校随班就读、特殊教育学校就读和送教上门等多种方式做好适龄残疾儿童的义务教育安置，确保应入尽入。在义务教育普及水平持续提高的基础上，全面推动特殊教育向学前、高中以上阶段两端延伸，增加非义务教育阶段就学机会。持续加强特殊教育教师培养培训，重点实施“义务教育阶段特殊教育学校教材国家级示范培训”项目，对特殊教育学校新课标教材的主要内容、教学指导及施教建议等进行培训，累计覆盖特殊教育学校教师、普通学校随班就读教师27万人次。教育部印发了《特殊教育办学质量评价指南》，对新时代特殊教育办学质量评价进行了系统设计和全面部署，构建了以适宜融合为目标的特殊教育办学质量评价体系，为全面推动特殊教育高质量发展提供了重要标准和行动方向。

（三）健全完善乡村医疗卫生体系

1. 支持乡村卫生及医疗机构建设

2022年国家发展改革委通过优质高效医疗卫生服务体系建设工程，安排中央预算内投资16.77亿元支持县级医院提标扩能，安排中央预算内投资2.38亿元支持县级疾病预防控制体系现代化建设。紧密型县域医疗卫生共同体建设提速扩面。2019年以来，国家卫生健康委在全国启动开展紧密型县域医共体建设试点，确定山西、浙江、新疆3个试点省（区），全国共827个试点县（市、区）。在国家试点基础上，各地积极开展省级试点建设，截至2022年底，省级试点县达到943个，全国已有18个省（区、市）全面推进紧密型县域医共体建设。2022年，国家卫生健康委积极配合中央农办，会同相关部门研究制定，并由中共中央办公厅、国务院办公厅印发《关于进一步深化改革促进乡村医疗卫生体系健康发展的意见》《关于进一步完善医疗卫生服务体系的意见》，均明确提出推进紧密型县域医共体建设。

2. 加大农村地区基本医疗保障投入

2022年城乡居民基本医疗保险（以下简称居民医保）人均财政补助标准增加30元，达到每人每年不低于610元，同步提高个人缴费标准30元，达到每人每年350元。截至2022年底，我国基本医保覆盖超过13.46亿人，参保覆盖面稳定在95%以上。城乡居民医疗保险累计参保9.83亿人，基金收入10 128.9亿元，基金支出9 353.44亿元，年末累计结余7 534.13亿元，可支付月数9个月。全年居民医保参保人共享受门诊和住院待遇21.57亿人次，政策范围内住院费用基金支付比例68.3%。

3. 巩固提升农村低收入人口“基本医疗有保障”成果

落实落细分类资助农村低收入人口参保工作。全额资助农村特困人员，定额资助低保对象和返贫致贫人口，过渡期内对脱贫不稳定且纳入相关部门监测范围的人群给予定额资助，有针对性地减轻农村低收入人口参保缴费压力。2022年下达中央财政医疗救助补助资金311亿元。据监测，原承担脱贫攻坚任务的25个省份累计资助8 899.1万人参加基本医疗保险，农村低收入人口和脱贫人口参保率稳定在99%以上。发挥基本医保主体保障作用，稳定住院待遇水平，健全门诊共济保障机制，完善城乡居民高血压、糖尿病患者门诊用药保障机制，累计惠及1.4亿“两病”患者。增强大病保险减负功能，普惠性降低参保大病患者起付线，达到上年居民人均可支配收入的50%，政策范围内费用支付水平达到60%以上，并对低保对象、特困人员、返贫致贫人口实施降低起付线、提高报销比例、取消封顶线等倾斜支付。夯实医疗救助托底保障，加快健全重特大疾病医疗保险和救助制度，在做好低保对象、特困人员、返贫致贫人口救助基础上，救助对象拓展覆盖低保边缘家庭成员、易返贫致贫人口、因病致贫家庭重病患者。统筹医疗救助资金使用，重点向大病重病患者倾斜。低保对象、特困人员、返贫致贫人口符合规定的住院费用救助比例不低于70%，年度救助限额普遍达到3万～5万元。2022年，基本医疗保险、大病保险、医疗救助三重制度累计惠及农村低收入人口就医1.45亿人次，减轻医疗费用负担1 487亿元。

4. 建立防范化解因病返贫致贫风险长效机制

聚焦风险“早发现、早预警、早处置”，探索建立高额费用负担患者监测预警和综合帮扶机制。国家医保局会同相关部门印发《关于坚决守牢防止规模性返贫底线 健全完善防范化解因病返贫致贫长效机制的通知》，指导各地健全主动发现、动态监测、信息共享、精准帮扶等机制。原承担医保脱贫攻坚任务的25个省份均初步建立监测预警机制，河北、内蒙古、辽宁等12个省（区）和新疆生产建设兵团分类设定监测标准，协同民政、乡村振兴等部门及时对面临困难的高额费用负担患者给予综合帮扶。2022年，各地主动推送高额费用患者信息625.7万人次，经核查认定，开展直接医疗救助21.6万人。

5. 提升基层医保信息化和便民服务水平

2022年3月，全国统一的医保信息平台全面建成，实现了从国家到基层的标准全国统一、数据两级集中、平台分级部署、网络全面覆盖、系统安全可控，国家、省、市、县四级医保信息互联互通，数据有序共享。积极开展医保综合服务终端落地应用工作，有力推进了基层医保信息化水平的提升。健全医疗保障经办服务体系，大力推进服务下沉，依托乡镇便民服务中心、村（居）党群服务中心、卫生院

（室）等开展农村地区医保经办服务。推动农村基层定点医疗机构医保信息化建设，各地医保部门积极为各类人群参保提供便捷服务，基本实现城乡居民基本医保参保登记和参保信息变更“跨省通办”。优化异地就医结算登记备案渠道，住院、普通门诊费用跨省直接结算实现统筹地区全覆盖。全面推进包括农村居民在内的参保患者医疗费用地市统筹区内“一站式”结算，减轻群众看病就医垫资压力。

6. 加强村医社会保障

国家卫生健康委会同相关部门探索落实村医养老保障、医保等社会保障待遇。各地因地制宜采取多种措施分类解决村医养老等社会保障问题，探索出许多行之有效的经验做法。一些地方改革乡村医疗卫生管理机制，实行乡村一体化管理。浙江、江苏等省将村卫生室转为乡镇卫生院举办的延伸服务点，村级医疗卫生服务被纳入乡镇卫生院职责，村医被纳入乡镇卫生院聘用范围，并参加相应社会保险。此外，已有16个省份明确了在岗村医参加基本养老保险政策。河北、贵州、甘肃将在岗村医纳入乡镇卫生院临聘人员管理，参加企业职工基本养老保险；安徽、福建、湖南、云南等省份由地方各级财政按每人每年2 400 ～ 3 600元标准对在岗村医购买养老保险给予补贴。

（四）持续加强农村养老服务能力建设

1. 完善城乡基本养老服务顶层制度设计

提升养老服务保障能力。2022年2月，国务院发布《“十四五”国家老龄事业发展和养老服务体系规划》，促进加快补齐农村养老服务短板。中共中央办公厅、国务院办公厅印发《关于推进基本养老服务体系建设的意见》，制定《国家基本养老服务清单》，在国家层面明确了老年人享有的三大类16项基本养老服务项目，加快推进城乡基本养老服务体系建设，进一步加强农村老年人基本养老服务保障。

2. 做好农村老年人基本生活保障

提升县级敬老院失能照护能力和乡镇敬老院集中供养水平，鼓励在有条件的村庄开展日间照料、老年食堂等服务。制定关于进一步做好特困人员供养服务工作的政策措施，将符合条件的农村特困老年人全部纳入救助供养范围，保障农村特困人员基本生活和合法权益。健全完善经济困难的高龄、失能老年人补贴制度，有效缓解农村老年人生活困难。截至2022年底，全国共有农村特困人员供养服务设施（敬老院）1.7万个，床位179.4万张；全国享受高龄补贴的老年人达3 330.2万人；享受护理补贴的老年人达97.1万人；享受养老服务补贴的老年人达546.1万人；享受综合补贴的老年人达67.2万人。

3. 维护农村特殊困难老年人居家养老安全

民政部会同有关部门制定《关于开展特殊困难老年人探访关爱服务的指导意见》，部署各地面向独居、空巢、留守、失能、重残、计划生育特殊家庭等老年人开展探访关爱服务，帮助解决居家养老困难，预防和减少农村老年人居家养老安全风险，强化养老服务兜底线、保基本功能。开展“十四五”特殊困难老年人家庭适老化改造工作，以农村特殊困难老年人家庭为重点，支持200万户特殊困难老年人家庭实施适老化改造，切实增强农村老年人居家养老的安全性、便利性。

4. 加强农村养老服务综合监管

开展打击整治养老服务诈骗专项行动，指导各地全面摸排清理养老服务涉诈风险，累计排查养老服务机构和场所27万余家，取缔关停567家，立案判决148家，移交相关部门处置102家，有效维护农村老年人合法权益。召开全国养老服务安全工作视频会，部署开展养老服务领域安全排查治理工作。印发《民政部办公厅关于进一步抓紧抓实养老服务领域疫情防控工作的通知》，指导各地做好农村养老机构疫情防控工作，全力确保在院农村老年人的生命安全和身体健康。

（五）健全社会救助体系

1. 兜牢困难群众基本生活底线

民政部印发《关于深入学习贯彻习近平总书记重要讲话精神 进一步做好困难群众兜底保障等工作的意见》，指导地方深化社会救助制度改革，加快健全分层分类的社会救助体系，切实保障好农村困难群众基本生活。进一步完善社会救助政策，加大低保扩围增效力度。民政部、财政部联合印发《关于切实保障好困难群众基本生活的通知》，部署各地应对疫情影响，为低保对象、特困人员、符合条件的未参保失业人员等增发一次性生活补贴或临时救助金，全力保障因疫因灾遇困群众基本生活；民政部会同中央农办、财政部、国家乡村振兴局联合印发《关于进一步做好最低生活保障等社会救助兜底保障工作的通知》，指导地方加大低保扩围增效力度，细化低保渐退等政策，放宽重度残疾人申请低保条件，惠及近200万名重度残疾人。截至2022年底，全国共有农村低保对象3 349万人，农村低保平均标准达到6 985元/（人·年）（按月计为582元/人），较上年同期增长9.8%。

2. 持续深化巩固社会救助兜底脱贫成果

进一步优化完善低保政策，细化低保边缘家庭认定条件，将低保边缘家庭中符合条件的重病、重残人员参照“单人户”纳入低保。建立防止返贫监测数据比对共享长效机制，定期进行数据比对，及时将符合条件的脱贫不稳定人口、边缘易致贫人口和突发严重困难户等监测对象纳入低保或特困救助供养范围，实现应保尽保、应兜尽兜。截至2022年底，全国共有310万防止返贫监测对象被纳入低保或特困人员救助供养范围，占全部监测对象的49%，年内还对15万名防止返贫监测对象实施了临时救助，为守住不发生规模性返贫底线发挥了重要作用。稳步提升特困人员供养服务能力和水平。全面落实《特困人员认定办法》，适度扩大特困供养范围。强化县乡两级养老机构对失能、部分失能特困老年人的兜底保障，深入实施农村敬老院改造提升工程和公办养老服务机构能力提升项目，支持特困人员供养服务设施（敬老院）护理能力提升和消防安全改造，提升敬老院集中供养能力和服务水平。截至2022年底，全国共有农村特困人员434.5万人，农村特困人员基本生活标准为10 671元/（人·年），全自理、半护理和全护理照料护理标准分别为2 047元/（人·年）、4 664元/（人·年）和9 563元/（人·年），2022年全国累计支出特困人员救助供养资金527.1亿元。

第六章　乡村治理

中　国　乡　村　振　兴　发　展　报　告　2022

一、农村基层组织建设

（一）派强用好驻村第一书记和工作队

推动各地和中央有关单位认真落实《关于向重点乡村持续选派驻村第一书记和工作队的意见》要求，中央组织部推动向脱贫村、易地扶贫搬迁安置村（社区）、乡村振兴任务重的村、党组织软弱涣散村持续选派驻村第一书记和工作队。截至2022年底，全国在岗驻村第一书记20.96万人、工作队员56.3万人。督促各地落实好同级组织部门备案管理、县乡党委日常管理、派出单位跟踪管理、强化激励保障等要求，推动第一书记和工作队沉在村里扎实干，切实履行建强村党组织、推进强村富民、提升治理水平、为民办事服务4项职责。中央组织部组织编写《驻村第一书记和工作队典型案例选编》，推动典型引路。

（二）加强农村基层干部管理监督

推动各地规范细化乡镇“三重一大”事项，全面落实村级重大事项决策实行“四议两公开”，加强科学决策和民主监督。中央组织部会同有关部门研究制定村干部管理监督文件，对加强村干部的日常管理、监督考核、激励保障和村级议事决策、对村巡察审计等提出明确要求，推动各地细化措施办法。落实以财政投入为主的稳定的村级组织运转经费保障制度，保障村级组织正常运转。推动精准科学实施函询、谈话和问责，正确对待被问责和受处分的干部，树立好干部标杆，激励干部在全面推进乡村振兴中干事创业、担当作为。

（三）不断加强农村党员队伍建设

推动各地严格落实《中国共产党支部工作条例（试行）》《中国共产党农村基层组织工作条例》要求，由乡镇党委对全体党员分期分批集中培训，村党支部每月固定1天开展主题党日活动，深入学习习近平新时代中国特色社会主义思想，教育引导广大农村党员自觉用党的创新理论武装头脑。推动各地加大在青年农民特别是致富能手、农村外出务工经商人员中发展党员力度。鼓励引导党员带头创办领办农民合作社、家庭农场等新型农业经营主体，协调有关方面给予项目、资金、技术等支持，力争每个有劳动能力的党员都有致富项目、每个村都有一批致富能手，组织每名党员致富能手至少结对帮扶1户群众，充分发挥党员带头致富带领致富作用。

（四）常态化排查整顿软弱涣散村党组织

按照不断增加先进支部、提升中间支部、整顿后进支部要求，中央组织部推动县乡党委每年排查整顿软弱涣散村党组织，动态管理、滚动整建、逐个销号、逐年提升。对每个软弱涣散村党组织，县乡党委“一村一策”研究整顿方案，落实1名县级领导班子成员联村、1名乡镇领导班子成员包村、1名第一书记驻村、1个县以上机关单位结对的“四个一”措施，限期解决问题。

（五）深入推进乡村治理试点工作

2019年起，中央农办、农业农村部会同中央组织部、中央宣传部、民政部、司法部指导全国115个县（市、区）开展乡村治理体系建设试点示范工作，鼓励地方探索“三治”结合的新模式新路径。农业农村部加强对试点单位的工作指导督促，在河南济源市、宁夏吴忠市利通区组织召开2期试点示范工作交流会，围绕村民议事协商、农村矛盾调处化解、农村移风易俗等主题开展交流。截至2022年底，各试点顺利完成试点任务，在乡村治理的重点领域和关键环节积极探索，形成了一批可复制、可推广的好经验好做法。

（六）创新推广务实管用乡村治理方式

2022年，农业农村部、国家乡村振兴局开展第四批全国乡村治理典型案例征集，遴选31个案例进行推介。进一步推广积分制、清单制等务实管用乡村治理方式，支持地方完善运行机制、拓展应用领域。制作清单制、积分制和整治高额彩礼、大操大办等3个“一张图”及小视频，加大宣传推广力度，指导地方因地制宜创新方式方法应用。深入推进乡村治理数字化，积极引导社会力量参与。农业农村部组织开展各地工作情况和典型经验交流，加强政策宣传、工作指导和部门交流。

（七）全面实施“耕耘者”振兴计划

2021年农业农村部与腾讯公司签署“耕耘者”振兴计划战略合作协议，面向乡村治理骨干和新型农业经营主体带头人开展培训，提升基层治理人员综合素质和实战能力。在前期探索培训模式、建立制度机制和开展试点培训等筹备工作基础上，2022年4月，农业农村部办公厅印发《关于实施“耕耘者”振兴计划的通知》，全面启动实施培训工作。截至2022年底，“耕耘者”振兴计划在全国22个省份落地，累计开班114期，培训总人数2.3万人。

专栏7

集中换届后领导干部培训

2022年，中央组织部研究制定开展换届后市县党政主要负责同志学习贯彻党的十九届六中全会精神、加强政治能力建设的培训通知，指导各地加强换届后各级党政领导干部政治能力培训和任职能力培训，推动各地区各部门加强集中换届后各级党政领导干部特别是分管“三农”工作的领导干部培训。突出政治训练和专业化能力培训，推动各地采取省级示范培训、市级重点培训、县级普遍培训、部门抓系统行业培训的方式，统筹抓好任职培训、乡村振兴主题培训和示范培训，将乡镇干部、村干部、驻村干部、农村集体经济组织中的党组织负责人等农村基层干部全部培训一遍。

线下培训方面，在中央党校（国家行政学院）举办地市党政主要领导干部培训班，示范带动各省（区、市）完成换届后市县党政领导干部培训任务。中央组织部与中央农办等部门研究制定专项培训方案，在中央党校（国家行政学院）举办省部级干部全面推进乡村振兴专题研讨班；会同农业农村部先后举办地市级党政领导干部乡村振兴专题研究班、全国粮食和油料生产大县党政正职乡村振兴专题研究班；会同中央农办等举办国家乡村振兴重点帮扶县党政正职专题培训班。线上培训方面，在中国干部网络学院举办水旱灾害风险管理、强化河湖长制和乡村振兴等网上专题班，指导各地组织线上学习，不断提升各级党政干部“三农”工作能力水平。

二、农村精神文明建设

（一）创新开展宣传教育活动

1. 持续开展对象化分众化宣传教育

持续抓好《中共中央 国务院关于新时代加强和改进思想政治工作的意见》贯彻落实，推动新时代农村思想政治工作走深走实。中央宣传部以社会主义核心价值观为引领，组织开展“强国复兴有我”群众性主题宣传教育活动，举办“奋进新时代”主题成就展，充分宣传展示党和国家事业取得的历史性成就、发生的历史性变革。组织开展文化科技卫生“三下乡”活动，引导动员社会力量广泛参与，推动文化科技卫生“常下乡”“常在乡”。深化“时代楷模”“最美人物”学习宣传，选树宣传邱军、孙丽美等“三农”领域先进典型，向全社会宣介他们扎根农村、服务群众的感人事迹。弘扬以伟大建党精神为源头的中国共产党人精神谱系，深入挖掘延安精神、红旗渠精神等伟大精神的时代价值，动员和激励广大农民群众积极投身社会主义现代化建设。

2. 加强“三农”题材广播电视节目制作播出力度，夯实乡村舆论宣传阵地

持续巩固拓展广播电视“村村通”“户户通”建设成果，提升广播电视节目综合人口覆盖率，确保党和国家的声音顺利进村入户。截至2022年底，全国广播节目综合人口覆盖率99.65%，电视节目综合人口覆盖率99.75%。2022年全年广播节目制作时间787.65万小时，其中对农广播节目制作时间143.07万小时，播出时间444.28万小时；全国电视节目制作时间285.21万小时，其中对农电视节目制作时间67.22万小时，播出时间423.59万小时。广电总局指导各地广电局结合实际探索建立本地化公共服务节目内容共享平台，建

设广播电视和网络视听节目资源库，推动优质内容资源向基层下沉、向乡村覆盖。广电总局指导各省级广电部门向符合条件的县级融媒体中心核发《信息网络传播视听节目许可证》，截至2022年底，已核发许可证2 124张。举办全国广播电视媒体深度融合线上专题培训班，为加强县级融媒体中心人才队伍建设夯实基础。

3. 强化“三农”领域宣传引导

围绕春耕、“三夏”、秋收等关键农时，协调中央媒体持续推出专栏专题和重点报道，强化政策解读和舆论引导，在全社会凝聚抓好粮食生产、保障粮食安全的共识。中央宣传部组织推出《乡村振兴要塑形更要铸魂》《让乡土文化更好助力乡村振兴》等系列报道，深入宣传阐释党中央关于巩固拓展脱贫攻坚成果、全面推进乡村振兴工作的决策部署。中央宣传部安排播发《希望的田野 耕耘的画卷——贯彻落实习近平总书记重要指示各地各部门深入扎实推进“三农”工作综述》，全面反映党的十八大以来各地各部门贯彻落实习近平总书记关于“三农”工作的重要论述、重大部署和扎实推进“三农”工作取得的显著成就。组织中央主要媒体开展脱贫攻坚专题报道反映巩固拓展脱贫攻坚成果的举措成效。

4. 打造广播电视和网络视听精品节目

广电总局指导推出了《我们在行动》等电视节目，《闵宁纪事2022》《硕果秋歌》等纪录片，以及动画片、电视剧、网络剧、乡村振兴特别季品牌综艺节目、公益广告等。评选出《记住乡愁——乡村振兴系列》《土地 我们的故事（贺岁篇）》《我们村》《美美乡村》《小镇青年》《青春作伴好还乡》等纪录片，向全国各级电视台推荐播出。

5. 指导扶持“三农”题材文艺创作

充分发挥国家级群众文艺奖项“群星奖”引导示范作用，2022年组织开展第十九届“群星奖”评选，鼓励和扶持具有乡土特色的文艺创作，文化和旅游部推出《村里来了新书记》等一大批优秀乡村题材文艺作品。组织实施新时代系列创作工程、国家主题性美术创作等重大工程项目，重点扶持反映新时代农村新风貌的乡村振兴题材作品创作，并在重大活动中加大宣传推广。广电总局指导开展“喜迎党的二十大·我们的新时代”公益广告大赛，将《你的名字 我的样子 我和村庄》《心系黄河 共建家园》《致敬草原最美额吉》《推普助力乡村振兴 卓玛的心愿》等乡村振兴题材公益广告列入扶持名单，并纳入“全国优秀广播电视公益广告作品库”，推荐全国各级播出机构下载播出。

（二）“听党话、感党恩、跟党走”宣传教育活动

1. 推动党的创新理论入脑入心

指导各级农业农村部门深入学习贯彻习近平新时代中国特色社会主义思想，深学细悟习近平总书记关于“三农”工作的重要论述，深刻领悟“两个确立”的决定性意义，进一步增强“四个意识”，坚定“四个自信”，做到“两个维护”。加强《习近平谈治国理政》第四卷、习近平同志《论“三农”工作》等重点书目学习，教育引导广大“三农”党员干部和农民群众坚持用党的创新理论武装头脑。

2. 宣传贯彻党的二十大精神

农业农村部联合多部门印发通知，深入开展“听党话、感党恩、跟党走”宣传教育活动，宣讲党的二十大精神，增进农民群众对党的政治认同、思想认同、情感认同。精心组织“三农这十年——新时代农业农村发展成就展”，集中展示党的十八大以来农业农村领域取得的非凡成就。聚焦加快建设农业强国、全

方位夯实粮食安全根基等主题集中开展宣传报道，做好对二十大精神的宣传阐释。加强妇女思想引领，以“巾帼心向党 喜迎二十大”为主题，团结引领包括农村妇女在内的广大妇女跟党奋进新征程、巾帼建功新时代。深入推进“头条工程”落地落实，聚焦总书记重要活动、重要讲话、重要指示，全面准确转发刊发，及时传播党的声音。

3. 打造“三农”题材精品节目栏目，加强乡村振兴主题宣传

举办“新起点上的接续奋斗——巩固拓展脱贫攻坚成果同乡村振兴有效衔接成果展”和网络展，国家乡村振兴局联合中央广播电视总台摄制播出5集电视专题片《脱贫之后再出发》、特别节目《奋斗新征程》，集中宣传展示巩固拓展脱贫攻坚成果同乡村振兴有效衔接工作取得的新进展、新成就，激励广大农民群众更加坚定听党话、跟党走，满怀信心奋进新征程、建设现代化。广电总局在重点节目栏目推出涉农新闻报道，对乡村振兴有关方针政策、会议精神、部署要求、工作举措进行深入解读、及时报道，充分反映乡村振兴的最新动态和取得成就。

（三）加快城乡精神文明融合发展

1. 研究制定新版《全国文明村镇测评体系》及其配套《操作手册》

中央文明办认真学习党的十九大以来习近平总书记关于宣传思想工作、精神文明建设、“三农”工作等的重要讲话、重要指示、重要论述，深入各地村镇进行调研，广泛征求中央文明委成员单位和各省（区、市）及新疆生产建设兵团文明办意见，在此基础上研究制定《全国文明村镇测评体系（2022年版）》，于2022年4月以中央文明委文件形式印发。新版《测评体系》科学设置“思想引领”“乡风文明”“产业兴旺”“生态宜居”“治理有效”“生活富裕”“机制健全”七大测评项目，进一步提升文明村镇创建的示范性和引领力。首次组织力量区分村、镇两个层级研究制定与《测评体系》配套的《操作手册》，于7月以中央文明办文件形式印发。《操作手册》细化测评标准、明确测评方法，以便于基层理解掌握和执行落实，便于组织开展实地测评等工作，进一步增强文明村镇测评工作的规范性、指导性、可操作性。

2. 推动城乡文明创建融合发展

坚持城乡统筹，使文明村镇与文明城市创建相互衔接、共同推进。新版《全国文明村镇测评体系》及其《操作手册》与《全国文明城市测评体系》及其《操作手册》中涉及农村精神文明建设的内容相互呼应、互为补充。中央文明办在年度全国文明城市测评中第一次纳入文明村镇考核内容，随机抽测730个省级以上文明村镇，引导各地把城乡文明创建通盘考虑、一体推进，更好实现以城带乡、城乡互促，有力激发各地创建文明村镇的积极性，推动文明村镇创建进一步增量扩面、提质升级。同时，积极组织开展专题调研，深入乡村农舍、田间地头了解农村“两个文明”建设进展情况，研究提升城乡共建水平的举措办法。组织开展“奋进新征程 城乡文明行”巡礼宣传，以网络平台为主阵地，以短视频为主产品，以奋进、温暖为主基调，择优展示100个全国文明城市和100个全国文明村镇的创建故事，通过“小切口”彰显城乡特色风貌、文明风尚、社会温度以及拼搏奋进的精神，全面展示新时代十年城乡文明创建在推动物质文明和精神文明协调发展上取得的丰硕成果，进一步凝聚广大群众奋进新征程、建功新时代的强大力量，为宣传贯彻党的二十大精神营造浓厚舆论氛围。

（四）扎实推进文化产业赋能乡村振兴计划

根据《关于推动文化产业赋能乡村振兴的意见》部署，文化和旅游部、教育部、自然资源部、农业农村部、国家乡村振兴局联合印发通知，制定实施《文化产业赋能乡村振兴试点工作方案》，开展文化产业赋能乡村振兴试点工作。充分发挥县域统筹规划、资源配置作用，探索实施文化产业赋能乡村振兴新路径，多措并举加大政策扶持力度，培育乡村发展新动能。计划3年内分两批在全国遴选100个试点县（市、区），推动文件提出的重点任务和政策举措在试点地区率先落地，努力形成可复制的文化产业赋能乡村振兴典型经验，并在全国推广。在第十八届中国（深圳）国际文化产业博览交易会上，文化和旅游部首次组织设置文化产业赋能乡村振兴展区，展陈内容分为文化产业赋能、数字文化赋能、非物质文化遗产赋能、文旅融合赋能4个板块，展示了14个省（区、市）及知名企业和机构的30个文化和旅游赋能乡村振兴的典型案例项目和最新成果。推动各地在文化产业赋能乡村振兴方面积极开展探索，形成典型经验做法。通过发展特色文旅产业，切实调动起农民的积极性、主动性、创造性，共同建设宜居宜业宜游和美乡村。

2022年，中央办公厅、国务院办公厅印发《关于推进实施国家文化数字化战略的意见》，明确提出加快文化产业数字化布局，发展乡村文化新产业，延续乡村文化根脉，助力乡村全面振兴。扎实推进乡村文化数字化发展，推动乡村文化和数字技术融合，是文化产业赋能乡村振兴的重要抓手和强大动能，有助于充分激发乡村文化资源活力、丰富乡村文化消费场景和产品供给。加快完善乡村新型基础设施，借助数字技术推动乡村文化设施改造升级。推进乡村文化资源的数据采集、转化和推广，鼓励数字文化机构发挥技术优势，创作传播展现乡村特色文化、民间技艺、乡土风貌、田园风光、生产生活等方面的数字文化产品，带动乡村文化传播、展示和消费。运用动漫、游戏、数字艺术、知识服务、网络文学、网络表演、网络视频等数字文化新形态，挖掘活化乡村优秀传统文化资源，努力打造独具特色的主题形象，带动地域宣传推广、文创产品开发、农产品品牌形象塑造。

（五）广泛开展农耕农趣农味文化体育活动

1. 积极引导文化服务进乡村

农业农村部、国家乡村振兴局联合举办第五届中国农民电影节和乡村振兴主题电影推介活动，在中西部10个省（区、市）为当地农民群众放映共计1 000场公益电影。文化和旅游部持续实施“戏曲进乡村”项目，每年组织各级各类戏曲演出团体，为中西部地区1.3万个乡镇配送约7.8万场以地方戏为主的演出。大力发展城乡流动文化服务，通过流动舞台车、流动图书馆、文艺小分队等形式，把慰问演出、文艺辅导、展览讲座送到百姓身边。

2. 大力开展群众性文化活动

以“阅读小康气象 奋进振兴征程”为主题举办2022“新时代乡村阅读季”活动，在乡村持续培育“爱读书、读好书、善读书”文明风尚。组织开展群众歌咏、广场舞展演活动，为基层群众搭建广泛参与平台。以迎接、庆祝党的二十大为主题，指导各地开展大家唱群众歌咏活动和“舞出中国红”广场舞活动，全国共举办各类活动超10万场，覆盖人数过亿。开展“新生活・新风尚・新年画”——我们的小康生活美术作品创作征集展示活动，在全国征集作品1 506件，共举办新年画展示活动7 580场次，参与人次约1 295万。

3. 广泛组织农民体育赛事活动

农业农村部联合体育总局、国家乡村振兴局组织开展全国美丽乡村健康跑活动，各地积极响应，并配套开展了水果采收、广场舞以及本地农产品展销推介、乡土文化展示等活动；指导农民体协组织开展2022年中国农民丰收节农民体育健身大赛、全国农民线上围棋大赛、全国美丽宜居乡村线上健步走大赛等赛事活动。体育总局、中华全国体育总会联合部分运动项目中心、全国性单项体育协会、省（区、市）体育部门和互联网平台共同开展全民健身线上运动会，运用互联网思维，坚持创新融合、开放共享，开展了100余项线上赛事活动，涵盖广场舞、毽球、跳绳、健步走、乒乓球、羽毛球、篮球等众多农民喜爱的项目。体育总局依托全民健身线上运动会，开设政策解读、助农直播、健身基地、运动处方及“健步走”等平台窗口，解读农业相关政策文件，助力全国各地特色农产品销售，宣传推进农民体育健身活动基地建设，提供科学健身训练指导，搭建线上交流互动展示平台。推动各地因地制宜、因时制宜广泛开展社区运动会等群众身边赛事活动，鼓励、支持街道、乡镇和各级各类企事业单位举办多种形式的社区运动会，丰富包括农民在内的群众身边的赛事活动。体育总局通过彩票公益金转移支付地方的方式给予资金支持，重点支持县级及以下地区，并推动地方投入配套资金。体育总局以“贯穿全年、覆盖全国、人群多样、特色鲜明”为目标，持续开展新年登高、全民健身日等各项全民健身主题活动，推动包括农村在内的地区广泛开展贴近群众、方便参与、形式多样的全民健身赛事活动。2022年中国农民丰收节期间，推动全国紧贴农村实际、结合农民特点、突出乡村特色，线上线下结合举办相关赛事活动，积极满足农民群众日益增长的体育健身需求。体育总局举办具有乡村特色的赛事活动，“同心筑梦 畅动乡村”——助力乡村振兴（线上）全民健身四项赛由健身挑战、骑行、跑步和行走4项运动方式组成，超过31.9万人通过互联网平台报名参与。举办全国百城千村健身气功交流系列活动展示大赛，涵盖社区运动会健身气功选拔赛、交流展示系列活动、健身气功助力乡村振兴志愿服务活动、特色文体节目会演、国民体质监测等多项内容。

（六）办好中国农民丰收节

2022年，以“庆丰收 迎盛会”主题举办中国农民丰收节，习近平总书记再次致贺丰收节。全国县、乡、村举办庆祝活动超3 500场次，大江南北、各地乡村共庆丰收、共迎盛会，进一步汇聚了全党全社会共同推进乡村振兴的强大合力。

一是周密策划组织实施工作。丰收节组委会各成员单位通力协作、密切配合，紧紧围绕迎接党的二十大胜利召开谋划设计，从不同角度、以多种方式展示党的光辉历程和党的“三农”成就，传递党的关怀，表达农民群众对党的真心拥护之情。

二是构建为农惠农平台和载体。坚持农民主体、农业主线、农村主场，发布惠农助农倡议书，以各具特色的活动载体把丰收节办得实实在在，增强农民群众的获得感、幸福感。组织开展中国农民丰收节金秋消费季，促进品牌农产品和乡村旅游消费，2022年活动期间相关电商平台销售农产品合计超过507亿元，实现丰收共享。

三是引导社会各界广泛参与。制定年度重

点活动方案，组织“大国农匠”全国农民技能大赛、农民趣味运动赛事、村歌大赛、农民故事会等乡土气息浓厚、文化韵味浓郁的节日活动。围绕中国农民丰收节等重要时间节点，中央宣传部组织中央媒体大力宣传粮食安全有保障、夺取丰收来之不易，深入解读秋粮再获丰收的原因和重大意义，用各地丰收的美好场景和故事鼓舞人心。中国农民丰收节发布惠农助农倡议书，中石化、中石油等9家中央企业、人民日报等3家中央媒体以及100多家企事业单位推出了一批助农生产、惠农消费、为农服务措施，汇聚了全社会支农爱农暖流。

四是深化拓展丰收节内容内涵。引导各地突出地方特色，结合农耕文化，聚焦农业生产、农村发展、农民生活，丰富活动内容，深化文化内涵，让丰收节既有乡土气息，又有文化韵味。2022年，农耕文明体验、传统民俗表演等活动占节庆活动的比例超过50%。

（七）加强农耕文化传承保护

1. 传承弘扬优秀农耕文化

开展第二季“农业文化遗产里的中国”系列直播，推动媒体围绕农业文化遗产开展专题报道，扩大社会影响。加强二十四节气保护传承，推动二十四节气亮相北京冬奥会开幕式，向世界展示中华优秀农耕文化的独特魅力。每3年评审命名一批“中国民间文化艺术之乡”，指导各地深入挖掘和盘活优秀民间文化资源。共评审命名183个县（市、区）和乡镇（街道）为2021—2023年度“中国民间文化艺术之乡”。开展“中国民间文化艺术之乡”交流展示活动，推动乡村传统文化艺术创新发展。按照文化创意类、文艺演出类、工艺美术类、数字产业类、文旅融合类、创新发展类和其他类型等7个类别，在全国遴选出146个典型案例，为进一步挖掘乡村特色文化艺术、讲好乡村特色文化艺术故事奠定坚实基础。

2. 深入推进乡村文化振兴工作

贯彻落实《中共中央 国务院关于实施乡村振兴战略的意见》和《中共中央 国务院关于印发〈乡村振兴战略规划（2018—2022年）〉的通知》，聚焦乡村优秀传统文化、乡村公共文化服务、乡村文化生活、乡村文化经济等领域，发挥龙头示范项目的支撑和引领作用，深入推进乡村文化振兴工作。中央宣传部编制《中华优秀传统文化传承发展工程“十四五”重点项目规划》，将中华文化资源普查工程、中国传统村落保护工程、非物质文化遗产传承发展工程、戏曲传承振兴工程、中国传统节日振兴工程、农耕文化传承保护工程、历史文化名城名镇名村街区和历史建筑保护利用工程等纳入中华优秀传统文化传承发展工程“十四五”重点项目。中央宣传部会同有关部门，指导制作播出大型纪录片《记住乡愁》《中国传统建筑的智慧》，推出《山河锦绣》《幸福到万家》等优秀影视作品，深入挖掘乡村优秀传统文化的丰富内涵和时代价值，生动展现新时代乡村文化建设的新气象、新风貌。组织开展“我们的中国梦——文化进万家”等文化惠民活动，更好满足基层群众精神文化需求。

3. 开展非遗助力乡村振兴工作

文化和旅游部、人力资源社会保障部、国家乡村振兴局制定印发《关于持续推动非遗工坊建设助力乡村振兴的通知》，累计支持各地依托富有特色、具备一定群众基础和市场前景的非遗资源，建设非遗工坊2 500余家，其中1 400余家位于脱贫地区。非遗工坊通过开展技能培训、展示展销活动，在推动非遗保护传承的同时，带动当地群众就业增收，助力当地巩固拓展脱贫攻坚成果、建设文明乡风。印发《关于推荐非遗工坊典型案例的通知》，启动非遗工坊典型案例推荐工作，征集各地典型案例173件，推荐案例66件，充分发挥典型示范引领作用，进一步激发非遗工坊建设积极性。文化和旅游部会同相关部门于2022年“文化和自然遗产日”期间，支持各地和电商平台开展“非遗购物节”活动，活动覆盖334个脱贫县的1 480余家非遗店铺，其中包括65个国家乡村振兴重点帮扶县的230余家非遗店铺，各地在活动期间销售额超过16亿元。活动在提振社会消费、巩固拓展脱贫攻坚成果方面发挥了积极作用。

4. 推动乡村地区非遗展示传播

2022年7月，农业农村部和浙江省人民政府共同举办全球重要农业文化遗产大会，习近平总书记向大会致贺信，大会发布的农耕文明保护倡议得到28个国家和国际组织的认可支持。在中国非遗博览会、中国成都国际非遗节、全国非遗曲艺周、中国原生民歌节等全国性重大宣传展示活动中，邀请农村地区非遗传承人参与展览展示活动，提升文化自信。春节、“文化和自然遗产日”期间，支持在城乡社区举办丰富多彩的非遗展示活动，为乡村非遗展示展演搭建平台，加大传播推广力度。连续3年举办“文化进万家——视频直播家乡年”“云游非遗·影像展”等新媒体传播活动，支持各地以短视频、直播等形式记录和展示丰富的非遗活动，丰富乡村民众节日期间精神文化生活，展示乡村地区非遗精湛技艺、丰富内涵和重要价值。2022年“云游非遗·影像展”联合8家网络平台汇集2 800余部非遗题材影片、纪录片进行公益性展播，推出各类线上活动，许多乡村民众在影像展播、话题交流、直播分享、微博互动中关注、了解生活中丰富多彩的非遗和生动的非遗保护实践。乡村非遗在互联网上的可见度越来越高，越来越受到社会公众的关注，促进了乡村非遗的互联网传播和品牌建设，网络平台已成为宣传展示和传承弘扬乡村非遗的重要阵地。

5. 支持乡村地区非遗与旅游深度融合

研究制定《文化和旅游部关于推动非物质文化遗产与旅游深度融合发展的通知》，为各地积极开展非遗与旅游融合发展实践提供工作抓手和业务指导，鼓励有条件的传统村落、古街、古镇设立非遗工坊、展示厅、传承体验所（点）、代表性传承人工作室等，因地制宜与旅游融合发展，让传承人、村民、居民成为旅游的主要参与者和受益者。

（八）推动开展农村移风易俗工作

1. 开展移风易俗专项治理

农业农村部会同中央组织部、中央宣传部、中央文明办等8部门联合印发《开展高价彩礼、大操大办等农村移风易俗重点领域突出问题专项治理工作方案》，部署于2022—2023年在全国范围针对高价彩礼、人情攀比、厚葬薄养、铺张浪费等开展专项治理。中央文明办、中央宣传部研究制定《关于认真贯彻落实习近平总书记重要批示精神 进一步深化农村移风易俗的工作方案》，从3个方面明确11项工作任务，对移风易俗工作进行专门部署并加强指导督导，推动各项要求落实落地。民政部指导各地积极开展婚姻家庭辅导服务、举办集体婚礼、提供特色颁证服务，引导年轻群体树立文明健康的婚俗理念。

2. 深化移风易俗宣传工作

中央宣传部、中央文明办等开展“移风易俗主题宣传月”活动，指导各地组织多种形式的移风易俗主题宣传。活动期间，人民日报、新华社、光明日报、农民日报等中央媒体刊发报道、评论，央视《焦点访谈》播发专题节目深入解读移风易俗专项治理工作方案，各地各级媒体及短视频平台进行积极转载推送，营造全社会关心关注农村移风易俗的良好氛围。民政部组织召开全国婚俗改革经验交流电视电话会议，总结中期实验成果，推广各地优秀经验做法。鼓励各地在婚姻登记机关内部设置婚俗文化墙、婚俗文化长廊等，积极传承中华传统优秀婚俗文化。

3. 引领农村妇女推进移风易俗工作

全国妇联在全国范围内开展移风易俗试点，确定64个试点县，探索妇联组织以家庭文明建设为切入点参与推进移风易俗的有效模式。指导各级妇联组织在评选推荐第十三届全国五好家庭和2022年全国最美家庭过程中，选树践行移风易俗的家庭典型，联合中央宣传部在央视举办全国最美家庭发布仪式，讲述宁夏马学仁家庭带领乡亲摒弃陋习等10户家庭感人故事。中央文明办、全国妇联、民政部依托主流媒体，在春节前夕向广大家庭发出“弘扬美德传家风 移风易俗树新风”倡议，得到各级妇联组织和广大家庭积极响应，进一步弘扬中华传统美德和时代文明新风。宣传推广山东、河北、江西等地推进移风易俗工作的典型经验做法，指导地方妇联通过村规民约规范、典型家庭引领、宣传教育倡导、暖心服务支持等形式，以良好家风培育文明乡风。

4. 开展移风易俗特色活动

农业农村部组织开展第三届“县乡长说唱移风易俗”和第三批全国村级“文明乡风建设”典型案例征集活动，宣传推介各地推进农村移风易俗、推进文明乡风建设的新举措、新成效，受到地方和群众普遍欢迎。

专栏8

高价彩礼等农村移风易俗重点领域突出问题专项治理

2022年8月，农业农村部深入贯彻落实中央1号文件精神，会同中央组织部、中央宣传部、中央文明办、中央农办、民政部、全国妇联、国家乡村振兴局等部门联合印发《开展高价彩礼、大操大办等农村移风易俗重点领域突出问题专项治理工作方案》，部署于2022—2023年在全国范围针对高价彩礼、人情攀比、厚葬薄养、铺张浪费等开展专项治理。

一是左右联动，着力推动形成工作合力。中央各有关部门持续推进农村移风易俗。中央组织部印发通知推动农村基层党员干部示范带头移风易俗。中央宣传部组织开展“强国复兴有我”群众性主题宣传教育活动，举办“奋进新时代”主题成就展，提升农民精神风貌，展示新时代农民风采。中央文明办指导各地以新时代文明实践中心为重要阵地，运用多种载体和形式，宣传移风易俗；修订《全国文明村镇测评体系》，将深化移风易俗作为重要测评指标。中央农办召开专题会议研究移风易俗重点难点问题，成立工作专班，推进相关重点任务落实；推动将移风易俗作为2022年度省级党委和政府推进乡村振兴战略实绩考核重要内容。民政部组织召开全国婚俗改革经验交流电视电话会议，总结中期实验成果，推广各地有效经验做法。全国妇联印发通知，组织64个县（市、区）开展移风易俗试点，积极探索妇联组织参与移风易俗的有效模式。国家乡村振兴局加强脱贫地区移风易俗情况调研和监测。

二是上下齐动，压紧压实地方主责。各地高度重视移风易俗专项治理工作，均结合实际制定省级专项治理工作方案；通过研究会商、联合发文等方式建立部门协同配合机制；将移风易俗专项治理纳入2022年乡村振兴实绩考核，完善相关考核机制；通过问卷调查、走访座谈等形式充分听取群众意见；对婚介机构、婚庆公司、流动宴席经营户、殡葬经营者等中介机构进行摸底，加强指导；将“算八字、看日子、比阔气”等作为具体问题进行专项治理；通过“红黑榜”等方式严格奖惩措施；省报、省台等推出主题报道，主流媒体树立舆论导向；制作接地气的新媒体节目，扩大传播面；贴近农民开展移风易俗主题宣讲。

三是强化宣传，营造良好社会氛围。会同有关部门开展“移风易俗主题宣传月”活动，指导各地组织多种形式的移风易俗主题宣传。活动期间，人民日报、新华社、光明日报、农民日报等中央媒体刊发报道、评论，央视《焦点访谈》播发专题节目深入解读移风易俗专项治理工作方案，营造全社会关心关注农村移风易俗的良好氛围。组织开展第三届“县乡长说唱移风易俗”和第三批全国村级“文明乡风建设”典型案例征集活动，展示各地推进农村移风易俗、推进文明乡风建设的新举措、新成效，受到地方群众普遍欢迎。

三、维护农村社会平安稳定

社会稳定是国家强盛的前提，中央高度重视农村社会平安稳定，着力从推进平安法治乡村建设、常态化扫黑除恶、加强农村法治宣传教育、推动矛盾纠纷多元化解“一站式”平台建设、提升农村应急管理能力、强化农业综合行政执法队伍建设等方面，不断推进农村地区社会治理工作现代化，确保乡村更安宁、群众更安乐。

（一）高位统筹推进平安法治乡村建设

各部门高度重视乡村振兴相关法治建设，积极推动、配合制定出台反电信网络诈骗法、妇女权益保障法、农产品质量安全法、黑土地保护法等与乡村振兴密切相关的法律，积极推动治安管理处罚法等相关法律法规的修订工作，夯实法治乡村建设的法律基础。

1.深化“全国民主法治示范村（社区）”创建

充分发挥“全国民主法治示范村（社区）”示范引领作用，推动广大农村群众在基层党组织领导下，依照宪法法律深入开展基层民主法治实践，健全自治、法治、德治相结合的乡村治理体系。通过扎实开展民主法治示范村（社区）创建工作，村党组织领导作用和党员模范带头作用进一步发挥，村党支部建设进一步加强；农村群众依照村民自治章程，依法实行的民主选举、民主决策、民主管理、民主监督得到完善和落实；法治乡村建设深入推进，与群众生产生活密切相关的法律法规得到广泛宣传，群众性的法治文化活动更加丰富，公共法律服务更加快捷便利，矛盾纠纷得到依法解决；社会主义核心价值观教育深入开展，优秀传统道德文化得到广泛宣传，新风正气逐步树立。已命名9批共计4 938个“全国民主法治示范村（社区）”，创建工作日益成为积极发展全过程人民民主的生动实践，成为推进乡村振兴的重要载体。在创建过程中，注重加强动态管理，确保创建质量，从2019年开始，每两年对所有已命名的村（社区）进行一次复核，形成制度化做法。以创建活动为载体，大力培养、宣传、推广了新时代乡村治理的“余村经验”、“村民说事”制度、小微权力清单制度、积分制等各地创造的典型经验。这些好经验好做法已经得到广泛推广，在推进基层依法治理中产生了很好的效果。

2. 加强乡村“法律明白人”培养和作用发挥

各地贯彻落实《乡村“法律明白人”培养工作规范（试行）》，在村干部、村妇联主任、人民调解员、驻村辅警等以及其他热心公益事业的村民中，着力培养乡村“法律明白人”。截至2022年底，全国培育“法律明白人”近380万名。“法律明白人”利用血缘、亲缘、地缘“三缘”优势，利用乡情、亲情、友情“三情”资源，利用“法律明白人”说事点（工作室）、家事调解室、解忧工作室、村民说事亭等场所及时收集群众意见，畅通民意渠道，当好意见建议的收集员。结合群众关心关注的高价彩礼、厚葬薄养、电信诈骗、非法融资等问题，各地“法律明白人”开展有针对性的法律宣传，当好政策法律宣传员。针对农村地区土地流转、房屋拆迁、维护妇女儿童权益、环境整治等基层矛盾集中的问题，各地“法律明白人”发挥职能作用，及时开展排查，积极投身基层社会治理，参与法治实践。

3. 加强矛盾纠纷排查化解工作

按照宪法和人民调解法有关规定，进一步巩固充实村、乡镇人民调解委员会，完善乡村人民调解组织网络。各地认真贯彻落实《关于加强人民调解员队伍建设的意见》和《全国人民调解工作规范》，大力加强村、乡镇人民调解委员会规范化建设，积极发展专职人民调解员队伍，采取多种形式，加大对乡村人民调解员的培训力度。截至2022年底，全国共有村调委会49.2万个，乡镇调委会3.1万个，实现了全覆盖；村调委会调解员208.6万人，乡镇调委会调解员21.8万人。2022年2月，司法部制定下发《关于开展矛盾纠纷排查化解专项活动的通知》，要求各地充分发挥人民调解职能作用，加强乡村等基层矛盾纠纷排查化解工作，坚持排查在先、预防为主，坚持抓早抓小、应调尽调，切实把矛盾纠纷化解在基层，消除在萌芽状态。2022年，全国人民调解组织共开展矛盾纠纷排查667万次，调解各类矛盾纠纷892.3万件，其中村调委会调解矛盾纠纷302.5万件，乡镇调委会调解矛盾纠纷138.9万件，为维护乡村社会和谐稳定作出了积极贡献。

4. 加强农村基层组织建设

坚决杜绝政治上的两面人、受过刑事处罚、存在“村霸”和涉黑涉恶等问题人员进入村“两委”班子。大力实施“农村基层干部乡村振兴主题培训计划”，全面开展村党组织书记乡村振兴“擂台比武”，在有条件的地方总结推广“导师帮带制”，探索“强村带弱村”等抱团式发展，增强乡村产业聚合力，不断壮大集体经济。中央组织部、民政部等部门严格落实村“两委”人员资格联审制度，在村“两委”集中换届中共取消8.6万名不符合条件人员参选资格，有效防范“村霸”、涉黑涉恶等不符合条件人员进入村级组织，基层组织战斗堡垒作用进一步增强。

5. 贯彻落实法律援助法，健全完善涉农领域法律援助

扩大援助范围。各地将工伤事故、食品药品安全事故与请求环境污染、生态破坏损害赔偿等纳入法律援助事项范围，探索将与农民切身利益密切相关的农资产品质量、土地流转、宅基地等纳入补充事项范围，更好维护农民合法权益。健全服务网络。截至2022年底，全国法律援助机构共依托乡镇（街道）司法所和工会、共青团、妇联等组织设立法律援助工作站7万余个，依托村（居）委会建立法律援助联络点26万余个，农村群众在家门口即可享受法律咨询、申请法律援助等服务。2022年，全国法律援助机构共组织办理农民和农民工法律援助案件83万余件、受援农民和农民工近96万人，为农民和农民工提供法律咨询355万余人次。

6. 积极开展“乡村振兴、法治同行”专项活动

一是健全完善农村地区法律服务网络。截至2022年底，全国共建成村级公共法律服务实体平台54.9万个，60多万个村（社区）配备法律顾问，公共法律服务热线、中国法律服务网全面建成、规范运行，为广大农村群众提供更加便捷、高效的公共法律服务。二是保障农村困难群众获得优质法律援助。各地对农村高龄、失能、失独、空巢老人，留守儿童、事实无人抚养儿童，留守妇女和重度残疾人，探索免予核查经济困难状况；畅通法律援助“绿色通道”，对“三农”案件实行优先受理、优先审查、优先指派。三是促进乡村法律服务多元化专业化。2022年，公证行业围绕加强平安乡村建设，部署开展“公证进乡村”活动，在乡镇、村（居）公共法律服务工作站（室）设立公证咨询联络点，推动公证服务向乡村延伸，持续优化公证服务方式，引导村民合理运用公证手段维护权益，及时定纷止争，减少纠纷诉讼。各地司法鉴定机构和鉴定人发挥职能作用，对涉及农业、农村、农民的经济合同、人身伤害、产权归属等纠纷提供优质鉴定服务。

7. 积极推进农村律师工作

村（居）法律顾问工作是公共法律服务体系建设的重要组成部分，是司法行政工作向基层延伸、服务人民群众的重要载体。截至2022年底，全国有60万个村（社区）配备了法律顾问，基本实现全覆盖。担任村（居）法律顾问的律师、基层法律服务工作者等法律专业人员达20.67万人。广大村（居）法律顾问积极履职，充分发挥熟悉法律的专业优势和实践优势，为全面推进乡村振兴、促进基层依法治理和维护社会和谐稳定发挥了积极作用。

8. 推动完善社区矫正工作

一是切实加强对农村社区矫正对象的监督管理和教育帮扶。2022年，全国新接收农村社区矫正对象39.3万人，现有农村社区矫正对象44.3万人，占社区矫正对象总数的70.4%。各地不断创新和丰富对农村社区矫正对象的教育矫正措施，根据农村社区矫正对象的性别、年龄、心理特点、健康状况、犯罪原因、犯罪类型、犯罪情节、悔罪表现等情况，制定有针对性的矫正方案，实现分类管理、个别化矫正。通过集体教育、个人自学等方式，加强法治和道德教育，增强其法治观念，提高其道德素质和悔罪意识。根据社区矫正对象的个人特长，组织其参加公益活动，修复社会关系，培养社会责任感。2022年，全国组织农村社区矫正对象集中教育462万人次，开展心理辅导94万人次，组织公益活动405万人次。

二是切实维护农村社区矫正工作安全稳定。根据农村社区矫正对象居住分散等特点，各地社区矫正机构采取实地检查、通信联络、信息化核查、重点防控等措施。充分发挥矫正小组、治保组织以及“网格化管理”等载体作用，不断提高监督管理水平，防止社区矫正对象脱管、漏管和再犯罪。深入开展农村社区矫正扫黑除恶专项斗争，对排查出的涉黑涉恶、涉枪涉爆社区矫正对象，各地社区矫正机构在严格落实监督管理措施的同时，组织开展扫黑除恶主题教育和多种宣传活动，营造全社会共同参与扫黑除恶的浓厚氛围。积极加强与公安机关协调配合，积极深挖、及时移交涉黑涉恶、涉枪涉爆犯罪线索，共同推进常态化扫黑除恶斗争走深走实。

三是积极推动社会力量参与农村社区矫正工作。各地社区矫正机构注重总结和推广新时代“枫桥经验”，坚持专群结合，整合社会力量共同做好社区矫正工作，为农村社区矫正对象融入社会创造条件。着力推动村（居）社区矫正工作站、公益活动基地等基础建设。全国共有公益活动基地17 362个、教育基地8 721个、就业基地6 860个。各地积极协调民政、人社有关部门，加大帮扶力度，及时了解掌握农村社区矫正对象的困难和需求，协调解决就业、就学、最低生活保障、临时救助、社会保险等问题。2022年，将符合最低生活保障条件的6 223名农村社区矫正对象纳入最低生活保障范围，为符合条件的74 253名农村社区矫正对象落实责任田，为99 065名农村社区矫正对象提供技能培训，为141 528名农村社区矫正对象提供就业、就学指导，帮助其提高就业谋生和适应社会的能力，有力促进社区矫正对象顺利融入社会，取得良好的社会效果。

（二）加强扫黑除恶

1. 依法打击农村地区黑恶犯罪

中央政法委、全国扫黑办认真贯彻落实《关于常态化开展扫黑除恶斗争巩固专项斗争成果的意见》，打击防范“村霸”、打击整治黑恶势力，坚持重拳出击、除恶务尽，边打边治、标本兼治，不断健全完善“村霸”防范治理机制，提升基层社会治理水平。常态化扫黑除恶斗争以来，全国公安机关共打掉农村涉黑组织79个、恶势力犯罪集团417个；全国法院一审受理涉农村领域涉黑案件139件、审结108件，涉恶案件270件、审结243件，判决涉黑重刑人数445人、涉恶重刑人数308人，共判处罚金刑和追缴、没收违法所得财产总额约12.5亿元，持续保持了对农村黑恶犯罪的严打态势。

2022年，公安部组织全国公安机关充分发挥职能作用，持续保持对农村地区黑恶势力的高压严打态势，共打掉涉及农村地区的涉黑组织28个、恶势力犯罪集团229个，有力维护了农村地区社会治安稳定。一是广泛发动群众，全面收集农村地区黑恶犯罪线索。畅通举报渠道，广辟线索来源，完善工作机制，全链条压实核查责任，全流程规范线索摸排处置，全方位抓好线索研判落地，确保做到“件件有着落、事事有回应”。二是挂牌督办一批案件，持续保持对农村黑恶势力的严打高压态势。坚持“打准打狠”与“打早打小”并重，紧盯重点部位，围绕关键节点，突出打击重点，强化打击力度，把潜藏蛰伏和洗白变异的黑恶霸痞扫除干净，切实巩固专项斗争成果。三是强化深挖细查，坚决铲除黑恶势力经济基础和“保护伞”。始终把“打伞破网”和“打财断血”放在突出位置，加强与纪检监察部门的配合，落实同步办案机制，强化纪公衔接、协调推进，推动黑恶案件打深打透。四是全力配合落实村“两委”成员资格联审机制，严防黑恶势力渗透农村基层政权。把扫黑除恶斗争与加强基层组织建设紧密结合，建立健全村“两委”人选资格联审机制，着力推动党员社区民警进村党组织领导班子，坚决防范黑恶势力渗透农村基层政权，在侦办黑恶案件中共查处村居“两委”成员27人。

2. 深入开展农村家族宗族势力突出问题整治

贯彻落实党中央决策部署，中央政法委协调全国扫黑除恶斗争领导小组成员单位和各省（区、市）及新疆生产建设兵团扫黑除恶斗争领导小组，始终把农村家族宗族黑恶势力作为扫黑除恶斗争打击重点，深化平安乡村、法治乡村建设，推动提升乡村治理现代化水平。2022年9月，中央政法委组织开展第三批扫黑除恶特派督导，各特派督导组共走访66个地市、110个县，对包括农村家族宗族势力违法犯罪在内的165条重点线索、123起重点案件、105个重点问题进行核查督办，指导各地坚持一案一整顿、一村一策略，做好问题整改工作。中央纪委国家监委、最高人民法院、最高人民检察院、公安部持续强化监察、检察、司法建议书和公安提示函跟踪问效，推动健全完善制度机制，增强乡村治理效能。

（三）农村法治宣传教育

以农村中存在的突出问题为导向，提高农村法治宣传针对性和实效性。结合乡村法治建设实践，把习近平法治思想讲准讲活讲透，推动习近平法治思想深入人心、走深走实，引导农村干部群众进一步坚定走中国特色社会主义法治道路的自信和自觉。各地和相关部门落实“谁执法谁普法”普法责任制，推动有关部门加强对农民工输入和输出重点省（区、市）作出工作指导，结合典型案例，开展普法宣传。

2022年，深入学习宣传贯彻习近平法治思想，有关部门贯彻落实中央1号文件关于“加强农村法治宣传教育”的部署，相关部门将“八五”普法规划作为普法工作重点，持续提高普法针对性和实效性，深入开展农村法治宣传教育，保障普法“最后一公里”有效畅通，引导干部群众牢固树立法治观念，自觉尊法学法守法用法，营造办事依法、遇事找法、解决问题用法的良好环境。

1. 加强学法用法示范户培育

围绕畅通农村普法“最后一公里”，完善学法用法示范户遴选、认定及备案程序，农业农村部联合司法部印发示范户标志牌统一样式。针对新制定修订的涉农法律法规和农民群众关心关注的法律问题，制作8门农民学法用法课程。截至2022年底，全国已认定农村学法用法示范户29.8万户，开展示范户线下培训3.1万余次，各级农业综合行政执法机构为示范户开展“结对子”法律服务4.5万余次。

2. 广泛开展送法下乡活动

中央宣传部、司法部、农业农村部、全国普法办联合开展“民法典进农村”活动，组织普法活动3 000余场次，参与农民群众达360多万人。司法部在全国部署开展第二个“民法典宣传月”活动，引导广大农村干部群众深刻认识到民法典既是保护自身权益的法典，也是必须遵循的行为规范，着力培育办事依法、遇事找法、解决问题用法、化解矛盾靠法的法治环境。举办“乡村振兴、法治先行”2022年中国农民丰收节普法活动，在四川成都和江苏苏州两个会场同步直播，累计观看量超过400万人次。组织全国农业农村系统开展线上线下相结合、群众喜闻乐见的“宪法进农村”活动2万余场次，直接参与线下活动的农民群众约13万人，线上参与约500万人。民政部会同相关部门出台文件，在寒暑假期开展未成年人安全保护工作，保障未成年人合法权益。“六一”期间，组织开展“喜迎二十大，同心护未来”等系列宣传活动，营造全社会关心关爱未成年人的浓厚氛围。持续开展农村留守儿童关爱服务。民政部会同国务院国资委指导中国建筑集团开展农村留守儿童关爱服务“百场宣讲进工地”活动，为外出务工父母及其家庭提供政策宣讲和监护指导，提升务工人员的监护责任意识和能力。

3. 积极推广普法典型模式

推介10个农村普法典型案例和16个学法用法优秀视频，向全社会讲好农村普法故事。建好“全国农业综合行政执法”“农业农村法治”等微信公众号，利用新媒体平台开展全方位、多层次、立体式普法，增强吸引力和感染力。农业农村部联合全国人大农业与农村委召开乡村振兴促进法实施座谈会，总结宣传一年来依法全面推进乡村振兴情况，推动法律确立的重要制度、重要机制有效实施。加强农村地区普法阵地建设，截至2022年底，全国建成法治文化园地3 500多个、广场1.2万多个、长廊3.4万多个，行政村（社区）法治宣传栏等法治文化阵地覆盖率达95.7%。着力把法治元素融入长城、大运河、黄河等国家文化公园建设，融入国家重大文化建设项目。积极打造法治文化体验线路，形成区域性法治文化集群，发挥示范带动作用。创新在农村地区普法的方式方法，积极推动在乡村、社区、农民工用工企业及车站、码头等公共场所建立法治宣传栏、法治宣传橱窗、电子显示屏等，通过展示和播出宣传画、法治公益广告等开展专题普法。充分发挥大众传媒作用，运用好报刊、网站、“两微一端”，办好农民普法节目、栏目，开展经常性普法宣传。

（四）推动矛盾纠纷多元化解“一站式”平台建设

推动各地以市域社会治理现代化试点为契机，建立健全市县乡三级“一站式”矛盾纠纷调处化解平台，结合工作实际，融合综治中心、信访接待中心、公共法律服务中心、诉讼服务中心等，由党委主导，整合部门力量，吸收行业性专业性调委会以及鉴定、评估、保险、公益服务等社会力量，集成信访调处、调解、仲裁、诉讼、法律援助、困难帮扶、司法救助、心理安抚等功能，健全有机衔接、相互协调、高效便捷的多元化纠纷解决机制，实现“一站式受理、一揽子调处、全链条解决”。建设矛盾纠纷化解信息系统，实现在线咨询、在线评估、在线分流、在线调解、在线确认和跟踪问效，为群众提供全时段的解纷服务。

（五）提升农村应急管理能力

1. 强化农村灾害预警和人员转移避险能力

有关部门持续推进农村地区地震预警信息发布“最后一公里”能力建设，在四川、云南等先行先试地区通过专用示范终端、应急广播和电视等多种渠道为1 100余万试点用户提供地震预警信息服务，四川泸定6.8级地震发生后，为震中及周边地区的包括农村居民在内的社会公众及时推送了紧急避险信息。国家防汛抗旱总指挥部办公室印发《关于加强基层防范应对极端暴雨工作的指导意见》《关于加强地方防汛抗旱应急预案修订的指导意见》，应急管理部、中国气象局印发《关于强化气象预警和应急响应联动工作的意见》，推动建立直达农村基层责任人的临灾预警“叫应”机制，进一步提高乡村应急预案实用性，在汛期抽查暴雨红色预警地区应急响应启动情况，对未及时启动响应的予以通报，指导督促防灾关口前移。

2. 推动解决农村自建房、道路交通等安全短板问题

针对自建房垮塌事故多发问题，国务院办公厅印发《全国自建房安全专项整治工作方案》，对包括农村自建房在内的各类自建房全面开展排查整治，国务院安委会办公室部署开展经营性自建房“百日行动”，督促各地制定实施计划、逐级压实责任、加快分类整治、严防事故发生。强化农村道路交通安全责任落实，国务院安委会办公室印发《关于切实加强农村道路交通安全工作的通知》，从重大安全风险防范、做好客运服务供给、深化车辆源头治理等7个方面对加强农村道路安全工作提出具体要求。应急管理部、公安部、交通运输部等部门深化农村道路交通安全治理，推进安全隐患排查整治、公路安全生命防护工程建设、恶劣天气交通安全路段优化。

3. 持续提高农村防火能力

实施《“十四五”国家消防工作规划》，推动全国全部建制镇和多数乡镇编制消防专项规划。各地结合农村人居环境整治提升、乡村建设行动，同步推进农村消防队（站）、消防设施、消防水源和消防车通道等建设，推动各级政府将乡村公共消防设施维护保养纳入乡村公共基础设施管护体制。持续开展农村电气线路、炉灶和传统村落防火安全改造工作，突出抓好乡镇工业园、特色小镇等重点场所区域火灾隐患整治。深入开展生产经营租住自建房重大火灾风险综合治理，累计排查居住10人以上的生产经营租住自建房109.5万栋，发现存在突出隐患的自建房77.9万栋，应急管理部督促各地加快火灾隐患治理，并对31处集中连片地区挂牌督办。在全国22个涉及易地扶贫搬迁的省份摸排农村安置点2.9万余个，并对全国4 360栋易地扶贫搬迁安置点高楼逐栋开展“体检”，整改火灾隐患4.3万处，指导建设消防设施设备、专职消防队和微型消防站。会同国家林草局加快推进林区防火道、隔离带、取水点、直升机起降点等森林草原防灭火基础设施建设，指导地方建设专业或半专业的森林草原防灭火队伍。

4. 夯实农村应急管理基层基础

应急管理部组织梳理全国乡镇（街道）应急管理组织体系建设、力量配备情况，提出加强基层应急管理能力建设有关政策措施。印发《关于大力推进基层消防监管力量建设的通知》，推动各地将乡镇专职消防队伍建设纳入年度重点工作目标，着力消除乡镇消防力量“空白点”。加强乡村灾害信息员人员配置、分级培训、日常管理，基本实现全国每个行政村至少有1名灾害信息员。将乡镇基层干部纳入全国应急管理干部大培训实施范围。依托中央组织部、农业农村部“农村实用人才带头人和大学生村官”培训项目，部署各地消防救援队伍面向村“两委”成员开展消防培训。组织天津、广西、山东、四川、宁夏开展基层应急预案体系建设试点工作，提升试点地区基层应急预案质量。印发《关于做好2022年灾害事故应急演练工作的通知》，推动省级应急管理部门组织指导村“两委”及属地应急管理、公安、卫生健康等部门开展常态化应急疏散、紧急避险、信息报告等演练。广泛开展全国防灾减灾日、安全生产月、119消防宣传月等安全主题宣传教育活动，在森林草原高火险期、汛期等重要时点面向农村居民普及暴雨、洪涝、泥石流、森林草原火灾等灾害知识和防范应对技能。

5. 完善基层应急广播体系，提升乡村应急管理综合能力

广电总局、国家乡村振兴局、公安部、财

政部、应急管理部联合印发《关于加快推动农村应急广播主动发布终端建设的通知》，明确提出“到2025年底，全国70%以上的行政村部署2套以上应急广播主动发布终端；灾害事故多发易发地区和乡村治理重点地区行政村主动发布终端覆盖率达到100%”，指导各地科学规划布局，加强安全管理，创新应用场景，提高农村地区应急广播规范化水平，进一步推动农村应急管理能力建设。广电总局制定印发《全国应急广播体系建设“十四五”发展规划》，对“十四五”时期应急广播体系建设进行了总体部署和建设指导。在持续推进2021年134个老少边及欠发达地区县级应急广播体系建设的基础上，2022年新增支持21个省（区、市）134个老少边及欠发达地区实施县级应急广播体系建设，进一步完善基层应急广播体系，提高全国应急广播覆盖面。国家应急广播调度控制系统投入试运行，“十四五”国家应急广播平台项目已开工建设，进一步完善提升平台调度播发能力。与2021年相比，全国省级平台由10个增加为13个，市级平台由70个增加为97个，县级平台由1 048个增加为1 329个，村级前端由16.7万套增加为22.4万套，应急广播大喇叭终端由176万个增加为217万个，有线电视机顶盒、直播卫星、新媒体应急广播终端由3 483万个增加到3 791万个，平台数量同比增长18%，终端数量同比增长9%，其中主动发布终端数量同比增长23.3%。

各地拓展应急广播应用，为基层群众提供多元化、全覆盖、快速便捷的信息服务。各地在建设和应用中不断创新方式方法，在应急管理、防灾减灾救灾、政策宣传、基层治理、乡村振兴、疫情防控等方面发挥了重要作用。四川省应急广播平台与地震预警系统技术对接，四川有线电视增加地震预警功能，覆盖21个市州的400万户家庭；北京、安徽、江西、云南等地将应急广播与雪亮工程、城市管理、疫情防控、旅游服务等结合应用，实现城市管理、社会治理、疫情防控、景区调度、广场活动综合服务；西藏、浙江安吉打造“红色广播站”，开展党的二十大精神红色宣讲；云南维西分时段开展少数民族语言和汉语双语播报，并将应急广播终端延伸到抵边自然村和边界警务站，主动融入大安全大应急，在当地维稳宣传方面发挥了重要作用；湖南结合当地实际，实施村播计划，每日定时播出农耕农事、秸秆禁烧、防诈骗、防溺水等信息，积极服务乡村振兴和社会治理；西藏、内蒙古积极开展直播卫星传输应急广播试验和应用，利用直播卫星覆盖广、成本低、延时小的优势，探索应急广播在高原、草原、牧区等广阔区域实现精准覆盖、广域覆盖。

（六）农业综合行政执法队伍建设提质加速，执法能力有效提升

贯彻落实党的二十大关于“深化行政执法体制改革，全面推进严格规范公正文明执法，加大关系群众切身利益的重点领域执法力度”和2022年中央1号文件关于“加强农业综合行政执法能力建设”的部署要求，抓好“深入实施农业综合行政执法能力提升行动”任务落实落地。

1. 健全执法制度

农业农村部制定公布《农业综合行政执法管理办法》，全面加强农业综合行政执法机构和执法人员管理；印发《全国农业综合行政执法基本装备配备指导标准（2022年版）》，加强农业综合行政执法标识管理，持续推进执法机构标准化、规范化建设；制定《农业农村部关于加强农业行政执法培训工作的指导意见》，全面部署“十四五”期间农业行政执法培训工作。

2. 建强执法队伍

深入实施农业综合行政执法能力提升行动，强化执法培训、示范创建、练兵比武、交叉互评。举办地方执法骨干培训班和新进人员网络培训班，全年全国各级培训执法人员超过3万人次。命名第四批全国农业综合行政执法80个示范窗口和30个示范单位。组织全系统广泛开展执法练兵比武活动，举办全国农业综合行政执法比武总决赛，部署开展执法办案能手评选活动。发布2022年度农业行政执法典型案例、农业执法保障粮食安全典型案例和第二批指导性案例。

3. 强化作用发挥

聚焦重点时节、重点领域，部署地方开展执法“护奥运保春耕”、种业监管执法年等专项行动，围绕品种权保护、农产品质量安全、农资质量、长江禁渔、动植物检疫等重点领域加大执法力度，2022年全国农业综合行政执法机构累计出动执法人员455.26万人次，查办违法案件11.36万件，挽回经济损失4.94亿元，充分发挥执法护农作用。

专栏9

农村地区新冠疫情防控

2022年，中央农办、农业农村部、国家乡村振兴局贯彻落实习近平总书记重要指示批示精神和党中央、国务院决策部署，闻令而动、承压而上，将农村地区疫情防控作为一项重大政治任务抓紧抓实，成立农村地区疫情防控工作专班，确保农村地区疫情防控有序转段过峰，为全国疫情防控取得重大决定性胜利作出重要贡献。

一是加强部署安排。深入贯彻习近平总书记关于农村疫情防控的系列重要指示批示精神，先后印发《统筹新冠肺炎疫情防控和春季农业生产工作导则》《关于认真学习贯彻中央政治局常务委员会会议精神进一步做好农村地区新冠肺炎疫情防控工作的通知》《农村地区新型冠状病毒感染防控工作指南》等政策文件，对疫情防控提出具体要求，确保防控措施进村入户到人。实施“乙类乙管”新冠疫情防控新措施后，按照中央领导批示要求，国务院联防联控机制、中央农村工作领导小组联合印发《加强当前农村地区新型冠状病毒感染疫情防控工作方案》。中央农办、农业农村部、国家乡村振兴局牵头，会同中央组织部、国家发展改革委、工业和信息化部、民政部、财政部、国家卫生健康委、国家疾控局等部门组建农村地区疫情防控工作专班，并推动各地建立省、市、县三级农村地区疫情防控工作专班3 180个，压实“五级书记”抓农村疫情防控责任，凝聚起全国农村地区疫情防控一盘棋工作合力。

二是做好督促指导。针对基层疫情防控中的要点、堵点，制定农村基层落实疫情防控任务调研督导参考清单，以“督”促“改”，以“导”解“难”，推动重点任务落实落地。农村地区疫情防控工作专班在春节前后每两天调度一次农村疫情防控基本情况，安排部系统挂职干部和春节返乡干部在当地开展调研，组织开展两轮覆盖全国的农村地区疫情防控调研督导，派出干部超过300人次，赴187个县、453个村宣传解读中央疫情防控政策，督促指导落实责任，帮助解决突出问题。充分发挥社会力量作用，为全国每个村卫生室免费配备2个指夹式血氧仪、每个乡镇卫生院免费配置

1台制氧机，向160个国家乡村振兴重点帮扶县及2万余家乡村敬老院捐赠防疫物资，向贵州、湖北、湖南等省偏远地区乡镇卫生院捐赠阿兹夫定等小分子药。指导31个省份和新疆生产建设兵团下沉医务人员99.43万人次，组织预备社会转运车辆78万辆，预备参与转运志愿者211万人。

三是守牢防控底线。从农村地区地域广、人口多、人均医疗资源相对不足的实际出发，聚焦重点人群、“三区一岛”和关键节点，有重点、有计划地采取针对性举措。依托“全国防止返贫监测和衔接推进乡村振兴信息系统”，建立覆盖全国农村地区的涉疫信息报送体系，以行政村为单位监测摸排出五类重点人群超过8 000万人，按周调度农村地区重症人员数量等基础信息。利用现有网格治理资源，组织基层党员干部、乡村医生等，通过电话、微信随访或线下“敲门”等方式，定期对重点人群开展跟踪监测和服务。全国共动员1 656.14万包保人员全覆盖服务保障重点人群。制定印发进一步做好农村偏远山区、林区、牧区、海岛疫情防控工作的意见，会同相关部门统筹协调，摸清“三区一岛”五类重点人群基础信息，安排村“两委”干部、村医和网格员等362万人，包保服务1 674.84万重点人群。针对“两节”期间农村地区人员流动明显加大、聚集性活动相对较多可能带来的风险隐患，印发《春节期间农村地区重点活动和场所疫情防控要点》，指导各地适当管控聚集性活动规模频次，倡导简化缓办红白喜事，控制重点场所人员密度。

四是营造良好氛围。全方位、多层次广泛开展疫情防控宣传教育，引导广大农民群众科学认识、从容应对新冠疫情，推动全社会关心支持农村地区疫情防控各项工作。会同有关部门联合举行5次新闻发布会，介绍农村地区防疫情况，及时回应社会关切热点问题。《焦点访谈》播出专题节目《守好农村地区救治阵地》，新华社、人民日报、光明日报、中国日报、工人日报、中国妇女报等中央主要媒体多次开展农村地区疫情防控宣传报道。农民日报组织记者深入51个村庄开展调查，连续刊发8篇评论员文章、推出31个省份农村地区疫情调查系列报道。中国农村杂志社免费发放农村防疫科普专刊10万册，农业电影电视中心通过新媒体平台发布专题信息超过2 000条，新媒体平台阅读量累计超过2.6亿人次。指导各地通过大喇叭、微信群、宣传栏、明白纸、短视频等群众喜闻乐见的方式开展宣传，引导农民群众当好自己健康的第一责任人。

第七章　科技创新

中　国　乡　村　振　兴　发　展　报　告　2022

一、种源等农业关键核心技术攻关

种子是农业的“芯片”，在有限耕地上多产粮、产好粮，保障国家粮食安全，必须牢牢抓住耕地和种子两个要害。2022年是实施种业振兴行动“三年打基础”的关键之年，贯彻落实2022年中央1号文件关于大力推进种源等农业关键核心技术攻关的部署要求，稳步推进种质资源保护利用，聚焦推动育种创新攻关、扶持壮大种业优势企业、育种基地建设提档升级，以及全链条强化种业知识产权保护等重点工作落细落实政策部署，种业振兴基础性开创性全局性工作取得了显著进展成效，种业振兴行动迈出了坚实步伐。

（一）种质资源保护利用取得新成效

种质资源承载着物种遗传密码信息，种业要振兴，种质资源保护利用必先行。2022年，我国历史上规模最大、覆盖范围最广、技术要求最高、参与人员最多的第三次农业种质资源普查基本完成了2 323个县的普查与征集，以及679个县的重点调查，全国新收集种质资源12万余份。农业农村部公告确定了72个国家农作物种质资源库（圃），基本构建了以长期库、复份库为核心，中期库、种质圃等为依托的我国农作物种质资源保护体系；确定1个国家农业微生物种质资源长期库和18个专业库，初步建立我国农业微生物种质资源保护体系框架；确定了12个国家级畜禽遗传资源基因库和保种场，总数达到217家。国家畜禽种质资源库建设启动，国家农业微生物种质资源库建设谋划立项。这一系列国家种质资源保存标志性项目的实施，为我国基本实现种质资源保起来的目标奠定了坚实的物质基础。

种质资源不仅要保起来，关键还要做好用起来的“后半篇文章”，切实把种质资源优势转化为育种优势和种子产业优势。针对长期以来种质资源保存多，性状鉴定和开发利用少，种质资源共享缺乏激励机制，种质资源信息释放不系统，登记共享不全面等问题，农业农村部门专门出台了《国家级农作物种质资源库（圃）管理规范》和《农作物种质资源共享利用办法（试行）》等政策性文件，从国家级库（圃）保存资源入手，对种质资源保存管理规范、资源登记共享等建章立制，规范种质资源申请获取条件、程序、数量和具体要求等，加快推进种质资源的开发鉴定和共享利用。2022年，国家层面开展对48种农作物共计7.6万份种质资源的精准鉴定，重点围绕耐盐碱、高产优质、短生育期以及抗病抗旱等，开展优异基因挖掘，鉴定优异种质资源190多份。发布首批可利用的农作物种质资源目录2万份，涵盖水稻、小麦、玉米等主要粮食作物，以及大豆、油菜、花生等油料作物。基本完成畜禽遗传资源样品采集，畜禽普查生产性能测定任务综合进度达82%。鉴定新发现畜禽遗传资源3个，采集制作遗传材料27万份。

（二）育种创新攻关取得新突破

种业要振兴，育种创新是根本。机制建设方面，国家启动新一轮育种联合攻关，覆盖粮棉油糖果菜茶、肉蛋奶等。面向农业生产需求，加快挖掘高产优质、耐高温、耐盐碱等农作物生产重要基因，加快筛选培育短生育期冬油菜、再生稻、耐盐碱作物品种。中国农业大学赖锦盛团队自主研发出新型基因编辑工具Cas12i、Cas12j，打破了美国Cas9核酸酶的国际专利权垄断，填补了国内基因编辑工具空白。中国科学院李家洋团队提出了异源四倍体野生稻快速从头驯化的新策略，为大幅提升粮食产量、增强环境变化适应性提供了理论基础。畜禽改良计划持续推进，自主培育的3个白羽肉鸡新品种性能指标达到国际先进水平，打破了国际种源垄断，国产白羽肉鸡品种市场占有率达到15%。

遵循农业区域性、公益性强的产业特点和研发周期长的科研规律，国家科技和农业农村部门探索农业科技新型举国体制，改革实施项目组织新机制。“揭榜挂帅”机制针对种业重大、紧迫、长期瓶颈制约“卡脖子”技术开展联合攻关。部省联动机制实现部省资源联动、人才联动和管理联动。长周期支持项目针对畜禽育种、林木育种公益性、周期性强的特点实行长期稳定支持。2022年，贯彻落实中央1号文件决策部署，各地开展重大品种研发与推广后补助试点，有力激发了育种主体创新积极性，加快了当地主推品种改良提升和更新换代。农业农村部指导重庆、江西、天津、广西、山东等省份开展重大品种研发与推广试点，补助金额近4 000万元。

平台建设方面，国家科技部门推进农业领域国家技术创新中心建设布局，全力支持玉米、耐盐碱水稻、生猪等技术创新中心建设，有序推进“智能设计育种”等国家技术创新中心建设，打造世界一流的产业创新平台。南繁基地建设任务加快落地，全球动植物种质资源引进中转基地启动建设。2022年，农业领域37个实验室率先完成全国重点实验室重组工作，其中在作物种质资源、水稻、小麦、玉米、棉花、畜禽、园艺作物、热带作物、微生物等育种领域布局建设了20个全国重点实验室，成为支撑我国种业创新发展的国家战略科技力量。新增布局86个部重点实验室，其中新增的28个实验室重点聚焦作物种质资源创新利用、动物遗传育种与繁殖、水稻生物学与遗传育种、大豆生物学与遗传育种、草牧业创新、淡水渔业与种质资源利用、海洋渔业与可持续发展、特种经济动植物生物学与遗传育种等8个种业领域，在动植物育种领域布局建设37个部省共建实验室。

（三）种业优势企业发展扶持和种业基地建设提升取得新进展

做大做强种业，必须做优做强一批具备集成创新能力、适应市场需求的种业龙头企业，着力构建国家种业企业阵型，加快打造种业振兴骨干力量。2022年，农业农村部根据企业创新能力、资产实力、市场规模、发展潜力等情况，遴选第一批“破难题、补短板、强优势”国家种业阵型企业。“破难题”阵型企业要聚焦少数主要依靠进口的种源，加快引进创制优异种质资源，推进产学研紧密结合，培育一批具有自主知识产权的新品种。“补短板”阵型企业要聚焦有差距的种源，充分挖掘优异种质资源，在品种产量、性能、品质等方面尽快缩小与国际先进水平的差距。“强优势”阵型企业要聚焦优势种源，加快现代育种新技术应用，巩固强化育种创新优势，完善商业化育种体系。引导资源、技术、人才、资本等要素向重点优势企业集聚，中国农业发展银行扶持隆平高科等30家种业阵型企业，累计投放贷款465亿元。

基地建设提升方面，国家发展改革委和农业农村部联合出台《“十四五”现代种业提升工程建设规划》，安排中央预算内投资80亿元支持国家级种业基地加快优化布局。2022年，现代种业提升工程支持27个国家畜禽核心育种场建设，新遴选国家畜禽核心育种场、种公猪站和良种扩繁推广基地36家，新认定96个制种大县和20个区域性良种繁育基地，优化调整后国家制种大县和区域性良繁基地总数达到216个，国家畜禽核心育种场、良种扩繁推广基地和种公畜站总数达262家，水产原良种场共91家，供种保障能力由70%提升到75%。

（四）种业知识产权保护有了新局面

种业要振兴，关键在创新。抓住了知识产权保护，就抓住了种业创新的“牛鼻子”。政策创设完善方面，围绕新修改种子法落实落地，2022年农业农村部加快推动植物新品种保护条例修订，研究制定《实质性派生品种（EDV）制度实施方案》，明确了我国EDV制度实施的路线图和时间表，会同最高人民法院等7部门发布《关于保护种业知识产权打击假冒伪劣套牌侵权营造种业振兴良好环境的指导意见》，召开全国视频会议部署推进种业知识产权专项整治，加大部门协调配合力度，强化行政执法和刑事司法衔接，形成保护种业知识产权的强大合力。最高人民法院出台《关于进一步加强涉种子刑事审判工作的指导意见》，发挥刑事审判打击涉种犯罪的重要作用，形成有力震慑。

执法监督强化方面，农业农村部印发《2022—2023年全国种业监管执法年活动方案》，紧盯春耕备耕、秋冬种等关键农时，以种子基地、市场、企业为重点，持续开展农作物种子、种畜禽和蚕种质量监督检查，推行全链条、全流程监管，严厉打击制售假劣、套牌侵权、私繁滥制等违法行为，查处一批涉种大案要案，加大违法案件惩处和曝光力度，形成严查严打高压态势，对违法行为重拳出击、整治到底、震慑到位，让侵权者付出沉重代价。2022年立案查处涉种案件6 634件，“白袋”、套包种子等违法行为明显减少，种子质量合格率保持在98.3%。

品种审定和品种权保护方面，农业农村部提高国家级水稻、玉米品种审定标准，启动主要农作物品种审定绿色通道和联合体试验专项整治，全面提升品种试验水平，审定品种由快速增长转向平稳回调。国审水稻品种由2021年的677个下降到2022年的438个，玉米品种由919个下降到827个。启动上线了全国农作物品种DNA指纹库公共平台，推出首批20家打假护权种子检验机构，为打击种业假冒伪劣、套牌侵权增加了“利器”。持续开展登记品种清理，2022年撤销主要农作物国审品种233个，累计公告撤销向日葵、黄瓜、甜瓜等登记品种829个。

专栏10

修正《中华人民共和国种子法》

2021年12月24日，第十三届全国人民代表大会常务委员会第三十二次会议全票通过了《关于修改〈中华人民共和国种子法〉的决定（草案）》，自2022年3月1日起施行。这是继2015年11月4日第十二届全国人民代表大会常务委员会第十七次会议修订种子法后的又一次重要修改，也是种子法自2000年实施以来的第4次修改，对我国现代种业发展具有十分重要的意义。此次种子法修改，立足我国种业知识产权保护的实际需要，通过扩大植物新品种权保护范围、扩展植物新品种权保护环节、建立实质性派生品种制度、强化侵权损害赔偿责任等，加大植物新品种权保护力度。

一是扩大植物新品种权保护范围。将保护范围由授权品种的繁殖材料延伸到未经许可使用授权品种繁殖材料获得的收获材料，凡涉及由未经许可使用授权品种繁殖材料而获得的收获材料，应当得到植物新品种权所有人许可。此项修改扩展了品种权人主张权利的机会，可以较好地解决无性繁殖作物、常规作物品种维权难问题。

二是扩展植物新品种权保护环节。品种权保护环节由原来的“不得生产、繁殖或者销售该授权品种的繁殖材料”3个扩展为8个，增加了“为繁殖而进行处理、许诺销售、进口、出口、储存”5个环节，为品种权人提供了更多主张权利的机会，降低维权举证难度，可对侵权行为构成全链条打击。

三是建立实质性派生品种制度（EDV）。规定实质性派生品种可以申请植物新品种权并可以获得授权，但对其进行商业化利用时，应当征得原始品种的植物新品种权所有人的同意，这个作法明晰了原始品种权利人与派生品种持有人的利益分享机制，将有力鼓励育种原始创新，减少低水平的重复、修饰模仿育种。

四是强化侵权损害赔偿责任。从以下方面提高对侵害植物新品种权行为的威慑力：明确将故意作为惩罚性赔偿的构成要件。加大惩罚性赔偿数额，对权利人的损失或侵权人获得的利益或品种权许可使用费，可以确定数额的，将赔偿数额的上限由3倍提高到5倍，难以确定数额的，将赔偿限额由300万元提高到500万元。明确赔偿数额应当包括权利人为制止侵权行为所支付的合理开支。提高对生产经营假种子、劣种子违法行为的罚款额度：生产经营假种子货值金额不足2万元的，处2万元以上20万元以下罚款，货值金额2万元以上的，处货值金额10倍以上20倍以下罚款；生产经营劣种子货值金额不足2万元的，处1万元以上10万元以下罚款，货值金额2万元以上的，处货值金额5倍以上10倍以下罚款。

二、现代农业产业技术体系建设

2022年，农业农村部和财政部以保障国家粮食安全和重要农产品有效供给、解决两个“要害”、促进农业高质量发展为着力点，持续加强现代农业产业技术体系（以下简称体系）建设，强化国家农业科技战略力量，大力开展全产业链技术集成创新和应急性科技指导服务，为全面推进乡村振兴和加快实现农业农村现代化提供有力科技支撑。正式出台《现代农业产业技术体系建设专项管理办法》，为体系建设和规范管理提供重要依据，提升体系运行效率；优化调整体系布局，遴选一批45岁以下青年科学家充实体系，强化人才队伍建设；部署推进重大行动，支撑稳粮扩油国家战略；深度参与防灾减灾，强化科技指导服务。

（一）科技创新保障粮食稳产增产

2022年，体系育成新品种1 900余个，研发新技术1 500余项、新设备350余套（台），制定农业新规程360余项，获得国际国内专利4 700余项、软件著作权1 200余项，以科技创新筑牢粮食安全根基。育种技术引领产业优质化。玉米体系开展玉米碱基编辑技术优化与创新，编辑效率达到80%，研发基于基因编辑的抗穗腐病和除草剂抗性种质创制技术各1项。蚕桑体系完成家蚕大规模种质资源基因组解析，在世界上率先实现家蚕基因库数字化，开启家蚕设计育种新纪元，成果入选年度“国内十大科技新闻”。肉鸡体系首批通过审定的3个白羽肉鸡配套系已推广父母代830万套，市场占有率超过10%。虾蟹体系选育良种，生产虾苗占全国虾苗市场超过50%，打破了国内优质亲本和虾苗长期依赖国外的困局。智能化装备提升农业现代化水平。水稻体系研发的同步开沟起垄穴播、同步开沟起垄施肥穴播和同步开沟起垄喷药/膜穴播的“三同步”精量穴直播技术以及6种水稻精量直播机，近3年仅在广东省应用面积就达57.6万亩，节本增收7 460万元，新增销售额近1 600万元。蜂体系开发的特色农产品太阳能联合干燥装备，为农产品产地初加工新能源利用和干燥装备绿色智能制造提供了新的科技途径。轻简高效生产模式推动农业绿色发展。甘薯体系在济宁、临沂等地示范推广淀粉型和鲜食型甘薯轻简高效栽培技术，实现亩增效益500多元，节本增效15%以上。花生体系研发“氮高效利用品种+精准调控技术”高产栽培技术模式，每亩可减施肥料9.15公斤，节本增效352元。生猪、兔、特色淡水鱼等体系开展非粮饲料提质增效关键技术研究，为国家饲料豆粕减量替代提供技术支撑。

（二）科技助力县域经济高质量发展

2022年，体系先后培训基层技术人员、种养大户和农民400余万人次，发放各类培训资料350余万份，推广示范新品种4 000余个、技术（设备、设施）3 200项，通过提供全产业链技术供给推动农业转型升级，带动县域经济发展。茶叶体系通过技术支撑和品牌引领，提升古丈县茶叶发展。2022年全县茶叶总产量达到12 385吨，同比增长1 005吨，增幅8.8%，实现农业产值16.17亿元，同比增长1.85亿元，增幅12.9%。肉牛牦牛体系在全国主推品种26种，主推技术70余项，为“筠连黄牛”“北戎生态牛肉”“雪月天佑牦牛肉”等优质品牌提供技术支撑。大豆体系在全国41个大豆自强示范县组织实施了大豆科技自强伙伴行动，推进大豆科技研发、示范应用一体化实施，开展高产创建。油菜体系启动油菜产业绿色革命科技行动，各产区专家紧密对接42个科技示范县，示范推广新品种50多个，研发应用全程机械化生产新技术10余项、农机具6种，建立了适合各区域的“三全高效”技术模式。

（三）科学有力开展防灾减灾等应急服务

围绕农业生产关键农时、特殊灾害和粮食及食品安全等重大突发事件，组织体系专家积极开展科技指导服务、应急咨询和决策建议。2022年，体系在应对突发事件的应急性处置、农产品贸易政策研究、产业发展规划政策、国内外产业动态分析等方面，发挥技术支撑与决策咨询重要作用。水稻、玉米、大豆等体系积极承担南方抗高温干旱保秋粮丰收等任务，制定了分区域、分时段、分作物、分灾种的应急预案，集成配套防灾减灾防控措施，真正做到抗大灾、减小灾，全力以赴夺取粮食丰收。小麦体系积极承担冬小麦应对突发事件的应急性处置工作，为保障11省区3.15亿亩冬小麦颗粒归仓提供科技支撑。玉米体系针对东北低温多雨渍涝、黄淮海洪涝、西南高温干旱等自然灾害，积极深入生产一线开展调研和技术指导，分区分灾制定防灾减灾应急预案10余套。大豆体系针对春季东北地区大豆生长期低温和降雨引发的土壤湿度增大、病害多生问题，在东北地区推广由体系专家研发的种衣剂包衣技术，有效避免了病害的发生，保证了大豆的稳产。

三、农机装备研发应用

党的二十大提出，“强化农业科技和装备支撑”。农机装备是全面推进乡村振兴、加快建设农业强国的关键抓手和基础支撑。2022年，农业农村部会同工业和信息化部，加大统筹协调，强化政策支持，积极动员各方力量加快提升农机装备研发应用水平。截至2022年底，全国农机装备保有量接近2亿台（套），总动力11亿千瓦，全国农作物耕种收综合机械化率达到73%，小麦、玉米、水稻三大主粮基本实现全程机械化，为保障粮食和重要农产品有效供给、巩固拓展脱贫攻坚成果、全面推进乡村振兴、加快农业农村现代化提供了有力的装备支撑。

（一）强化组织动员，加快构建协同推进工作机制

农业农村部与工业和信息化部紧密联动，共同成立农机装备补短板工作专班，将农机装备补短板与农业机械稳链强链工作一体部署、一体推动。连续3年将加强农机装备研发应用写入中央1号文件，并将农机装备列入两部重点研发攻关内容。组织各省（区、市）连续开展农机装备补短板、丘陵山区农机装备专题调研，进一步掌握各省（区、市）农机装备发展现状。动员行业系统力量，全面梳理形成农机装备短板目录，摸清了补短板的重点方向。组织科研单位和农机企业，分批次制定重点短板机具项目化实施方案，明确攻关目标、实施路径、优势团队、资金测算等内容，为后续研发攻关做好了项目储备和前期论证。部门协同、部省联动、产业链紧密衔接的工作格局初步建立，加快补齐农机装备短板成为行业系统的强烈共识。

（二）强化研发攻关，持续推进重点机具取得突破

聚焦大型大马力高端智能农机、丘陵山区适用小型农机“一大一小”突出短板，协调农业农村、工信、发改、科技等部门项目资源，集中开展研发攻关，加快推进短板机具取得突破。支持建设国家农机装备创新中心、全程机械化科研基地和农机化领域重点实验室，不断提升农机企业和科研单位研发创新能力。一批标志性整机装备成功研制应用，有力保障了粮食和重要农产品有效供给。240马力、320马力无级变速拖拉机已批量交付北大荒集团，实现国内无级变速拖拉机从无到有的突破；400马力级青饲料收获机、6行打包采棉机、12公斤/秒喂入量谷物联合收获机、大方捆打捆机均已规模化量产，加速抢占国内市场；多款丘陵山地拖拉机完成样机试制，开展小规模田间试验；再生稻收获机、油菜移栽机、带状复合种植专用播种机等基本成熟，陆续应用于生产。

（三）强化场景打造，不断拓展农机装备应用空间

农业农村部会同工业和信息化部、国家发展改革委、财政部联合印发文件，支持黑龙江、北大荒农垦集团建设大型大马力高端智能农机装备研发制造推广应用先导区，支持浙江协同云贵两省、江苏协同甘肃建设丘陵山区适用小型机械研发制造推广应用先导区，加快重点农机装备熟化定型和产业化应用，加快拓展稳定、可预期、成规模的创新农机推广应用市场。开展农业机器人典型应用场景征集遴选，打造智能农机装备推广应用典型案例。在丘陵山区省份建设丘陵农机熟化应用基地，为短板机具提供性能优化、验证示范平台，打通研发制造和推广应用堵点卡点。指导各地开展农机装备现场演示、地头展示等示范推广活动，发布丘陵山区适用农机遴选推荐产品，为农户购置农机提供参考借鉴。

（四）强化协同联动，积极营造产业发展良好氛围

坚持部际协同、部省联动，依托国家农业机械化发展协调推进机制和农机装备补短板工作专班，推动各部门及地方政府围绕农机装备

研发应用精准施策，形成工作合力。工业和信息化部发布首个智能农机技术路线图，确定一批农机行业“链主”企业；推进无人农业作业试点，建设无人农业作业试验区。国家发展改革委将农机装备列入《国家产业结构调整指导目录》鼓励类目录大类。财政部积极推进农机研发制造推广应用一体化试点。科技部通过“十四五”国家重点研发专项支持智能农机装备研发。国家自然科学基金委将农机装备列入国家自然科学基金优先发展领域。浙江、安徽以省委、省政府名义印发文件，扎实推进“机械强农”行动。天津、河南、宁夏、江苏、山东相继出台省级层面农机装备补短板行动方案。贵州实施山地农业机械化水平提升攻坚三年行动，重点开展小型化、本地化农机改造。重庆以市政府文件形式支持丘陵特色农机装备产业发展。江西联合中国农业大学筹建南方丘陵山区智能农机装备研究院，新疆生产建设兵团、江苏建立重点农机企业联系制度。湖南全力打造智慧智能农机产业链发展高地。

（五）强化政策保障，充分发挥补贴政策导向作用

持续加大农机购置与应用补贴政策支持力度，将产业急需急用的农机装备加快纳入补贴范围。2022年投入中央财政补贴资金212亿元，同比增加22亿元，支持324万名（个）农民和农业生产经营组织购置机具385万台（套），进一步提升了农业装备水平。持续强化对水稻插秧机、谷物收获机、玉米收获机等粮油生产作物机具支持力度，将多种型号油菜移栽机、窄履带水稻收获机、大豆玉米带状复合种植及收获机械列入农机新产品购置补贴试点，支撑重要农产品生产布局战略性调整。支持开展农机研发制造推广应用一体化试点，统筹科研、生产、销售、鉴定（认证、检测）、推广应用等方面资源力量，推动构建产学研用一体化创新联合体。完善农机性能评价机制，持续推进优机优补，激励农民选好机用好机，助推农机装备结构进一步优化。

四、设施农业建设

农业农村部和科技部等部门按照中央部署要求，推动落实发展设施农业相关政策，加快设施农业发展。

（一）满足设施农业用地需求

自然资源部会同农业农村部等推动各地落实《关于设施农业用地管理有关问题的通知》《关于严格耕地用途管制有关问题的通知》，明确设施农业用地多项支持政策，包括：农业生产中直接用于作物种植和畜禽水产养殖的设施用地按农用地管理，无须办理建设用地审批手续；各类设施农业用地规模由省级自然资源主

管部门会同农业农村主管部门根据生产规模和建设标准合理确定；养殖设施允许建设多层建筑；签订用地协议经乡镇政府备案即可获得用地等。同时明确严格保护耕地，严禁新建养殖设施和破坏耕作层的种植业设施占用永久基本农田，占用一般耕地的应落实耕地“进出平衡”。通过以上一系列举措，在严格耕地保护的前提下，有效满足设施农业用地需求。

（二）推进畜禽粪污资源化利用

农业农村部联合生态环境部印发《畜禽养殖场（户）粪污处理设施建设技术指南》，细化提出设施建设的总体要求和七大类设施建设内容，强化处理设施建设，建立粪肥还田利用示范基地，推动种养结合、农牧循环。

（三）加强关键设施系统研发

2022年4月，科技部发布“工厂化农业与智能农机装备”重点专项2022年度项目申报指南，部署了设施环境作物生命信息传感器与表型平台创制、绿色高效智能水产养殖工厂创制与应用等研究方向，重点创制适用于设施环境的多传感器阵列及成像单元装置，研发具有多源异构传感器时空同步采集、多模态数据融合和边缘计算等功能的系列化设施环境作物高通量表型平台系统；重点突破实时在线的养殖对象生物量估算、行为量化分析、病害预测等关键技术和智能化管控决策系统及平台，建设淡水工厂化循环水智能养殖体系及海水工厂化循环水智能养殖体系。

在各项政策举措的推动下，设施农业建设取得显著成效。在生产领域，农产品加工业基础更加坚实。累计建设41个农产品加工技术集成科研基地、1 600个农产品加工园、15.6万个农产品初加工设施、5万多个产地冷藏保鲜设施。畜禽养殖标准化示范创建活动继续开展。全年共创建36家肉牛和羊国家级标准化示范场，示范带动作用进一步增强。规模养殖场粪污处理设施装备配套率持续提升。新增建设95个畜禽粪污资源化利用整县推进项目，2022年全国畜禽粪污综合利用率达到78%，规模养殖场粪污处理设施装备配套率稳定在97%以上，畜禽养殖污染状况明显改善。

在科技领域，设施结构创新与智能环控水平不断提升。高效日光温室、大型连栋温室、智能LED植物工厂、楼房猪场、大型连栋鸡舍、工厂化循环水养殖场等现代设施结构的创新，以及智能传感与动态监控、LED补光、光—温—气协同调控等技术与装备的突破，有力地推动了我国设施农业向工厂化、智能化方向发展。设施种养在空间布局上不断拓展，显著提升资源利用效率。优质高效生产设施关键技术研究取得重大突破。突破工厂化高效栽培水肥耦合调控、定植与采收自动化，母猪精准饲喂、奶牛全混合日粮（TMR）饲喂、智能挤奶、水产精确投饲等关键技术；创制楼房养殖环境调控智能化、垂直植物工厂无人化等核心技术产品，在基于品种、农艺、农机深度融合的设施优质高效生产技术方面取得重大突破。低碳节能与绿色循环技术取得重要进展。突破光热资源高效利用、水肥高效管理、绿色防控，畜禽水产营养精准供给、低蛋白日粮、集装箱循环水养殖、畜禽粪污生物发酵等共性关键技术，创制水肥一体化精准调控、光热主动截获与释放、病虫害预警监测、畜禽粪污处理利用、水产养殖生物净水等一批低碳绿色智能装备，有力推动了设施农业向低碳节能与环境友好方向发展。

第八章　深化改革

中　国　乡　村　振　兴　发　展　报　告　2022

一、深化农村土地制度改革

（一）开展第二轮土地承包到期后再延长30年整县试点

开展第二轮土地承包到期后再延长30年整县试点是2022年中央1号文件部署的农村改革重点任务。习近平总书记在2022年中央农村工作会议上强调，要扎实做好承包期再延长30年的各项工作，确保大多数农户原有承包权保持稳定、顺利延包。为贯彻落实党中央、国务院决策部署，中央农办、农业农村部会同司法部、财政部、自然资源部、国家档案局、全国妇联等第二轮土地承包到期后再延长30年试点部际联席会议成员单位，稳妥推进第二轮土地承包到期后再延长30年整县试点。农业农村部组织各试点地区严格按照批复方案要求，摸清承包关系、厘清延包程序、找到困难问题、探明解决路径，形成了一批成熟可推广的做法经验。

（二）加强工商资本流转农村土地审核和风险防范

习近平总书记在2022年中央农村工作会议上强调，要鼓励社会资本下乡成为农业经营主体，但必须守住经营农业、农民受益的基本要求，防止跑马圈地。《国务院办公厅关于全面实行行政许可事项清单管理的通知》明确，工商企业等社会资本通过流转取得土地经营权审批实施机关是省级、设区的市级、县级、乡镇政府，具体由农业农村部门或者农村经营管理部门承办。按照国务院的统一部署，农业农村部研究制定了《工商企业等社会资本通过流转取得土地经营权审批实施规范》，实施规范中设立了省级、设区的市级、县级、乡镇4个审批权限子项，依法设置了土地流转程序合法合规、不得改变土地所有权性质和农业用途、不得破坏农业综合生产能力和农业生态环境、受让方需有农业经营能力或者资质、流转期限不得超过承包期剩余期限、经营项目需符合产业规划等行政许可条件，依法明确了行政许可服务对象类型、审批程序、审批时限等审批要素。

（三）稳慎推进农村宅基地制度改革试点

按照《深化农村宅基地制度改革试点方案》要求，2022年中央农办、农业农村部进一步完善工作机制，加强日常调度、强化统筹指导、严格试点管理、提炼制度成果，推动104个县（市、区）和3个地级市有力有序开展试点工作。截至2022年底，改革工作已覆盖试点地区1 623个乡镇、23 428个行政村，分别占试点地区乡镇和行政村总数的89.9%和86.6%。一是夯实基础工作。推动试点地区全面推开基础信息调查、历史遗留问题化解、村庄规划、房地一体确权登记颁证等4项基础工作，试点地区基本摸清了约1 700万宗宅基地的面积、位置、权属、使用等情况。二是深化制度探索。指导试点地区立足试点示范定位，坚持稳慎创新并重，落实落细改革举措，因地制宜制定改革配套文件1 892个，宅基地分配、流转、退出、农民户有所居保障、闲置宅基地和闲置农房盘活利用等关键环节改革取得实质性进展。三是健全管理机制。在梳理总结宅基地政策成果和实践经验的基础上，研究制定农村宅基地管理部门规章，多次征求立法机关、有关部门和专家意见，形成较为成熟的农村宅基地管理暂行办法草案，并向社会公开征求意见。

（四）规范开展房地一体宅基地确权登记

2022年，自然资源部会同农业农村部联合印发工作方案，进一步明确目标任务，细化确权登记政策，加强工作指导，规范推进房地一体宅基地确权登记颁证工作。

（五）深化农村集体经营性建设用地入市试点

2022年9月6日，习近平总书记主持召开中央全面深化改革委员会第二十七次会议，审议通过《关于深化农村集体经营性建设用地入市试点工作的指导意见》。根据中央部署，自然资源部坚持同地同权同责，在符合规划、用途管制和依法取得前提下，推进农村集体经营性建设用地与国有建设用地同等入市、同权同价，在城乡统一的建设用地市场中交易，适用相同规划、接受市场监管。

（六）持续推进全域土地综合整治试点工作

一是稳妥有序推进以乡镇为实施单元的试点。自然资源部加强对28个省份446个以乡镇为实施单元的试点的实施指导。对全域土地综合整治与“三区三线”划定成果及国土空间规划相衔接等政策、实施路径进行研究，明确有关要求，起草政策文件。二是推进不同尺度试点实施方案编制及实施。自然资源部指导广州从化区、浙江宁波市、广西交通沿线、福建泉州市等不同尺度试点方案编制及审查，组织专家进行论证，赴相关试点地区开展调研，指导试点稳妥有序实施。2022年9月，自然资源部会同福建省人民政府印发《泉州市盘活利用低效用地试点工作方案》，明确支持泉州以乡镇或相邻乡镇为基本单元开展全域土地综合整治试点。2022年12月，印发《自然资源部办公厅关于同意〈宁波市全域国土空间综合整治试点实施方案〉的函》，同意在市域范围内以片区为实施单元探索全域国土空间整治新模式。三是加强培训指导和标准研究。自然资源部结合全域土地综合整治涉及耕地和永久基本农田保护、国土空间规划及专项规划编制、地类认定、权属调整等相关政策及有关文件，针对实施方案编制、试点推进中的困难和问题，对各地进行政策培训和指导。加快推动对全域土地综合整治实施指南与实施方案编制规程、验收规程等标准的研究及试点实施监管信息系统建设等工作。

二、农村集体产权制度改革

2022年中央1号文件提出，“巩固提升农村集体产权制度改革成果，探索建立农村集体资产监督管理服务体系，探索新型农村集体经济发展路径”。农业农村部会同有关部门认真贯彻落实党中央、国务院决策部署，指导各地深化农村集体产权制度改革。

（一）巩固提升农村集体产权制度改革成果

一是全面总结农村集体产权制度改革阶段性任务。2022年农业农村部向党中央、国务院提交《关于农村集体产权制度改革情况的总结报告》。印发《关于表彰全国农村集体产权制度改革工作先进集体和先进个人的决定》，对改革关键环节作出突出贡献的200个集体和400名个人予以表扬表彰。二是持续深化农村集体产权制度改革。农业农村部联合中央组织部、财政部、国家乡村振兴局印发《关于开展农村集体产权制度改革质量巩固提升工作的通知》，对规范农村集体经济组织运行管理、加强农村集体资产监督管理、保障农村集体经济组织成员权益、稳步发展新型农村集体经济等方面作出部署。农业农村部会同中央纪委、中央组织部、国家监察委、民政部印发有关文件，进一步推动农村集体经济组织负责人履职尽责、担当作为。与财政部、国家税务总局沟通农村集体经济组织相关税费政策，推动税务核心征管系统中增加“农村集体经济组织”办税类型。

（二）加强农村集体资产监督管理服务

一是加强农村集体资产监督管理。指导各地贯彻落实农村集体经济组织财务制度，编写财务制度辅导读本。修改完善农村集体经济组织会计制度。加快全国农村集体资产监督管理平台建设，优化平台功能，推广资产财务管理系统，指导农村集体经济组织规范记账，提升信息化监管水平。加强对确权到村集体的扶贫项目资产管理，开展确权到村的扶贫项目资产底数和集体资产清查相关数据比对工作。开展年度集体资产清查和农村政策与改革统计审核工作。二是强化农村集体经济组织规范化建设。以“产权关系明晰、治理构架科学、经营方式稳健、收益分配合理”为目标，指导各地健全农村集体经济组织运行机制。

（三）探索新型农村集体经济发展路径

中央组织部会同财政部、农业农村部继续开展扶持村级集体经济发展试点，2022年扶持2万个左右的村。指导各地出台扶持农村集体经济发展的政策措施，探索资源发包、物业出租、居间服务、资产参股等多样化途径，发展新型农村集体经济。

（四）开展农村产权流转交易市场规范化建设试点

中央高度重视农村产权流转交易发展，作出一系列重要部署，有力推动了全国各地农村产权流转交易快速发展。为贯彻落实2022年中央1号文件关于“开展农村产权流转交易市场规范化建设试点”的部署要求，农业农村部提出了农村产权流转交易规范化建设的方向、原则和重点任务，起草了农村产权流转交易规范化建设工作方案和农村产权流转交易规范化试点建设参考。农业农村部提出，新时期推进农村产权流转交易规范化试点工作，要以习近平新时代中国特色社会主义思想为指导，坚持巩固和完善农村基本经营制度，坚持为农服务宗旨，畅通城乡要素流动，激活农村资源要素潜能，促进新型农村集体经济发展，探索健全交易体系、完善交易规则、加强风险防控、强化监督管理的有效路径，全面提升农村产权流转交易发展质量，为全面推进乡村振兴和加快建设农业强国提供支撑。

三、现代农业经营体系建设

加快现代农业经营体系建设是推进农业发展的重要着力点。随着工业化、城镇化、农业现代化的发展和农村改革的推进，家庭农场、农民合作社、龙头企业、社会化服务组织等新型农业经营主体蓬勃兴起，在提升农业发展水平等方面的作用日益凸显。

（一）加快培育家庭农场、农民合作社

习近平总书记在2022年底的中央农村工作会议上强调，要发展适度规模经营，支持发展家庭农场、农民合作社等新型经营主体，加快健全农业社会化服务体系，把小农户服务好、带动好。2022年中央1号文件提出，支持家庭农场、农民合作社、农业产业化龙头企业多种粮、种好粮。农业农村部认真贯彻落实习近平总书记重要讲话精神和党中央、国务院决策部署，采取有力举措，大力培育新型农业经营主体，带动小农户进入现代农业发展轨道，为建强现代农业经营体系提供有力的主体支撑。截至2022年底，全国依法登记的农民合作社达223万家，纳入全国家庭农场名录系统的家庭农场393.4万个。

一是启动新型农业经营主体提升行动。印发《农业农村部关于实施新型农业经营主体提升行动的通知》，围绕完善基础制度、加强能力建设、深化对接服务、健全指导体系，明确13项重点任务，增强新型农业经营主体指导工作的整体性和系统性。

二是完善新型农业经营主体规范管理长效机制。强化经营指导，每季度跟踪研判农民合作社经营状况，督促农民合作社按时进行年度报告公示工作。开展家庭农场"一码通"赋码试点，首批3 115个县级以上示范家庭农场获得赋码，集成显示家庭农场规模经营和品牌信用信息。强化财会管理，会同财政部印发《农民专业合作社财务制度》，组织编写《农民专业合作社财务制度与会计制度辅导手册》。开发推广"家庭农场随手记"记账软件，3.5万个家庭农场免费注册应用。强化指导服务，印发《新型农业经营主体辅导员工作规程》，拓宽辅导员选聘范围，建成新型农业经营主体辅导员名录库，入库17个省份722名辅导员。

三是开展新型农业经营主体扩种大豆油料和扩种油菜专项工作。深入访谈新型农业经营主体开展大豆玉米带状复合种植情况，印发《关于做好新型农业经营主体和社会化服务组织扩种大豆油料专项工作的通知》《关于做好新型农业经营主体和社会化服务组织扩种油菜专项工作的通知》，举办6期片区线上"培训+调度"、17期分省现场培训，累计培训扩种主体带头人7 718人次。新型农业经营主体承担大豆玉米带状复合种植面积占比达46%，成为稳粮扩油的重要力量。

四是深入推进试点示范。持续开展示范社评定监测，完成第四次国家示范社监测并印发监测合格国家示范社名单，启动第五批国家示范社评定，全国县级及以上示范社达18.9万家、示范家庭农场近17万个。深化整县推进试点，确定77个农民合作社质量提升整县推进重点县，聚焦发展壮大单体合作社、促进联合与合作、提升县域指导扶持服务能力等任务，分区域进行差别化探索。抓好典型案例引领，遴选推介112个农民合作社和家庭农场典型案例，引领新型农业经营主体因地制宜探索发展模式、提高发展质量。

（二）加快发展农业社会化服务

党中央、国务院高度重视发展农业社会化服务。党的二十大报告提出，发展新型农业经营主体和社会化服务，发展农业适度规模经营。2022年中央1号文件明确要求，聚焦关键薄弱环节和小农户，加快发展农业社会化服务，支持农业服务公司、农民合作社、农村集体经济组织、基层供销合作社等各类主体发展单环节、多环节、全程生产托管服务。在各级各部门的引导推动下，农业社会化服务在探索创新中加快发展，各类服务组织总数达到107.0万个，服务小农户数量达到9 156.4万户，服务总面积达到19.7亿亩次，其中服务粮食作物面积14.7亿亩次，对保障国家粮食安全和重要农产品有效供给、促进小农户和现代农业发展有机衔接、推动农业现代化发挥出越来越重要的引领支撑作用。

一是多元化服务组织快速成长。各地按照主体多元、形式多样、服务专业、竞争充分的要求，大力培育农业服务公司、农民合作社、供销合作社、农村集体经济组织、服务专业户等各类服务组织，呈现出各尽其能、竞相发展、稳步壮大的良好势头。农民合作社是农民的互助性经济组织，也是社会化服务的主力军，服务对象和服务小农户数量最多。农村集体经济组织以提供"居间"服务为主，是联系广大小农户与各类服务组织的桥梁纽带。

二是多样化服务机制不断创新。各类服务主体因地制宜发展单环节、多环节、全程生产托管等服务模式，大力推广行之有效的"服务主体+农村集体经济组织+农户""服务主体+各类新型经营主体+农户"等组织形式，促进各主体紧密联结，形成利益共享、风险共担的利益共同体。比如，四川省蒲江县探索"村集体+服务主体+农户”的整村菜单式托管模式，在尊重村民意愿的前提下，由村委会集中零散地块，与服务主体签订整村托管合作协议，依托服务主体强化科技投入，研发天敌防控等关键技术10多项，使亩均农药用量降低40%～50%、肥料用量降低20%以上，实现了经济效益和生态效益双丰收。河南省农吉服务公司积极推广“县级分公司+农机合作社+机手”服务模式，在河南、安徽等省设立县级分公司19家，加盟农机合作社67家，配套各类机械设备2 900多台（套）、机手3 000多人，构建网格化服务体系，开展标准化作业服务，年服务面积达1 100万亩次，年服务收入超过3亿元。

三是全链条资源整合加快推进。各地按照资源共享、填平补齐的要求，把盘活存量设施、装备、技术、人才及各类主体作为重点，探索建设多种类型的农业综合服务平台，围绕农业全产业链，提供集农资供应、技术集成、农机作业、仓储物流、农产品营销等服务于一体的农业生产经营综合解决方案，破解农业生产主体做不了、做不好的共性难题，实现更大范围的服务资源整合、供需有效对接。比如，中化现代农业公司针对农业科技应用短板和高品质农产品产销“错配”等问题，打造现代农业技术服务平台（MAP）模式，提供线上线下相结合、涵盖农业生产全过程的综合解决方案，在全国建设了628个MAP技术服务中心，直接服务2 800万亩耕地，带动粮食增产24亿斤，助农增收8%以上。山东省丰信农业服务公司依托自主研发的数字化农业服务平台，根据种植季节和农户生产需求，为农户提供“一站式”全程技术托管服务方案，5 000多名线下服务人员围绕23种作物生产，服务97万农户、200多万亩耕地。

四是示范性行业典型持续涌现。农业农村部充分发挥典型引路、试点示范的重要作用，通过开展系列活动、典型推介和创新试点，引导和推动各地加快发展农业社会化服务。启动开展全国农服进万家系列活动，以“稳产保供、服务增效”为主题，以“让农服惠及千家万户”为宗旨，按照整体谋划、部省联动、打造精品的思路，围绕交流合作、展销展示、示范创建、典型推介等方面，在全国遴选确定、联合开展一批部级和省级活动，进一步营造了氛围、凝聚了力量、推动了工作。组织开展农业社会化服务典型遴选，择优确定并推介了60个全国典型，发挥了显著的示范引导作用。深入开展农业社会化服务创新试点，指导试点单位聚焦9项试点任务积极探索，总结推出了山东济阳“农业生产托管服务券”、广东化州“生产托管服务三级协办体系”、山西屯留“生产托管服务联盟”等一批有效模式和机制，发挥出试点先行先试的示范效应。

专栏11

农村改革试验区工作取得新进展

2022年，在中央农村工作领导小组领导下，中央农办、农业农村部会同全国农村改革试验区工作联席会议成员单位，围绕深化改革探索和成果提炼推广两条主线，认真谋划农村改革试验任务，探索形成一批各具特色的试验成果，试验区工作取得新进展。

（1）深入推进农村改革试点试验

一是深化拓展改革试验任务。会同全国农村改革试验区工作联席会议各成员单位研究提出拓展试验任务清单，创新开展试点任务申报答辩。49个试验区申报的80项试验任务中，有70项按要求修改完善后批复，地方进一步明晰了改革试验方向，统一了认识。

二是优化试验区布局。推动内蒙古自治区赤峰市等12个市县申报全国农村改革试验区，并承担相应试验任务。严格落实试验区“能进能出”机制，对不承担新试验任务的地区不再保留其全国农村改革试验区资格。指导江苏、山东、安徽等省份省级农村改革试验区开展多角度、多层次的试验探索，一些成果已在省内转化推广，加快了区域农村改革进程。

三是抓好改革成果提炼推广。对地方稳粮保供改革经验进行总结提炼，形成《以改革办法夯实“藏粮于地”物质基础》《以改革办法夯实“藏粮于技”物质基础》《以改革办法构建“辅之以利”机制保障》《以改革办法构建“辅之以义”机制保障》4篇专题报告。面向全国征集党的十九大以来农村改革好做法好经验，2022年中央农村工作会议期间，在《农民日报》整版刊发《以深化改革激发乡村振兴活力》，对部分遴选案例进行宣传推广。

四是深入开展调查研究。围绕扩种大豆油料开展调研，形成《开局起步良好　后程尤需加力》《从县域“小切口”看扩种冬油菜“大课题”》2篇调研报告。聚焦农村改革重点领域和关键环节，系统梳理农村改革试验区和地方改革创新实践，形成《农村集体产权制度改革的基层创新做法》《农村金融改革的基层创新做法》《构建现代农业经营体系的基层创新做法》等6篇专题报告。

（2）农村改革试点取得新进展新成效

在健全粮食稳产增产机制方面：一是建立健全耕地保护机制。上海市松江区推出耕地地力保险，将保险的“逆向赔付”转变为“正向激励”，通过对耕作层厚度、土壤有机质含量这两项反映地力水平的核心指标进行客观监管和评价，对地力水平达标者予以奖励，鼓励生产者主动提升地力。二是建立健全撂荒地复耕复垦机制。四川省宣汉县指导各村（社区）修订村规民约，明确撂荒耕地不自行复耕的须将经营权流转给村级集体经济组织统一运营，并为复垦撂荒耕地业主无偿提供机械服务和技术指导。三是提高土地利用效率。山东省德州市陵城区在“吨半粮”建设中，划定试验田向社会公开张榜，吸引有能力、有资源、有技术的经营主体运营，对达到相关要求的揭榜主体给予奖励。

在构建现代农业经营体系方面：一是健全新型农业经营主体培育机制。江苏省在徐州市铜山区、泰州市姜堰区等地试点的基础上，在全省推广使用“家庭农场随手记App”电子记账。家庭农场主可以随时随地录入收入、支出、固定资产等生产经营信息，并进行成本核算和收益分析，为家庭农场获取金融机构融资支持奠定基础。二是创新农业社会化服务供给机制。江苏省南京市六合区探索“1+N+X”的社会化服务组织模式，在一定区域内选拔1个优秀的社会化服务主体牵头成立社会化服务综合体，将本区域内其他社会化服务主体纳入社会化服务综合体，实现机具和仓储、加工等农业设施统一调度使用，为农业经营主体提供全过程、全要素、全产业链服务。三是探索高素质农民培育机制。四川省探索形成高素质农民“储备+认定+管理”资格准入机制，建立实训基地，开展“师傅带徒弟”式实地教学培训，并探索建立高素质农民在县域内与城镇职工社保同标并轨、支持其参加学历提升教育等职业保障机制。

在深化农村产权制度改革方面：一是稳步推进农村承包地“三权分置”改革。湖北省公安县为解决耕地细碎化问题，在尊重农民意愿、不改变土地承包关系的前提下，通过互换经营权的方式，由村集体将耕地集并为流转田、待转田和自种田三大块，“三块田”相对集中又互相联通。试点村单块田面积平均增加20.3亩。二是强化农村集体资产监督管理。北京市丰台区探索对农村集体土地和房屋的租赁、转让、抵押担保、项目建设、对外合作等农村集体“三资”领域的“关键事”，建立村提议、乡镇审核、区审议的三级报审程序和管控机制。在村级原有“四议一审两公开”民主决策制度基础上，增加区级审议程序，织牢织密农村“三资”监督网络。三是规范引导农村产权流转交易。山东省乳山市以招商思维推动产权流转交易，推行“云交易”模式，依托山东农村产权交易中心“云交易”平台，引入“网络拍卖+在线直播”模式，吸引企业和个人参与竞标，提升产权流转价值。创新“农村产权贷”模式，对在农村产权交易中心完成交易的农业经营主体，优先给予财政资金和有关涉农项目支持，且出具农村产权抵押登记他项权证，免去担保、资产抵押环节。

在深化农村金融改革方面：一是建立金融供求双方对接机制。广东省江门市探索金融机构与镇村“结对式”金融服务模式，创新推出“1家牵头银行+N家银行保险机构+1个村（镇）”的“1+N+1”结对合作模式，推动26家银行保险机构与12个示范村（镇）结对，为示范村（镇）量身定制综合金融服务方案。二是探索金融助力产业链发展模式。重庆市万州区探索建立重点农业产业链金融链长制，由中国农业银行万州分行、重庆农村商业银行万州分行分别担任水稻、柑橘产业金融链长银行，实行“一链一策”，为产业链各环节客户提供个性化、综合化金融服务方案，保障核心企业及产业链上下游的融资需求。三是创新农业投融资模式。山东省邹城市探索“按揭农业”投资模式，企业融资建设按揭草莓产业园，银行开发面向农户的5 ~ 10年优惠利率按揭农业信贷产品。

在健全乡村治理体系方面：一是完善村党组织领导乡村治理的体制机制。四川省眉山市彭山区健全“区委—镇（街道）党（工）委—村（社区）党委—村民小组（网格）党支部—党员联户”五级组织架构，推进党组织向村民小组、网格延伸，把党组织建在乡村治理最前沿，探索“纵向到底、横向到边”的基层治理架构。二是健全自治、法治、德治相结合的乡村治理体系。山东省莒县组织在村党支部成员、报账员、卫健主任3支队伍，整合居住在本村的党员巷长、网格员、村医、教师等10类群体，组建乡村治理队伍，当好联系服务群众的联络员、宣传员、监督员、调解员。三是探索数字赋能乡村治理。山东省费县针对农村群众办事跑腿多问题，开发应用智能公章系统，明确智能公章使用范围涵盖为民服务、社会事务、民生保障、公益服务等18类68个事项，统一在村级政务服务中心配备智能公章机，村民申请用章流程办结后，可自行在该机器上扫码盖章。

四、农垦等其他领域改革

（一）稳步推进农垦改革

农垦是国有农业经济的骨干和代表，是推进中国特色新型农业现代化的重要力量。2022年是实施“十四五”规划承上启下之年，农垦改革在多个领域取得了新进展。

1. 垦区集团化改革深入推进，农垦管理体制机制不断完善

一是深入推进体制机制转换。黑龙江、海南、广西等垦区集团全面完成公司制改制。国有农场归属市县管理的垦区，因地制宜，推进组建农垦集团。截至2022年底，全国农垦（不含新疆生产建设兵团）共组建各类农垦集团93个，比2015年末增加55个。农垦集团管理的子公司3 519个，比2015年末增加2 320个；半数国有农场纳入企业集团管理。在推进组建农垦集团的同时，天津、上海、广西、陕西等省（区、市）农业农村部门，承接原省属农垦集团承担的行业管理职能，实现了政企分开。二是大力推进资源资产整合。省属集团聚焦主责主业，优化国有资本布局和产业结构，强化优势资源聚集。广西农垦集团将直属企业优化重组为28家二级公司，清理整合74家四级以下企业，基本形成以农为主、一二三产业融合发展的现代农业产业体系。三是积极推动产业优化升级。全国农垦企业集团坚持创新驱动，在米业、乳业、畜牧、橡胶、糖业、种业等领域组建起一批具有竞争优势的农业产业集团或公司。江苏、上海等垦区以产业集团为龙头，大力发展农业全产业链一体化经营，延长产业链、完善供应链、提升价值链，产业结构进一步优化。

2. 农场企业化改革稳步实施，市场主体地位进一步确立

一是办社会职能改革基本完成。截至2022年底，全国农垦已基本完成办社会职能改革任务的农场共1 383个，占企业性质农场数的95.2%；全国农垦承担办社会职能支出45.17亿元，较2015年下降52.6%。二是农场公司制改制加快推进。不含新疆生产建设兵团，全国农垦企业性质的国有农场共有1 452家，其中实现公司制改制的共890家、比2015年末增加737家。河北、内蒙古、青海等非集团化垦区国有农场公司制改制比例超过70%。三是农垦企业用工制度和社会保障机制进一步完善。全国农垦积极构建新型劳动用工制度，建立健全职工招录、培训和考核体系，加快建立以劳动合同制为核心的市场化用工制度。全国农垦企业职工和退休人员基本实现应保尽保，农垦社会保障机制进一步健全。

3. 农业经营管理体制继续深化，多种形式规模经营加快发展

一是农垦农业经营管理制度不断完善。吉林、安徽、新疆等省（区、市）研究制定规范农垦国有土地承包租赁制度等政策文件，明确了农垦国有土地经营制度，健全完善土地经营面积、收费标准、承包租赁期限与职工身份相适应的制度规定。二是国有农场统一经营管理和服务能力不断增强。国有农场等企业通过加强生产资料统供、农产品统一营销以及健全完善经营机制等多种方式，不断强化国有农场农业统一经营管理和服务能力。截至2022年底，全国农垦国有农场统一经营土地面积7 952.3万亩，多数垦区统一经营土地面积有所增加。江苏、上海等垦区全面推行公司制经营，基本形成了现代农业一体化生产经营模式，农业规模化生产水平、土地产出效率及企业经营效益大幅提升。三是各经营主体间利益联结机制不断完善。农场归属市县管理的垦区通过建立“龙头企业+基地+家庭农场”等生产经营管理模式、加强农业社会化服务等方式，完善产业链、畅通供应链、提升价值链，在推动产业高质量发展中实现多方共赢。国有农场通过加强统供统销、股份合作等多种方式，完善大农场统筹小农场利益联结机制，加快形成国有大农场和农工家庭小农场利益共同体和发展共同体。

4. 国有农用地管理更加规范，土地资产化资本化探索成效明显

一是农垦国有土地确权登记发证工作成果进一步巩固提升。截至2022年底，全国农垦已完成确权登记发证面积4.13亿亩，占农垦主张权利面积的96.3%。97.3%的权证信息已纳入农业农村部农垦国有土地管理与利用监测系统，为管好用好农垦国有农用地提供了有力支撑。二是农垦国有土地资产化资本化探索取得新进展。共有1 800多万亩土地以作价出资（入股）、授权经营等方式注入农垦企业，为农垦发展注入了强大动力。三是国有农用地管理法治化、制度化研究深入开展。

（二）持续深化集体林权制度改革

2022年，党的二十大报告提出，要“深化集体林权制度改革”。国家林草局深入贯彻落实习近平总书记关于深化集体林权制度改革重要指示精神，开展全国林业改革发展综合试点，探索形成一批可复制可推广的典型模式，进一步明确了“三权分置”、规模经营、森林可持续经营、产业发展等方面重点任务。

1. 完善改革政策形成机制

国家林草局召开全国林业改革发展综合试点工作组座谈会和继续深化集体林权制度改革专家座谈会，总结蹲点调研工作成果，听取林农、林业经营者、地方林草部门等有关方面的意见建议，深入查找剖析需要改革解决的问题及其成因，持续完善改革顶层设计，确保相关政策的科学性、适应性。

2. 加强改革综合试点调度

林业改革发展综合试点持续推动先行先试，深入探索改革的实现路径和实现形式，分阶段滚动式边试点、边总结、边推广，为面上改革提供可复制可推广的经验做法，继续发挥对深化全国集体林权制度改革的支撑作用。山西省晋城市、吉林省通化市、安徽省宣城市、福建省三明市、江西省抚州市、四川省成都市作为试点市均取得了阶段性成果。

3. 支持推动地方探索创新

支持三明市创新林权登记管理机制，优化林权类不动产登记服务、林权纠纷调处机制，完善不动产登记系统，实行林权类不动产登记及地籍调查全免费服务；创新场村合作经营模式，采取以场带村联户发展、经营管理托管服务、技术共享服务等方式，推动村集体与国有林场开展合作经营，强化场、村、农利益联结，实现林场、村财、林农“三增收”。鼓励抚州市建立集体林权收储整理平台，对碎片化、低产低效、偏远地区、经营不善、到期无力还款的集体林地进行收储并统一经营，形成“收储公司+林权流转+储备林+场外造林+国土绿化+碳汇林+林下经济+森林康养+林业产业园+乡村振兴”的复合经营模式，将收储经营的林地资源打造成优质“资产包”，再融资收储更多的林地，实现“滚动式”发展，全部11个县（区）共完成40万亩林草收储。支持宣城市探索建立林地受益权证制度，将农户分散经营的低效山场入股存入村股份经济合作社，由合作社发放林地受益权证，并允许继承、转让、交易；成立“两山”公司，收储碎片化林地，引导集体林地股份合作经营。

4. 加强林权管理

自然资源部、国家林草局开展清理规范林权确权登记历史遗留问题试点总结工作，形成一批试点成果，印发《清理规范林权确权登记历史遗留问题案例》，宣传推广典型案例，强化试点工作成果应用。研究制定《集体林权流转管理办法》，规范集体林权流转行为。推进林权管理信息化建设，全面启用全国林权综合监管系统，推动林权综合监管系统与不动产登记系统信息共享。

第九章　国际贸易

中　国　乡　村　振　兴　发　展　报　告　2022

一、农产品国际贸易

我国是农业大国，也是农产品贸易大国。我国坚持高水平对外开放，统筹利用国内国际两个市场两种资源，推动农产品国际贸易健康发展。2022年，我国农产品进口和出口额实现双增长，农产品贸易额占世界农产品贸易总额的比重达到8.5%，为促进世界经济发展、保障国内有效供给作出积极贡献。

（一）2022年农产品贸易总体形势

一是农产品贸易规模进一步扩大。我国农产品进出口贸易位居世界前列，且规模呈扩大趋势。我国农产品进出口额达到3 343.2亿美元，同比增长9.9%，继续保持全球农产品贸易第二大国、第一大进口国和第五大出口国地位。其中，进口2 360.6亿美元，同比增长7.4%，较好满足了国内人民需要；出口982.6亿美元，同比增长16.5%。贸易逆差扩大至1 378亿美元，扩大1.7%，是2018年的2.4倍，农产品国际贸易合作不断加强。

二是农产品贸易布局进一步优化。深化农业领域国际投资和贸易合作，积极推动构建稳定健康发展的农产品贸易新格局，努力维护全球农产品产业链供应链稳定畅通。从出口看，对中国香港、日本、美国、韩国、越南等前五大传统市场出口农产品合计439.2亿美元，分别增长7.8%、3.2%、37.8%、17%、2.1%。对《区域全面经济伙伴关系协定》（RCEP）相关国家出口农产品422.7亿美元，增长10%。对“一带一路”沿线国家出口农产品336.9亿美元，增长14.9%。从进口看，大力推进共建“一带一路”倡议，农产品进口在中亚、南亚等新兴市场得到逐步拓展，自“一带一路”沿线国家进口农产品555.2亿美元，增长9.9%。

三是农产品一般贸易支柱作用进一步显现。一般贸易、保税物流和加工贸易是我国农产品进出口前三大贸易方式，其中一般贸易占比不断提升。从出口看，我国以一般贸易方式出口农产品金额838.6亿美元，增长16.7%，占我国农产品出口总额的比例提升至85.5%。从进口看，我国以一般贸易进口农产品金额2 090.8亿美元，增长9.5%，占我国农产品进口总额的比例提升至88.6%。

（二）分类农产品贸易特点

一是粮食进口总体量减额增。受国际粮食价格大幅上涨、地缘政治等因素影响，我国粮食进口1.47亿吨、826.4亿美元，分别下降10.6%、增长10.6%。其中，小麦进口996

万吨、38.4亿美元，分别增长1.9%、24.6%；玉米进口2 062.1万吨、71亿美元，分别下降27.3%、11.5%；大米进口619.4万吨、26.6亿美元，分别增长24.8%、19.2%；大豆进口9 107.8万吨、612.3亿美元，分别下降5.4%、增长14.6%。

二是棉花、食糖进口量减额增。国际棉价创近10年新高，内外棉价明显背离，自3月起持续“内低外高”倒挂。全年棉花进口193.6万吨、52.5亿美元，分别下降8.7%、增长29.3%。国际食糖价格呈“N”形走势，全年进口527.4万吨、25.6亿美元，分别下降6.9%、增长12.3%。

三是食用植物油进口大幅下滑。受国内外价格倒挂、多国出口政策调整叠加国内需求收缩等因素影响，食用植物油进口648.1万吨、89.8亿美元，分别下降37.6%、17.8%。其中，进口棕榈油、菜籽油、豆油分别为340.6万吨、106.1万吨、34.4万吨，分别下降26.8%、50.7%、69.1%。

四是肉类进口量额双降。肉类（含副产品）进口740.3万吨、317.3亿美元，分别下降21.1%、1.3%。其中，牛肉进口273.1万吨、180亿美元，分别增长15.6%、42.5%；猪肉进口286.2万吨、67.6亿美元，分别下降42.8%、48.7%；禽肉进口132.2万吨、41.8亿美元，分别下降11.1%、增长18.4%；羊肉进口36.3万吨、21亿美元，分别下降17.3%、14%。

五是水产品、蔬菜出口保持增长，水果出口下降。水产品出口225.8亿美元，增长4.7%，占农产品出口总额的23%；蔬菜及食用菌出口123.6亿美元，增长0.9%，占农产品出口总额的12.6%；干鲜瓜果及坚果出口52.5亿美元，下降13.8%，占农产品出口总额的5.4%。

二、农业对外合作与交流

2022年，中国农业外事与国际合作交流全面落实开放发展理念，实行更加积极主动的开放战略，深化农业对外合作与交流，开展农业对外援助，取得了明显成效，赢得广泛国际赞誉。

（一）农业走出去

农业对外投资稳步发展，对外直接投资是中国农业企业走出去的一种主要模式，“一带一路”共建国家是我农业对外投资的重点区域。农业对外投资产业类别不断丰富，已涵盖粮、棉、油、糖、胶、畜、渔、农资等领域，在稳定我国农产品供给渠道、推动企业增强国际竞争力的同时，也为改善东道国农民生活、保障当地粮食安全作出重要贡献。截至2022年底，我国企业在海外共建农业型合作区30家，累计投资近34亿美元。其中，在“一带一路”共建国家建设28家，总投资超32亿美元。贯彻落实《关于深入开展对外劳务合作助力乡村振兴工作的通知》，指导地方支持脱贫地区外派劳务公共服务能力建设，促进走出去企业和脱贫地区劳务人员对接，鼓励地方、企业和行业组织加强对外派劳务人员增收致富、助力乡村振兴的典型事迹宣传。2022年，我国派出各类劳务人员25.9万人，其中来自脱贫地区1.3万人。

（二）对外交流

农业农村部在动物卫生、可持续农业和特色产业合作交流等方面持续推进双边和区域合作走深走实。推动签署《中欧关于深化动物卫生和检疫事务合作的谅解备忘录》《中英农业绿色发展合作谅解备忘录》；举办中俄农业合作分委会第九次会议，推动中俄农业经贸和科技合作；组织召开第六届中国—东盟农业合作论坛、中国—东盟粮食安全合作交流会、第二届澜湄水果节，编写《澜沧江—湄公河农业合作发展报告2021》；组织召开中国与柬埔寨农业合作指导委员会第二次会议，签署《关于动物疫病防控合作谅解备忘录》，再次向柬捐赠100万头份动物疫苗；召开中国—尼日利亚政府间委员会农业合作分委会第一次会议，与中非合作论坛中方后续行动委员会秘书处共同主办“中非丰收之夜”。海关总署推动签署《上合组织植物检疫合作谅解备忘录》，为北京冬奥会、上合组织会议、G20和首届中国—阿拉伯国家峰会等元首外交活动贡献20多项农产品准入成果。

（三）对外合作

农业农村部推动“中国—巴基斯坦水牛养殖及乳制品加工”和“巴基斯坦辣椒种植产业示范”项目作为首批中巴经济走廊农业项目。海关总署开展中法非洲猪瘟区域化合作，完成蒙古屠宰羊首次输华和老挝屠宰牛检疫准入，与波兰开展疯牛病技术交流，保障吉尔吉斯斯坦国礼马安全输华。海关总署深度参与国际标准制定，积极参加联合国粮食及农业组织（FAO）、世界卫生组织（WHO）、世界动物卫生组织（WOAH）、国际植物保护公约（IPPC）、国际食品法典委员会（CAC）等国际组织活动，参与制定修订动植物检疫、食品安全等领域国际标准。第4次倡议发起打击濒危动植物走私的“湄龙”国际联合执法行动，发挥中国海关在打击跨境环境犯罪、开展全球生态环境协同治理方面的引领作用。

（四）对外援助

我国对外援助秉持人类命运共同体理念，推动落实2030年可持续发展议程，在农业领域不仅“授人以鱼”，也“授人以渔”，在提供粮食、农机设备改善受援国民生的同时，注重帮助受援国完善基础设施、培养农业人才，提升其农业生产能力。2022年在援外培训项目下，为广大发展中国家培训农业领域官员和管理、技术人员超7 000名。

专栏12

农业对外开放合作试验区

（1）首批农业对外开放合作试验区

为贯彻党中央、国务院关于促进农业对外合作的总体精神，落实农业对外合作部际联席会议部署，加快推进“一带一路”建设和农业走出去，2017年7月，农业部印发《关于认定首批境外农业合作示范区和农业对外开放合作试验区的通知》，认定海南省琼海市等10个试验区为首批农业对外开放合作试验区。农业对外开放综合试验区坚持解放思想、先行先试，以高水平开放促进农村领域深层次改革、推动农业高质量发展，在制度创新、经贸促进和产业发展等方面形成一批可复制可推广可借鉴的经验模式，发挥了农业开放发展“试验田”的作用。

（2）潍坊国家农业开放发展综合试验区

2018年8月，国务院批准建设潍坊国家农业开放发展综合试验区，这是我国首个国家级农业开放发展综合试验区。该区注重创始性改革，建设以来在农产品贸易、农业对外投资、科技助农和农村改革等方面形成了一批可复制可推广的新机制、新模式和新业态。

（3）宁夏国家葡萄及葡萄酒产业开放发展综合试验区

2021年5月，为深入贯彻习近平总书记重要指示精神，经国务院批准，农业农村部、工业和信息化部、宁夏回族自治区人民政府联合印发《宁夏国家葡萄及葡萄酒产业开放发展综合试验区建设总体方案》，宁夏国家葡萄及葡萄酒产业开放发展综合试验区正式启动建设。截至2022年底，该区着力开展政策先行先试和体制机制创新，在生态、科技、市场、开放和文化等方面取得实质进展，对推动特色产业发展、西部地区农业对外开放和以葡萄酒产业探索加快建设农业强国等方面的示范引领作用逐步凸显。

第十章　支持保障

中　国　乡　村　振　兴　发　展　报　告　2022

一、财政投入支持

有关部门贯彻落实习近平总书记重要指示精神，按照党中央、国务院决策部署，坚持农业农村优先发展，强化投入保障、优化政策供给，推动全面推进乡村振兴取得新进展、农业农村现代化迈出新步伐。

（一）强化乡村振兴财政投入保障

一是继续把农业农村作为一般公共预算优先保障领域。2022年，安排全国一般公共预算农林水支出24 160.28亿元，增长9.3%。财政部制定印发《关于做好2022年一般公共预算农林水支出执行工作的通知》，督促指导地方加强预算执行管理，确保财政支农政策落地见效。中央财政涉农相关转移支付规模继续保持增长，其中衔接推进乡村振兴补助资金、农业生产发展资金、农田建设补助资金分别增长5.4%、10.5%、10.5%，支持巩固拓展脱贫攻坚成果同乡村振兴有效衔接，保障国家粮食安全，推进全面实施乡村振兴战略。同时，加大均衡性转移支付、县级基本财力保障机制奖补资金、老少边穷地区转移支付等一般性转移支付力度，增强基层特别是欠发达地区落实乡村振兴战略的财力保障。

二是稳步推动提高土地出让收入用于农业农村比例。贯彻落实中共中央办公厅、国务院办公厅印发的《关于调整完善土地出让收入使用范围优先支持乡村振兴的意见》，财政部配合中央农办完成各省份实施方案的审核备案工作，立足财政职能做好政策解读，积极回应地方在政策落实过程中的关切，指导地方做好方案的修改完善。按照《关于提高土地出让收入用于农业农村比例的考核办法》，深入开展政策研究、数据测算和试考核工作，督促地方稳步提高土地出让收入用于农业农村的比例。

三是充分发挥地方政府债券支持乡村振兴作用。按照国务院部署，地方政府一般债券优先用于支持乡村振兴、污染防治、小水库除险加固等领域中没有收益的公益性项目建设，专项债券重点支持农林水利等领域中符合条件、有一定收益的重大项目和国家重大区域战略建设，有力推进乡村振兴领域重大公益性项目建设。

（二）加强乡村振兴领域资金使用管理跟踪问效

为深入贯彻落实中央经济工作会议、中央农村工作会议和2021年中央1号文件精神，巩固拓展脱贫攻坚成果同乡村振兴有效衔接，财政部积极推动农业生产发展资金（农产品产地冷藏保鲜设施建设支出方向）管理使用绩效和财政资源配置效率的提高，组织相关监管局，对河北、湖南、甘肃等15个省（自治区、直辖市、计划单列市）的补助资金开展重点绩效评价，督促有关部门加强项目审核和管理，提高项目实施质效，规范资金管理和使用，提升预算和绩效管理水平，助力乡村振兴稳步推进。

（三）加强资金落实和项目管理

一是强化粮油生产支持。稳定实施玉米大豆生产者补贴、稻谷补贴、耕地地力保护补贴等政策。统筹安排农业生产救灾等资金66亿元，支持应对2021年严重秋汛导致的冬小麦苗情偏弱问题，保障夏粮丰收到手。先后发放3批次400亿元实际种粮农民一次性补贴。落实耕地轮作休耕资金111.45亿元，重点保障冬油菜扩种和大豆玉米带状复合种植。发放粮（油）大县奖励资金，加大对双季稻、冬油菜支持力度。安排资金35亿元，支持长江流域严重干旱省份抗旱救灾及落实“一喷多促”等防灾减损措施，有力保障秋粮生产。

二是加强耕地保护建设。安排高标准农田建设中央补助资金1 096亿元，比2021年增加88亿元。继续稳定实施耕地地力保护补贴1 204.85亿元，进一步突出补贴发放与农民耕地地力保护行为挂钩的政策导向。统筹安排东北黑土地保护等政策任务资金40亿元，支持严重退化区域集中连片加强黑土地保护，推广保护性耕作。

三是支持种业振兴和科技创新。接续实施糖料蔗良种补助、畜禽良种补贴、现代种业提升工程等项目，开展全国农业种质资源普查，加强农业种质资源保存和精准鉴定，推进制种基地大县与龙头企业合作共建，继续开展全国农业外来入侵物种普查。

四是促进农业全产业链提升。支持新建设50个国家现代农业产业园、40个优势特色产业集群、200个农业产业强镇及续建项目，加快推动品种培优、品质提升、品牌打造和标准化生产，整体提升产业发展质量效益和竞争力。安排50亿元，稳步推进农产品产地冷藏保鲜设施建设，重点支持蔬菜水果等农产品产地预冷等设施建设。

五是推进农业绿色发展。支持开展绿色种养循环农业试点、畜禽粪污综合治理、重点流域农业面源污染治理、农膜回收利用和农作物秸秆综合利用。继续实施第三轮草原生态保护补助奖励政策，促进草原生态系统修复和草畜平衡。

二、金融服务支持

金融是实体经济的血脉，农村金融服务在促进农村经济发展中发挥着关键作用。贯彻落实党中央、国务院的决策部署，围绕全面服务乡村振兴，有关部门不断完善涉农金融服务体系，加大信贷投放，创新产品服务，强化保险保障，发展农村数字普惠金融，助力全面推进乡村振兴。

（一）健全金融服务乡村振兴政策体系

有关部门及时谋划出台金融领域政策文件，指导金融机构持续提升服务乡村振兴的能力和水平。中国人民银行印发《关于做好2022年金融支持全面推进乡村振兴重点工作的意见》，从做好粮食生产和重要农产品供给保障、加大现代农业基础支撑金融资源投入、稳步提高乡村建设金融服务水平、持续巩固拓展脱贫攻坚成果、持续改善农村基础金融服务、加强考核评估和组织宣传等方面，对金融支持全面推进乡村振兴工作作出了详细的政策安排。中国银保监会印发《中国银保监会办公厅关于2022年银行业保险业服务全面推进乡村振兴重点工作的通知》，提出2022年度银行保险机构服务“三农”的重点任务，要求各银行机构要继续单列涉农和普惠型涉农信贷计划，努力实现同口径涉农贷款余额持续增长，完成差异化普惠型涉农贷款增速目标。截至2022年末，全国涉农贷款余额49.25万亿元，同比增长14%。其中，普惠型涉农贷款余额10.46万亿元，较年初增长17.84%，超过各项贷款平均增速7.24个百分点。

不断加大财政支持普惠金融发展力度，强化支小支农政策功能。2022年，中央财政拨付普惠金融发展专项资金107.07亿元，同比增长16.2%，通过创业担保贷款贴息、财政支持普惠金融发展示范区奖补政策、农村金融机构定向费用补贴等方式，支持解决“三农”和小微企业融资难题。一是推动创业担保贷款增量扩面。中央财政全年累计拨付创业担保贷款贴息和奖补资金77.61亿元，同比增长22.5%，落实落细稳就业举措，要求各地加大创业担保贷款贴息政策宣传和实施力度，推广创业担保贷款线上业务模式，及时补充创业担保贷款担保基金，支持创业担保贷款扩面增量，助力援企稳岗。截至2022年末，全国创业担保贷款余额2 678.6亿元，同比增长14%。二是升级优化普惠奖补政策。出台中央财政支持普惠金融发展示范区奖补政策，示范区可将奖补资金统筹用于支小支农贷款贴息、支小支农贷款风险补偿等方面，促进普惠金融服务扩面、增量、降本、增效。2022年，推出首批83个中央财政支持普惠金融发展示范区，拨付奖补资金22.8亿元。三是支持农村金融机构持续发展。中央财政2022年拨付农村金融机构定向费用补贴6.56亿元，支持城乡统筹协调发展，助力全面推进乡村振兴。

全面拓宽基础金融服务覆盖面，提升农村金融服务可及性。中国银保监会引导银行保险机构向农村地区设立网点、延伸服务，有效解决金融服务“最后一公里”问题。在此基础上，中国银保监会进一步推动银行保险机构丰富服务种类、提升服务质效，运用数字技术向自然村延伸基础金融服务。截至2022年末，全国乡镇银行业金融机构覆盖率达97.88%，行政村基础金融服务、乡镇保险服务基本实现全覆盖，实现“乡乡有机构、村村有服务”。

（二）强化货币政策工具运用

一是积极运用存款准备金工具，引导金融机构将信贷资源向农村倾斜，加大金融支持农村发展力度。对服务县域的农村商业银行、农村信用社、农村合作银行、村镇银行一律执行5%的最优惠存款准备金率，较大型商业银行低4.5个百分点，较股份制商业银行等低2.5个百分点。对中国农业银行“三农”金融事业部整体实施1个百分点的存款准备金率优惠，在此基础上，差别化存款准备金考核达标机构再享受2个百分点的存款准备金率优惠。

二是用好用足支农再贷款、支小再贷款、再贴现政策。明确支农、支小再贷款全部采取“先贷后借”模式发放，加强支农、支小再贷款台账管理，提高支农、支小再贷款、再贴现政策普惠性，引导金融机构扩大“三农”、民营企业、小微企业信贷投放，降低社会融资成本，支持农村经济发展和巩固拓展脱贫攻坚成果同乡村振兴有效衔接。截至2022年末，全国支农再贷款余额为6 004亿元，支小再贷款余额为14 171亿元，再贴现余额为5 583亿元。

（三）加大对乡村振兴重点领域金融支持力度

一是全力做好粮食生产和重要农产品供给金融服务。中国人民银行、中国银保监会等部门指导金融机构围绕高标准农田建设、春耕备耕、粮食流通收储加工等全产业链，主动对接融资需求，强化粮食安全金融保障。优先保障粮食和重要农产品供给，向产粮大县倾斜配置信贷资源。聚焦促进大豆油料增产、“菜篮子”产品供给，优化信贷资源配置，持续加大信贷投入。中国银保监会探索创新金融支持高标准农田建设、黑土地保护、土地整治、耕地保护等项目的可行模式。截至2022年末，全国农林牧渔业贷款余额5.06万亿元，同比增长10.7%；农用物资和农副产品流通贷款余额2.99万亿元，同比增长10.1%；农产品加工贷款余额1.30万亿元，同比增长8.1%；农业科技贷款余额910亿元，同比增长48.1%。以中国农业银行为例，深入开展服务春耕、秋收等行动，积极做好粮食种植、加工、流通、储备等领域金融服务。截至2022年末，中国农业银行粮食重点领域贷款余额2 359亿元，比年初增加433亿元，增速22.5%。

二是加大对农业农村基础设施建设的支持力度。中国人民银行会同农业农村部建立健全农业农村基础设施融资项目库，定期分批推介农业农村基础设施重大项目，引导金融机构加大对水利、高标准农田等农村基础设施的中长期贷款支持。中国银保监会积极探索金融服务乡村建设有效途径，加大中长期信贷支持，引导银行机构积极支持乡村一二三产业融合和绿色农业发展，加快补齐县域乡村基础设施和民生短板弱项，着力改善农村基础设施、公共服务和人居环境。例如，中国银行为农村基础设施建设贷款提供专项内部资金转移定价优惠。中国民生银行推出“美丽乡村贷”加大对农村基础设施和人居环境改善项目支持力度。兴业银行落地全国首笔绿色专项乡村振兴超短期融资券。截至2022年末，农村基础设施建设贷款余额9.1万亿元，同比增长18.4%；农田基本建设贷款余额3 540亿元，同比增长29%。

三是强化对乡村产业可持续发展的金融支持。引导金融机构围绕农产品加工、乡村休闲旅游等产业发展特点，完善融资、结算等金融服务，依托县域富民产业，丰富新型农业经营主体和小农户贷款产品，推动农村一二三产业融合发展。如中国人民银行武汉分行指导金融机构依托湖北潜江市小龙虾产业链养殖、物流、订单、销售等数据，创新推出“虾农贷”“虾商贷”等贷款产品，为小龙虾产业链40余户养殖户和13家企业投放贷款超过6.6亿元。

四是推动新市民金融服务提质增效。中国银保监会指导银行保险机构深入挖掘新市民金融需求，突出服务重点，积极推广有温度的金融产品服务。推动搭建省级农民工工资支付监控预警平台，督促落实农民工工资保障金、专用账户管理等制度要求，保护农民工合法权益。指导保险公司推出定制型普惠医疗保险，为建筑工人、外卖骑手等重点人群意外事故、医疗提供兜底保障，提升新市民金融服务均等性和便利度。鼓励银行保险机构开发新市民信贷保险产品，在福建推动创新“城乡联合贷”产品，打造新市民产业集群金融服务平台。加强新市民金融宣传，在广东开展“金融践初心 情暖新市民”宣传月活动，举行线上、线下主题宣传活动1.6万场，覆盖新市民群体3 000万人次。

（四）提升银行业金融机构服务能力

一是加强政策性银行支持农业农村发展。鼓励国家开发银行、中国农业发展银行聚焦国家区域发展战略需求，加大对农业农村基础设施投融资的支持力度。截至2022年末，国家开发银行、中国农业发展银行涉农贷款余额分别为2.28万亿元、7.28万亿元，分别同比增长12.3%、15.7%。

二是加强商业银行服务乡村振兴。推动国有商业银行和股份制商业银行健全服务乡村振兴的内设机构或业务条线，持续下沉服务重心、延伸服务半径，加强“三农”人才队伍建设，保持农村地区尤其是脱贫地区网点基本稳定，打造乡村振兴金融服务特色支行或网点。截至2022年末，4家国有商业银行涉农贷款余额13.91万亿元，同比增长19.7%。

三是发挥农村中小金融机构的支农主力军作用。积极引导农村中小金融机构坚守支农支小主业，改善公司治理和内控机制，强化服务当地、服务小微企业、服务城乡居民的定位。截至2022年末，农村商业银行、农村合作银行、村镇银行、农村信用社涉农贷款余额合计约14.39万亿元，占全部金融机构的29.22%，同比增长8.44%。

四是稳步推进农村信用社改革。中国银保监会、中国人民银行积极会同相关部门和地方党委政府，推动农村信用社改革化险工作，取得重要阶段性进展。明确细化农村信用社改革化险目标任务，遵循市场化、法治化原则，“一省一策”推动各省制定完善农村信用社改革化险方案，重点是全面加强党的领导，清晰界定省联社和改革后机构职能定位，优化农村信用社股权结构、健全公司治理、坚守市场定位、转换经营机制、强化专业管理。2022年，农村信用社改革稳步提速。辽宁、山西、河南等省农村信用社改革化险方案已报经国务院批准；浙江农商联合银行于2022年4月开业，改革“第一单”成功落地。积极配合落实地方党政主要领导负责的财政金融风险处置机制，大力推进不良资产处置，稳妥处置高风险机构，推进市场化兼并重组，优化机构布局，拓展发展空间，增强可持续发展能力，不断深化农村金融改革。

（五）创新农村金融产品和服务

一是引导构建层次分明、优势互补的农村金融服务体系。中国银保监会引导国家开发银行等政策性银行坚守开发性、政策性金融定位，加大对“三农”重点领域的中长期信贷支持，加大转贷资金对乡村振兴的投入力度。引导大中型商业银行在服务对象、服务领域、网点布局、产品设计等方面提升差异化竞争能力。引导农村中小银行机构坚守支农支小定位，深化改革，发挥深耕当地的优势，不断提高“三农”金融供给能力。鼓励保险公司开发适合乡村振兴的商业保险产品，完善产品条款，科学拟定费率，更好发挥保险功能作用。

二是推动银行机构完善服务乡村振兴专业运营机制。中国银保监会指导银行机构建立服务乡村振兴的内设部门，加大对“三农”金融政策倾斜力度。国家开发银行、中国农业发展银行、6家大型银行及部分股份制银行均已设立服务乡村振兴内设机构。大型银行普惠涉农信贷不低于75个基点的内部资金转移定价、分支机构乡村振兴绩效考核占比不低于10%等激励政策有效落地。各银行机构“三农”金融尽职免责制度不断完善，涉农信贷不良容忍度政策切实嵌入银行机构内外部考核评价之中。

三是鼓励金融机构创新差异化金融产品和服务，积极满足乡村振兴领域的多样化融资需求。如中国工商银行创新推出数字普惠涉农标准化产品“种植e贷”，重点满足农资采购、农业作业等农耕种植各环节资金需求。交通银行围绕农业龙头企业，针对种养、加工、物流、经销等环节，通过“核心企业+快捷保理”“核心企业+产业集群项目制”，为中小农企、家庭农场、合作社等提供线上产业链产品服务。

四是拓宽农村资产抵押质押物范围，积极推广农村承包土地的经营权抵押贷款业务，大力开展保单、农机具和大棚设施、活体畜禽等抵押质押贷款业务。如中国人民银行南京分行引导金融机构根据不同类别种子培育属性、周期和特点，创新推出支持以仔猪繁殖为代表的“种业+基地+产业链”、以食用菇培育为代表的“科技生物品种专利权质押贷款”等系列融资模式。中国农业银行创新推出种业品种收益权和植物新品种权质押贷款，支持种业企业开展种子研发、加工、制造和销售。

五是全面推广乡村振兴票据，引导鼓励社会资本投资农业农村。截至2022年底，累计支持27个省（区、市）126家企业发行乡村振兴票据184期、1 497.73亿元。

（六）持续改善农村地区金融生态环境

一是持续巩固优化银行卡助农取款服务。以银行卡助农取款服务为主体的基础支付服务基本实现行政村全覆盖，基本实现农民足不出村享受基础支付服务。截至2022年底，农村地区银行卡助农取款服务点达74.06万个。

二是推动移动支付便民工程向乡村下沉。指导中国银联及商业银行持续深化县域地区移动支付环境建设，加大“乡村振兴主题卡”在农村地区的推广发行力度。截至2022年末，指导中国银联及商业银行建设170个移动支付示范县；乡村振兴卡累计发卡机构242家，累计发卡量超6 000万张。

三是加快推进农村信用体系建设。有关部门推动地方政府建立涉农信用信息共享平台，加强涉农信用信息精准应用，打通金融服务“三农”堵点。持续推动农村信用信息服务平台建设，大力推动“信用户”“信用村”“信用乡（镇）”的评定和创建。截至2022年末，全国共建设涉农信用信息系统286个，累计评定信用户1.15亿个、信用村29.24万个、信用乡（镇）1.42万个，有条件地区评定信用县232个。中国银保监会指导银行机构开展农户和新型农业经营主体建档评级，对于有条件、有意愿的新型农业经营主体，力争在2023年底实现“能建尽建”。截至2022年末，全国新型农业经营主体建档率已经达到80%，建档评级农户数约占农户总数的68.12%。

四是持续加强农村金融知识普及教育。于2022年3月、6月、9月分别开展了“金融消费者权益日”“普惠金融知识守住‘钱袋子’”以及“金融知识普及月 金融知识进万家 争做理性投资者 争做金融好网民”活动，广泛开展金融知识普及教育活动，持续提高农村地区居民金融素养水平，优化农村地区金融消费环境。积极利用助农取款点、农村活动中心等阵地，针对农村地区居民开展常态化金融知识普及教育和风险提示。

（七）增强保险服务乡村振兴功能作用

2022年，中央财政安排农业保险保费补贴434.53亿元，同比增长30.3%，我国农业保险保费规模首次突破千亿元关口，中央财政补贴资金引导和使用效果放大126倍，发挥了财政资金“四两拨千斤”的杠杆撬动作用。

中国银保监会规范发展农业保险，完善保险保障体系，做精做强特色农产品保险，助力乡村振兴，服务农业强国战略。要求保险机构落实三大粮食作物完全成本保险和种植收入保险主产省产粮大县全覆盖。稳步扩大关系国计民生和国家粮食安全的大宗农产品保险覆盖面，加快发展种业、大豆和油料作物保险。大力发展地方优势特色农产品保险。印发《关于加强地方优势特色农产品保险发展有关工作的通知》，支持地方优势特色农产品保险发展。强化业务规范，印发《农业保险承保理赔管理办法》，指导保险业协会制定承保理赔操作规范、产品开发指引及能繁母猪、育肥猪等行业示范条款。有关部门研究“保险+期货”模式，深入推进农业保险风险区划，参加三大主粮保险和渔业保险调研。指导保险机构切实保障涉农主体合法权益，按照“愿保尽保”“应赔尽赔”“快赔早赔”的原则，主动、迅速、合理开展承保理赔服务，力争提高小农户农业保险投保率，不断提升农业农村保险承保理赔服务质效。

（八）加强资本市场支持乡村振兴力度

一是支持符合条件的农业企业首发上市和再融资。依法拓宽农业企业融资渠道，引导农业企业实现高质量发展。在坚持质量第一和投融资平衡的前提下，科学合理保持新股发行常态化，不断提升审核效率、优化审核流程、缩短审核周期，积极支持符合条件的农业企业首发上市和再融资，并带动产业链上下游企业协同发展。2022年共有6家农业企业首发上市，合计融资33.42亿元；共有20家农业上市公司再融资，合计融资379.64亿元。

二是支持符合条件的农业企业在新三板挂牌、在北交所上市。新三板、北交所通过持续推进改革探索，进一步拓宽资本市场服务中小企业覆盖面，引导和带动社会资本服务国家乡村振兴战略，支持农业企业融资发展。截至2022年末，新三板已有农业挂牌企业275家，总市值932.35亿元。2022年，19家农业挂牌企业定向发行普通股合计20次、募集资金总额5.26亿元。截至2022年末，北交所已有农业上市公司6家，总市值105.73亿元。2022年，北交所3家农业上市公司公开发行股票，募集资金合计6.16亿元；1家农业上市公司再融资0.77亿元。

三是稳步推进并购重组注册制试点，支持农业类企业做大做优做强。持续深化并购重组市场化改革，稳步推进科创板和创业板并购重组注册制试点，落实好“分道制”和“小额快速”等审核机制，大力支持符合条件的农业类上市公司通过并购重组提质增效、做大做强，促进乡村振兴发展。2022年，农、林、牧、渔业上市公司共披露并购重组交易48单，交易金额合计160.34亿元。

四是引导、支持、督促证券基金经营机构市场化多渠道募集资金，积极服务乡村振兴。将证券公司支持乡村地区发展、服务乡村振兴情况纳入履行社会责任专项评价，对履行社会责任较突出的证券公司在当年分类评价中适当予以加分鼓励，提高证券公司服务国家战略、助力乡村振兴的积极性。支持证券公司为乡村振兴债、涉农企业首次公开募股等提供专业服务。2022年，证券公司承销发行乡村振兴债305亿元，同比增长43%。支持证券基金经营机构私募资管产品、证券公司私募股权投资基金子公司依法依规投资涉农企业，助力农村地区企业发展；支持证券公司参与化解上市公司股票质押风险，为出现暂时性经营困难的优质涉农企业提供必要的流动性支持。支持设立农业主题相关公募基金，加大对乡村振兴的支持力度。2022年共注册4只农业主题公募基金，合计募集规模11.06亿元。

五是优化完善“保险+期货”，提升期货市场服务乡村产业发展的能力。2022年在云南、新疆、湖南等24个省（区、市）共开展458个“保险+期货”项目，较2021年增加136个，同比增长42.24%，涉及天然橡胶、白糖、棉花、苹果、红枣、花生、大豆、玉米、鸡蛋、豆粕、生猪等11个品种，保障现货规模290.10万吨、承保土地面积640.46万亩、服务农户49.19万户。以期货公司分类评价为抓手，优化激励机制，鼓励引导期货公司对乡村振兴重点帮扶地区给予支持，发挥专业优势帮助其巩固脱贫成果和增强内生发展动力。

（九）不断完善农业信贷担保机制

按照2022年中央1号文件“发挥好农业信贷担保作用”的部署要求，财政部、中国银保监会等有关部门坚持从坚守政策性定位、强化风险防控出发，不断加强政策顶层设计，完善贷款担保机制，积极发展农担业务，推动农担业务高质量发展。

一是支持省级农担公司健康稳定发展。通过农业相关转移支付，支持省级农担公司聚焦主责主业，稳步做大担保业务规模，推动提升农担政策的覆盖面和普惠性。及时修订农业信贷担保业务补奖资金测算分配细则，进一步突出强化风险防控、优化业务结构导向，并向各地财政部门和省级农担公司做好政策宣传和解释说明。

二是推动国家农担公司健康稳定发展。研究制定一揽子配套落实相关制度办法，加强对省级公司的政策宣传和业务培训，扎实推动再担保业务政策有效落地实施，建立声誉风险管理制度，不断加强声誉风险管理。

三是持续完善融资担保行业监管规制，推进政府性融资担保体系建设。中国银保监会引导政府性融资担保机构按照《中国银保监会等七部门关于做好政府性融资担保机构监管工作的通知》要求，聚焦支小支农主业，提升服务质量和效率，下沉担保服务，主动发掘客户，减少或取消反担保要求，降低担保费率，稳步提高小微企业和“三农”融资担保在保余额占比。截至2022年末，全国融资担保行业对农户和新型农业经营主体的融资直保余额6 617亿元，增速18.7%，其中，政府性融资担保机构的农户及新型农业经营主体担保余额5 654亿元，同比增长27.1%。担保费率持续下降，全年政府性融资担保平均担保费率为0.76%，其中费率低于1%的业务占比已接近70%。全国农业信贷担保体系在保余额3 780亿元，同比增长17.6%，资本金放大倍数5.68倍，首次超过5倍。

专栏13

金融支持乡村振兴典型做法

各金融机构强化责任担当，积极主动作为，围绕服务乡村振兴战略定位，加大农业农村金融资源投入，持续推进创新科技赋能，金融服务乡村振兴取得显著成效。

中国农业银行围绕服务乡村振兴领军银行战略定位，加大农业农村金融资源投入，截至

2022年末，乡村振兴领域贷款余额7.31万亿元，较年初增加1.11万亿元，增速17.9%，高于全行2.8个百分点。以服务农民农村共同富裕为主题，联合农业农村部农村经济研究中心开展专题研究，完成《新时代金融服务农民农村共同富裕的对策研究》报告，为下一步金融服务乡村振兴提供战略思路。一是助力巩固拓展脱贫攻坚成果。截至2022年末，在832个脱贫县贷款余额1.69万亿元，较年初增加2 253亿元，增速15.4%；在160个国家乡村振兴重点帮扶县贷款余额3 149亿元，较年初增加481亿元，增速18.0%。二是全力做好国家粮食安全金融服务。创新服务模式，大力支持高标准农田和水利工程建设，助力打好粮食产量质量提升基础。截至2022年末，全行粮食重点领域贷款余额2 359亿元，增速22.5%；种业领域贷款余额282亿元，增速81.7%。三是积极支持乡村产业发展。聚焦重点行业、重点领域、新型农业经营主体和农村集体经济组织，中国农业银行出台差异化信贷政策，开展特色产品创新，探索有效服务模式，全力支持乡村产业高质量发展。截至2022年末，全行乡村产业贷款余额1.39万亿元，增速22.4%。四是服务宜居宜业和美乡村建设。通过“强村建设贷”、PPP（政府和社会资本合作）等多元化融资服务模式，发放中长期贷款，支持国家农村道路畅通、农村供水保障、乡村清洁能源建设和村级综合服务提升等工程建设。截至2022年末，全行乡村建设贷款余额1.56万亿元，增速21.6%；县域个人消费贷款余额905亿元，增速17.3%。五是助推农业农村绿色转型升级。创新推出国家储备林贷款、“乡村振兴绿水青山贷”“生态共富贷”等绿色产品，积极构建包括绿色投行、碳金融、绿色债券等创新业务的多层次、立体化绿色业务体系。截至2022年末，全行县域绿色信贷余额超过1万亿元，占全行绿色信贷余额的40%以上。

中国建设银行以新金融实践服务“国之大者”，全力做好乡村振兴金融服务。一是打造一个平台：“裕农通”乡村振兴综合服务平台。在全国设立了43万个线下“裕农通”普惠金融服务点，将银行的窗口搬到“村口”。同时，依托手机App、智慧大屏等电子渠道，为农民提供智慧村务、电子商务、便民事务和基础金融服务。平台注册用户超600万，累计发放农户贷款250多亿元。二是打造两大涉农信贷产品包。对农户客群，主打“裕农快贷”（含“裕农贷”）产品包，依托涉农数据，打造22款线上信贷产品，累计为57万农户发放生产经营贷款752亿元。对涉农企业及各类组织，主打“乡村振兴贷”产品包。创新“高标准农田贷款”“设施农业贷款”等43个产品。此外，开展“险贷直通车”专项创新服务，利用农业保单数据，对涉农主体进行精准授信，相关贷款余额16亿元，服务客户2.7万户。三是打造一系列涉农专业化生态场景。在特色农业产业链生态场景方面，创新推出粮食安全、奶业振兴、养殖产业等6类特色产业链金融服务模式，打造“裕农市场”“裕农合作”“裕农托管”等服务平台。在乡村政务场景方面，全国上线823个“三资”监管平台和170个农村产权交易平台，助力集体经济组织规范发展和产权要素流转。围绕服务农民社交，打造“裕农朋友圈”，上线一年多以来，浏览量15亿人次。围绕乡村消费帮扶，打造“裕农优品”专区。围绕乡村培训，建立3 000余家“裕农学堂”，累计培训超100万人次。四是打造一套涉农金融数字化风控体系。应用数字化工具，推进服务点线下网格化、线上智能化风控体系建设。优化贷后管理系统和数字化风控平台，部署105个监测模型，提升农户贷款风险管控能力。2022年末，涉农贷款不良率较2019年末下降1.85个百分点。

国家开发银行持续加大服务乡村振兴力度，从多角度助力“三农”发展。一是加强信贷支持。2022年国家开发银行向国家乡村振兴重点帮扶县发放贷款765亿元，贷款余额5 408亿元。此外，积极开展多项金融服务，通过助学贷款缓解贷款学生经济压力和就业压力；编制融资规划，实现重点帮扶县全覆盖。二是服务乡村基础设施和公共服务布局。国家开发银行大力支持重点帮扶县乡村建设行动，支持云南金平建设美丽县城，支持贵州赫章和纳雍两个重点帮扶县之间的纳赫高速项目建设，在广西20个重点帮扶县的农村地区新增320万广电入网用户。三是支持发展乡村特色产业。近年来，国家开发银行支持多个重点帮扶县特色产业发展。在重庆城口、巫溪等地，国家开发银行支持建设的330万亩国家储备林和林下经济带将助力当地实现“百姓富、生态美”的有机统一；在青海共和，国家开发银行支持打造全国首个千万千瓦太阳能生态发电园，培育清洁能源支柱产业；在陕西汉滨，国家开发银行支持汉滨毛绒玩具、新型材料等劳动密集型产业发展，帮助汉滨包括易地搬迁群众在内的4 500余名群众就业。

三、人才队伍建设

乡村振兴，关键在人。习近平总书记强调，人才振兴是乡村振兴的基础，要创新乡村人才工作体制机制，充分激发乡村现有人才活力，把更多城市人才引向乡村创新创业。2022年，各地各部门全面贯彻落实党中央、国务院决策部署，将乡村人力资本开发放在人才振兴的首要位置，多措并举引导城市人才下乡、推动专业人才服务乡村、强化人才振兴保障措施，为全面推进乡村振兴提供有力人才支撑。

（一）深化农业农村人才制度设计和体制机制改革创新

聚焦农业农村人才队伍建设，强化人才培育发展和服务的平台抓手，激发农业科技人才创新创造活力，为人才在乡村振兴中充分发挥支撑保障作用提供有力的制度和政策保障。

1. 加强农业农村人才工作制度设计和工作统筹

近年来，党中央高度重视农业农村人才队伍建设，农业农村部深入贯彻落实习近平总书记关于做好新时代人才工作的重要思想，围绕全方位加强农业农村人才选拔培养，统筹推进农业农村各类人才队伍建设，研究印发加强和改进新时代农业农村人才工作的指导文件，以战略科技力量为主体，统筹科技推广、应用等各类人才队伍建设，围绕全面实施乡村振兴战略和加快农业农村现代化需求，发现、培养、激励和使用人才，深化人才发展体制机制改革创新，推动以业聚才、以才兴业。

2. 强化配套支持政策，夯实农业农村人才基础

为进一步激励农业农村人才更好投身乡村发展，农业农村部会同有关部门不断完善农业农村人才配套政策措施，大力推动农业农村人才队伍建设。

一是完善部分职业资格考试单独划线政策。人力资源社会保障部印发《关于单独划定部分专业技术人员职业资格考试合格标准有关事项的通知》，在国家乡村振兴重点帮扶县等地区单独划定执业药师、通信等10项职业资格考试合格标准，为相关地区吸引人才、留住人才提供有力抓手。

二是加强乡村教师队伍建设。人力资源社会保障部会同教育部印发《关于做好2022年中小学幼儿园教师公开招聘工作的通知》，创新基层招聘办法，拓展乡村振兴人才来源，积极引导高校毕业生到乡村学校任教，促进高校毕业生和基层教师队伍建设，推动教育事业高质量发展。人力资源社会保障部会同教育部印发《关于进一步完善中小学岗位设置管理的指导意见》，探索符合中小学教职工发展规律的岗位管理模式，为加强包括乡村学校在内的各地中小学岗位管理提供了政策依据。

三是深入实施国家乡村振兴重点帮扶地区职业技能提升工程。以国家乡村振兴重点帮扶县和西藏、新疆等为重点，加强技工院校和职业培训机构基础能力建设。人力资源社会保障部会同财政部印发《国家级高技能人才培训基地和技能大师工作室建设项目实施方案》，支持国家乡村振兴重点帮扶县建设各级各类高技能人才培训基地和技能大师工作室，加强高技能人才培养培训能力，指导国家乡村振兴重点帮扶县开展专项职业能力考核和高技能人才培养。

四是加强乡村建设工匠培训和管理。国家乡村振兴局等8部门联合印发《关于推进乡村工匠培育工作的指导意见》，要求建立和完善乡村工匠培育机制，挖掘培养一批、传承发展一批、提升壮大一批乡村工匠。住房城乡建设部会同人力资源社会保障部印发《关于开展万名“乡村建设带头工匠”培训活动的通知》，指导各地培养一批具有丰富实操经验、较高技术水平和管理能力的乡村建设业务骨干，带动乡村建设工匠技能和综合素质提升。起草加强乡村建设工匠培训管理的指导意见，研究建立和完善乡村建设工匠培训和管理工作机制。

五是加大本土人才培养力度。农业农村部会同中央组织部，开展2022年农村实用人才带头人和到村任职、按照大学生村官管理的选调生培训工作，全年共举办培训班201期，培训2万余人。利用全国农业农村远程教育平台，开展2022年农业农村科技人员知识更新培训，全年开展12期专业技术人才知识更新培训。依托专业技术人才知识更新工程，在2022年国家级高级研修项目计划中，对以乡村振兴为主题的30期高研班给予支持。

六是加强农业科技人才队伍建设。围绕应对国际科技竞争、建设农业科技强国和实施乡村振兴战略对人才的迫切需求，打造体系、项目、平台、人才“四位一体”的人才培养机制，加强农业科技创新领军人才、青年骨干人才和创新团队建设。其中，聚焦强化我国农业科研国家队作用，农业农村部出台《关于促进部属事业单位高质量发展的意见》，结合部属事业单位农业科技创新人才高地实际，以放权赋能为主线，从人、财、物等各方面拿出20条高含金量政策措施，确保“能放的坚决放、能给的一定给、能活的尽量活”，着力创新和优化人才培养、评价、激励、使用等机制举措，助力事业单位高层次人才队伍建设。截至2022年底，各类农业科研机构和企业科研人员达到42万人，农业领域“两院”院士达到152人。支持45岁以下青年人才担任现代农业产业技术体系副首席、农业农村部重点实验室副主任，新聘岗位科学家年龄要求在45周岁以下。

3. 全面支撑农民素质素养提升，加快高素质农民培育

在中央财政支持下，农业农村部组织实施高素质农民培育计划，面向种养大户、家庭农场经营者、农民合作社带头人和返乡入乡创业人员等重点群体开展全产业链培训，着力提升农民技术技能水平和综合素质，加快构建有文化、懂技术、善经营、会管理的高素质农民队伍，2022年共培育高素质农民75.4万人。

一是重点支撑稳粮保供。围绕粮食和油料作物增产增收，培训种粮大户20.92万人，其中，冬小麦田间管理线下培训5.44万人，大豆玉米带状复合种植线下培训2.79万人。同时组织农民参加春耕春管、“三夏”粮食生产、抗旱防灾等线上培训2 400万人次。围绕落实大食物观，培训畜禽养殖户7.47万人、蔬菜种植户4.61万人。围绕“两个要害”和“一个支撑”，开展耕地保护专题培训2 296人、专业农机手培训2.52万人，将良种选用内容纳入粮农培训课程。重点实施稳夏粮丰收、大豆油料扩种（大豆玉米带状复合种植）、东北黑土地保护等专项培育行动。在春耕、“三夏”等关键农时开展在线专题培训，组织直播495场，在线学习超过3 000万人次。

二是聚焦产业发展能力提升。围绕产业发展能力提升，培育新型农业经营主体和服务主体带头人31.98万人，以返乡大学生、农民工、退役军人等为重点培育农村创新创业者2.61万人。围绕产业发展重点环节，开展“三品一标”提升培训1.8万人，培养农村电商带头人、农民主播1.98万人，为国家乡村振兴重点帮扶县等重点区域培育产业带头人4.42万人。

三是服务农民素质提升。强化政策法规、发展理念、乡风文明等农民综合素质，优化课程体系，25.12万人学习了绿色发展知识，5.95万人学习了农业法律法规，14.7万人参加党的知识培训，乡村振兴政策培训实现全覆盖。

四是深化高素质女农民培训工作。全国妇联继续联合农业农村部，坚持面向产业、融入产业、服务产业，大力开展高素质女农民教育培训。2022年累计培训93 804人，带动各地举办各级各类培训3.9万余期，200多万妇女受益。开展农村女致富带头人培训，创新采取按需报名、统筹安排的形式，在贵州等地举办10期农村致富女带头人培训，切实提高培训精准性、实效性。

专栏14

乡村产业振兴带头人培育“头雁”项目

乡村振兴，产业是基础，人才是关键。农业农村部贯彻落实中央人才工作会议、中央农村工作会议精神，启动实施乡村产业振兴带头人培育“头雁”项目，并于2022年3月联合财政部印发《乡村产业振兴带头人培育“头雁”项目实施方案》。作为“十四五”时期面向乡村本土人才的国家级重大人才项目，自2022年起，“头雁”项目原则上每年为每个县（市）培育10名“头雁”，全国每年培育约2万名，力争用5年时间培育一支10万人规模的乡村产业振兴带头人“头雁”队伍，带动全国新型农业经营主体形成“雁阵”，为全面推进乡村振兴、加快农业农村现代化提供强有力的人才支撑和治理保障。2022年，全国共培育“头雁”1.78万名，各项工作进展顺利，项目实施初见成效。

一是严把关键环节，项目开局好起步稳。2022年8月5日，北京、天津、青海3省市联合率先启动“头雁”项目。农业农村部以务实高效为导向，严把项目实施关键环节。先行培训明晰定位。在实施方案印发后，农业农村部立即组织各省进行培训，通过解读政策、明确要求，帮助各地把准方向、找准定位。谋定后动梯次推进，在项目启动上梯次推进，农业农村部提供省级方案参考模板，对各省实施方案进行从严审核把关，坚持成熟一批启动一批，确保了31个省份全部高质量启动项目。严格遴选把好入口，坚持“将从事主导产业、发展势头良好、热衷联农带农的带头人选出来、育起来”的项目初衷，严把入口关，全国首批1.78万名入选者中80%以上都是新型农业经营主体带头人。选优高校配强师资，指导各省面向全国选择“头雁”培育机构，首批入选的42所优质高校，均安排了专门学院负责、配备了高质量师资队伍。

二是集成要素资源平台，全力支持“头雁”培育。为凝聚合力向“头雁”发展提供立体式、全方位服务保障，各级农业农村部门集成资金、政策、资源、平台等，提供有力支持。创新支持提升实效，改变以往农民培训全由政府买单的方式，通过要求“头雁”出20%经费来增加压力，同时设奖学金和表彰奖励增强动力，促进比学赶超，实现从“要我学”到“我要学”转变。集成政策系统扶持，统筹能力培养和政策配套，推动政策清单化、项目化、机制化，促进金融、产业、激励、职称等政策组合，帮助“头雁”解决发展中的痛点、难点、堵点问题。数字管理线上服务，充分运用信息化技术，通过建设项目培育管理系统，开设“微课堂”，搭建“头雁”线上交流平台，实现管理、培训、跟踪、服务“一条龙”。搭建平台增强协作，指导培育机构围绕农业农村热点问题，搭建多元交流平台，促进“头雁”互学、资源互通、产业互联。

三是创新培育模式方式，全面提升培育实效。为增强“头雁”创业创新和辐射带动能力，使其尽快成为推动乡村产业振兴的主力军，农业农村部、财政部指导各省与培育机构加强沟通协作，开展定制化、体验式、孵化型培育。瞄准产业定制课程，各省主动结合本地实际、产业方向和学员需求，量体裁衣打造特色、专属课程，受到了学员的普遍好评。精选师资保障教学，各省在“四个一”（一个月集中授课、一学期线上学习、一系列考察互访、一名导师帮扶指导）基本模式基础上，创新专家指导机制和师资配备方式，普遍为学员配备理论学习、产业发展、创新创业“双导师”“多导师”，一些省份还延伸构建终身服务体系。跨省交流拓宽视野，各省以学员在发展理念、关键技术和产业经营等方面的需求为导向，通过跨省选择培育机构、组织“头雁”走出去学习等方式，形成东带西、南联北的培育格局。聚焦培能创新模式，各省以提升“头雁”生产经营实践能力为目标，构建了“课堂+X”培育模式，采取课堂讲授、案例教学、实操体验等形式，切实提升“头雁”干事创业、联农带农能力。

四是发挥项目引领作用，释放多维叠加效能。地方各级政府以“头雁”项目作为乡村人才振兴抓手，发挥项目资金资源引领、撬动作用，打通人才政策落地“最后一公里”，激发乡村振兴内生动力。畅通渠道落实政策，各省将“头雁”项目纳入省级重点工作，构建乡村人才队伍建设工作机制和支撑体系，同本省人才工作同部署同推进，给予“头雁”与本省重点引培人才同等的支持政策。破除制约提能强心，各省在项目实施中，着力为“头雁”解决制约发展的实际问题，有的省份还实行“一人一策”、细分领域帮扶，极大增强了“头雁”发展实力潜力，提振了“头雁”做大产业信心。依托平台联通产业，“头雁”项目的联系交流平台，在增强培育效果的同时，还促进了省内省际、产业链条之间的互联互通，催生了跨省的“头雁”联盟、乡村产业发展联合体。项目搭台集聚资源，各省拓展“头雁”项目平台功能和边界，将信贷、担保等资源引入并与“头雁”联结，进一步为“头雁”发展赋能。全媒报道造好氛围，农业农村部持续推动“头雁”徽标设计、文化塑造、形象宣传等工作，构建了央媒省媒联动、线上线下融合的全媒体宣传格局，营造了全社会关心关注“头雁”的良好舆论氛围，激励“头雁”主动承担引领乡村振兴的责任。

“头雁”项目开局稳、起步顺，为进一步实施打好了基础。下一步，农业农村部将继续从推动建立更加有效的项目推进机制，加强“头雁”综合评价与跟踪服务，促进“头雁”项目与乡村产业融合，打造“头雁”文化，营造人才成长氛围等方面着力，使“头雁”项目成为助力乡村人才成长的重要平台，培育更多有情怀、有担当、有能力的优秀人才为乡村振兴贡献力量。

（二）强化农业农村人才教育培养与新农科建设

近年来，教育部等有关部门高度重视农业农村人才培育工作，出台实施了一系列政策举措，不断强化人才服务乡村振兴支撑能力，激发人才对加快农业农村现代化的支撑保障作用。

1. 全面加强涉农高校耕读教育

耕读教育践行“亦耕亦读”，是农林院校加强劳动教育的重要载体，也是弘扬我国耕读传家优秀传统文化的重要抓手。长期以来，我国涉农高校坚持教育与生产劳动相结合，在耕读教育改革实践中取得了一定成效，为我国农业农村现代化建设输送了大批人才。

一是耕读教育制度不断健全。教育部等4部门联合印发《关于加快新农科建设 推进高等农林教育创新发展的意见》，明确提出涉农高校要加强和改进耕读教育，将相关课程纳入人才培养方案，作为涉农学科专业学生的必修课，加强“大国三农”“耕读中国”“生态中国”等农林特色通识教育课程体系建设，弘扬耕读传家优秀传统文化，发挥耕读教育树德、增智、强体、育美等综合性育人功能。指导职业院校制定劳动教育清单，印发《关于征集职业院校劳动教育清单的通知》，促进职业院校劳动教育常态化有效开展，教育引导学生参加日常生活劳动、生产劳动、服务型劳动等劳动实践活动，增强职业认同和劳动自豪感，树立正确的价值观、劳动观、成才观。

二是耕读教育课程教材体系不断完善。43所涉农高校将耕读教育相关课程明确纳入人才培养方案，将课程教材一体化建设作为推进耕读教育实施的重要抓手。建成36门耕读教育相关国家级一流课程，推出“大国三农”系列精品开放课程，课程上线以来选课学校累计达240多所，选课网络点击量突破700万。组织中国农业大学、西北农林科技大学、西南大学等高校专家编写出版了《耕读教育十讲》《中华农耕文明概论》《农业概论》《乡村振兴与农村社会治理》等新农科新形态教材，集中展现了中华农耕文明、中国文化精神，以及现代农业发展、乡村振兴实践赋予耕读文化的新时代新内涵，为高校强化学生中华农耕文明教育提供重要载体。

三是耕读教育实践场所全面拓展。涉农高校多渠道拓展耕读教育实践教学场所，依托农科教基地、农业文化遗产地、国家现代农业园等社会资源建成耕读教育实践基地184个。吉林农业大学依托耕读教育实践基地构建“耕读教育+劳动教育+义务劳动”“农耕实践+实习实训+社会实践”新农科教育培养体系。华中农业大学、东北农业大学、黑龙江八一农垦大学等高校深入开展与其他高校、地方政府、行业企业共建共享耕读教育实践基地建设，形成了一批系列化、品牌化的耕读教育实践活动。如“劳动周”“五一劳动月”“乡村振兴荆楚行”“耕读第一课”“耕读路上”社会实践，“耕读同行”产业实践等。

四是耕读教育教师队伍建设持续增强。涉农高校普遍开展了耕读教育专项教师培训，一些高校为鼓励教师开展耕读教育出台了专门的激励政策，将承担耕读教育纳入薪酬和评奖评优条件，部分涉农高校邀请企业技术人员、乡村工匠等兼任耕读教育教师，培育建设了一支教学与实践能力兼备、专职与兼职结合的高素质耕读教育教师队伍。

2. 系统推进高校涉农人才培养和新农科建设

教育部高度重视农业人才培养，以习近平总书记给全国涉农高校书记校长和专家代表重要回信和重要指示批示精神为指引，以新农科建设为统领，推动各地各高校持续深化农林教育改革，着力培养知农爱农新型人才，为全面推进乡村振兴、加快农业农村现代化建设提供有力的人才支持。

一是加速优化农林专业结构布局。教育部办公厅印发《新农科人才培养引导性专业指南》，围绕粮食安全、生态文明、智慧农业、营养与健康、乡村发展等五大领域设置了生物育种科学、土地科学与技术、乡村治理等12个新农科专业，明确了各专业的培养目标、主干学科等人才培养核心内容，科学引导全国涉农高校加快布局建设一批具有适应性、引领性的新农科专业，提升服务国家重大战略需求和区域经济社会发展能力。

二是着力破解生物育种“卡脖子”问题。教育部协同国家发展改革委布局建设国家生物育种产教融合创新平台，汇集政府、高校、企业等多方资源，确定中国农业大学、南京农业大学和华中农业大学为“揭榜挂帅”高校，分别在玉米、大豆、生猪等3个育种“卡脖子”领域开展集中攻关，努力打造人才培养、学科建设、科技创新“三位一体”的生物育种人才中心和创新高地，进一步夯实粮食安全根基。

三是扎实推进农林紧缺人才培养。在普通高等学校本科专业设置和调整工作中，支持中国农业大学、西南林业大学等高校增设生物育种科学、湿地保护与恢复、智慧林业、木结构建筑与材料等4个本科新专业，新增智慧农业、智慧牧业科学与工程等21个新兴专业布点，持续加大农林紧缺人才供给。将西北农林科技大学生物育种相关专业纳入基础学科招生改革试点，支持中国农业大学、西北农林科技大学开展相关专业招生，每年共录取110名左右专业学生，加快培养种业领域拔尖人才。

四是不断强化涉农专业内涵建设。在一流本科专业建设“双万计划”中加大对涉农专业支持力度，2022年共认定中国农业大学、浙江大学、南京农业大学等87所高校的141个涉农国家级一流本科专业建设点、176个涉农省级一流本科专业建设点，引导涉农高校紧扣国家发展需求，主动适应新一轮科技革命和产业变革，持续优化结构，坚持特色发展，促进专业建设质量提升，进一步增强卓越农林人才培养能力。

五是涉农专业订单定向人才培养初具规模。2022年支持吉林农业大学、湖南农业大学、山东农业大学等10余所涉农高校，同地方政府相关部门、企事业单位建立合作，推出了“农科生订单式培养计划”“订单定制人才培养计划”“定向培养基层林技人员”“乡村振兴专项”等相关计划，涉及农学、植物保护、农业机械化及自动化、农林经济管理、农业资源与环境等本科专业，订单人才培养数量初具规模，着力为基层培养一批知农爱农、有本领、留得住、用得上的高素质专业人才。

3. 加快发展面向农业农村的职业教育

职业教育助力乡村振兴成效进一步显现，加大对农业农村急需紧缺领域的职业教育人才供给，支持更多农民、返乡农民工接受职业教育，职业教育“职教一人、就业一人、帮扶一家”作用不断突显。

一是加强涉农专业建设和布局。对接现代农业新发展新需求布局2023年招生专业。2022年教育部发布《关于做好2023年职业教育拟招生专业设置管理工作的通知》，指导各地职业学校主动对接区域产业发展规划，促进人才培养供给侧和产业发展需求侧有效适配。指导各地推进涉农专业建设，截至2022年底，全国共有361所高校设有高职专科涉农类专业：设置种子生产与经营、园艺技术等30余个相关专业，专业布点数4 600余个；设置民族表演艺术、民族服装与服饰、蒙医、藏医等13个民族医药卫生和文化艺术类专业，专业布点数60余个；设置茶艺与茶文化、旅游管理、民族传统体育等专业，专业布点数120余个。

二是因地制宜持续实施专项计划。指导国家开放大学持续实施“一村一名大学生”计划。2022年招生7.97万人，截至2022年11月，累计开设七大科类29个专、本科专业（方向），招生99.59万人，培养毕业生65.25万人。面向天津、河北、山东、江苏4省市以及160个国家乡村振兴重点帮扶县开展全网办学模式办学探索，开设11个专、本科学历继续教育专业（方向），共计招生1.75万人。指导全国职业院校巩固扶贫成果服务乡村振兴协作联盟成员单位265所中高职学校，通过专科层次基层农技特岗人员定向培养、“一村多名大学生计划”、本土化乡村医生等订单式培养乡村紧缺人才7.26万人，招收订单培养学生8万余人。

三是加强乡村振兴人才技术技能培训。推进职业教育提质培优行动计划。教育部印发《关于承接〈职业教育提质培优行动计划（2020—2023年）〉任务（项目）的通知》，31个省（区、市）承接“实施国家级职成教示范县助力乡村振兴人才培养计划”任务。指导各地按照要求在“职业教育提质培优行动计划任务（项目）管理平台”填报2022年度工作进展及相关绩效数据。指导全国职业院校巩固扶贫成果服务乡村振兴协作联盟成员单位265所中高职学校，依托乡村振兴专题培训、致富带头人培训、现代农业经理人培训、高素质农民培训、农村电商人才培训等项目面向农村开展实用技能培训38.2万余人次。

（三）引导农业农村人才下沉基层一线服务

充分发挥人才服务乡村振兴的支撑保障作用，进一步激励引导更多人才投身乡村振兴，服务“三农”发展，为全面推进乡村振兴、加快建设农业强国提供强有力的人才支持。

1. 创新制度举措，引导优秀人才向基层集聚

聚焦农业农村人才队伍建设，统筹制定人才服务乡村振兴政策举措，完善农业农村人才制度体系。

一是强化农业科技人员下沉一线激励举措。农业农村部印发《关于进一步强化评价激励举措引导科技人员下沉一线服务的通知》，明确在职称评审、绩效考核、评优评先等工作中，将科技人员深入基层开展技术指导服务的工作量和实际表现情况作为重要评价依据，进一步引导农业科技人员主动下沉一线指导生产实践，有效支撑农业高质量发展。

二是健全专家服务基层长效机制。新设立16家国家级专家服务基地，鼓励支持专家与基层单位建立长期稳定的对口合作联系，利用专业优势帮助基层集聚创新资源、破解技术难题、培养急需人才，为巩固拓展脱贫攻坚成果同乡村振兴有效衔接提供人才智力支撑。

三是持续开展职称“定向评价、定向使用”工作。以国家乡村振兴重点帮扶县为主体，支持县以下基层开展职称“定向评价、定向使用”。实行单独设置评价标准，单独评审，取得的职称定向在艰苦边远地区和基层岗位聘用，鼓励和引导优秀人才向国家乡村振兴重点帮扶县等基层一线地区流动。

四是推进“设计下乡”。住房城乡建设部研究起草《关于新时代支持和引导设计下乡的意见》，印发《住房和城乡建设部办公厅关于印发设计下乡可复制经验清单（第一批）的通知》，总结推广各地好的经验做法，推动更多爱乡村、懂农民、熟悉当地情况的乡村规划、设计、建设、管理人才下乡服务，提升乡村规划建设管理水平。

五是加大对博士服务团、“西部之光”访问学者项目支持力度。2022年，选派第22批博士服务团到中西部地区和东北地区服务锻炼，组织开展第19批“西部之光”访问学者到有关部委及东部地区进行研修。同时，创新开展组团访学试点工作，按照产业发展链条上的技术缺口和人才短板，精准配套选派急需专业人才进行研修，组建“四川猕猴桃产业访学团”等9个团，实行接续选派、长期支持，助力乡村振兴。

六是推进“巾帼科技助农直通车”进乡村活动。全国妇联组织女科技工作者、农技女专家深入田间地头，对接家庭农场、农民合作社等，提供技术咨询、农事指导、农技培训、技术示范、成果转化等科技帮扶活动1 200余期，累计服务35.7万人次。

2. 夯实工作抓手，深化实施重大行动计划

统筹加强农业农村人才队伍建设，实施农业农村人才重大支持计划，充分激发人才在乡村振兴中的辐射带动作用。

一是深入实施专家服务基层等行动。以助力乡村振兴、服务基层发展为重点，优先服务国家乡村振兴重点帮扶县实际需求，深入实施专家服务基层行动、海外赤子为国服务行动计划，筹备开展博士后科技服务团、特培专家服务团活动，遴选确定80个各类专家服务基层示范团项目，通过灵活多样的形式，组织农业、教育、医疗等领域专家到基层一线开展各类服务活动。

二是持续组织开展“三支一扶”计划。2022年，人力资源社会保障部会同财政部等有关部门组织实施高校毕业生“三支一扶”计划，选派4.13万名高校毕业生到基层从事支教、支农、支医和帮扶乡村振兴等服务。指导各地围绕全面推进乡村振兴对青年人才的需求，大力开发乡村振兴助理员等服务岗位。2022年，帮扶乡村振兴和支农岗位共选派高校毕业生2.14万名，占招募总数的51.82%。加大对乡村振兴重点帮扶县、民族地区、艰苦边远地区等的支持力度，对国家乡村振兴重点帮扶县实行中央财政补助名额计划单列。2022年，共为国家乡村振兴重点帮扶县选派高校毕业生0.51万名，占招募总人数的12.34%。组织实施

"三支一扶"人员能力提升专项计划。2022年，各级人社部门组织各类培训1.54万人次，其中，乡村振兴专题培训0.5万人次。

三是持续实施革命老区、边疆地区和民族地区人才支持计划。2022年，中央组织部会同相关部门推进革命老区、边疆地区和民族地区人才支持计划实施，向县乡基层一线选派一批农业科技人才，为基层培养一批农业领域人才。中央组织部与人力资源社会保障部加强工作指导，推动各地做好乡村振兴重点帮扶县事业单位公开招聘工作，鼓励和引导更多优秀人才到乡村振兴一线干事创业，着力解决条件艰苦地区事业单位招人难、留人难问题。

四是持续实施"乡村振兴巾帼行动"。全国妇联培育妇女手工、巾帼电商等妇女优势特色产业人才队伍，与农业农村部等联合举办首届全国农民技能大赛民俗艺术类大赛，挖掘培育巾帼乡村工匠，发挥妇女手工领军人才作用，带动更多农村妇女将"指尖技艺"转变为"指尖经济"；积极发挥浙江、广州两个全国巾帼助农创业基地作用，培育巾帼电商人才，帮助拓展农副产品、妇女手工产品等销售渠道，2022年累计销售额达1.1亿元。重点关注粮食和重要农产品生产，开展全国巾帼现代农业科技示范基地创建工作，2022年认定100个全国巾帼现代农业科技示范基地，带动各地创建各级各类妇字号基地9 702个，培育了一批有思想、善经营、懂管理的巾帼新农人，引领示范带动更多妇女参与农业产业发展。

四、资源和能源保障

（一）做好乡村振兴用地规划计划保障

党中央、国务院印发自然资源部牵头编制的《全国国土空间规划纲要（2021—2035年）》，统筹农村一二三产业融合发展空间，因地制宜优化乡村空间用地结构，支撑和保障乡村振兴空间需求。2022年5月，自然资源部印发《自然资源部关于2022年土地利用计划管理的通知》，在依据规划严格控制总量和空间布局的前提下，继续坚持土地要素跟着项目走，以真实有效的项目落地作为配置计划指标的依据，切实保障有效投资用地需求。对国家重大项目和符合要求的省政府重大项目用地，由部统一确认配置计划指标；对其他项目用地，计划指标的配置与处置存量土地挂钩，量入为出，督促地方下大力气盘活存量土地。同时，继续安排每个脱贫县计划指标600亩，继续单列农村村民住宅建设用地计划。在2021年出台《关于保障和规范农村一二三产业融合发展用地的通知》的基础上，积极指导各省（区、市）结合实际制定实施细则，围绕“保障”和“规范”用地，明确正向激励和反向约束措施，通过引导农村产业在县域范围内统筹布局、盘活存量建设用地、保障新增建设用地、简化用地审批和规划许可，切实做好农村一二三产业融合发展用地保障工作。

（二）继续指导地方开展好增减挂钩工作

按照中央要求，过渡期内继续开展增减挂钩节余指标省域内交易政策。根据《巩固拓展脱贫攻坚成果同乡村振兴有效衔接过渡期内城乡建设用地增减挂钩节余指标跨省域调剂管理办法》，在相关省份充分协商的基础上，将2022年跨省域调剂任务报请国务院同意后下达有关省份，并指导地方做好节余指标验收核定工作。

（三）加强乡村振兴用电保障

近年来，国家能源局牵头组织各地能源（电力）主管部门和供电企业，全面推动《国家发展改革委 国家能源局关于全面提升“获得电力”服务水平 持续优化用电营商环境的意见》主要目标任务落地落实。截至2022年底，全国实现了包括农村地区在内的居民用户和低压小微企业用电报装“三零”（零上门、零审批、零投资）、高压用户用电报装“三省”（省力、省时、省钱）服务全覆盖。居民用户和160千瓦及以下的低压小微企业告别了“花钱办电”的历史。这是继2015年全国解决无电人口用电问题、2020年实现全国村村通动力电后，我国电力发展史上的又一个里程碑。农村地区供电可靠率持续提高，供电服务水平有效提升，人民群众和市场主体办电用电的获得感体验感显著增强。

第十一章　坚持和加强党对“三农”工作的全面领导

一、深入学习贯彻习近平总书记关于“三农”工作的重要论述

坚持把学习贯彻习近平总书记关于“三农”工作的重要论述作为重大政治任务，精心组织安排，周密组织实施。中央农村工作领导小组办公室印发工作方案和通知，对学习贯彻作出全面部署。北京、安徽、广东、四川、陕西等组织召开动员部署会，专题部署学习贯彻工作。分级分类举办乡村振兴干部培训班，江西、云南等分别轮训43.9万人次、45万人次。持续强化农村思想政治引领，开展“听党话、感党恩、跟党走”宣传教育活动，开展各类宣讲76万余次，参与群众7000多万人次。

二、压实全面推进乡村振兴责任

坚持中国共产党的领导是中国式现代化的本质要求。办好农村的事情，实现乡村振兴，关键在党，党的领导是做好“三农”工作的根本保证。

（一）强化五级书记抓乡村振兴责任

建立健全省级领导乡村振兴包抓制度、联系点制度，深入基层解决重点难点问题。省（区、市）党委定期研究本地区农村工作，定期听取农村工作汇报，制定出台农村工作政策举措。市（地、州、盟）党委做好上下衔接、督促检查工作，发挥好以市带县作用。县（市、区、旗）党委结合本地区实际，制定具体管用的工作措施，县委书记要当好“一线总指挥”。地方各级党委和政府主要负责人、农村基层党组织书记是本地区乡村振兴工作

第一责任人。江苏、安徽、江西、山东、重庆、青海等建立健全“五大振兴”专班或专项小组；广东87名省级领导同志每人联系一个涉农县，实现省市县镇各级党员干部挂点联系。

（二）开展党政领导班子和领导干部推进乡村振兴战略实绩考核

中央农村工作领导小组办公室会同中央和国家机关有关部门研究制定省级党委和政府推进乡村振兴战略实绩考核办法、工作方案，协调推动考核指标评分实施方案和评分细则制定，促进相关考核制度建设并开展2022年度试考核。指导各地区加强市县党政领导班子和领导干部乡村振兴战略实绩考核，考核结果作为干部综合考核评价的参考依据。中央组织部推动各级组织部门立足职能职责，发挥考核指挥棒作用，汇集高质量发展综合绩效评价及巩固拓展脱贫攻坚成果成效考核、粮食安全责任制考核等考核结果，作为中央管理的领导班子和领导干部年度考核的重要参考。上级党委和政府对下级党委和政府主要负责人、农村基层党组织书记履行第一责任人职责情况开展督查考核，并将考核结果作为干部选拔任用、评先奖优、问责追责的重要参考。坚持大抓基层鲜明导向，深入开展市县乡党委书记抓基层党建述职评议考核，强化抓党建促乡村振兴，以党建责任落实推动乡村振兴任务落地。

（三）按规定建立乡村振兴表彰激励制度

《中华人民共和国乡村振兴促进法》第一章第十一条规定，对在乡村振兴促进工作中作出显著成绩的单位和个人，按照国家有关规定给予表彰和奖励。《中国共产党农村工作条例》第六章第三十三条规定，各级党委应当建立激励机制，按照规定表彰和奖励在农村工作中作出突出贡献的集体和个人。中共中央办公厅、国务院办公厅印发的《乡村振兴责任制实施办法》第六章第二十四条提出，对落实乡村振兴责任到位、工作成效显著的部门和个人，以及作出突出贡献的社会帮扶主体，以适当方式予以表彰激励。2022年6月，全国评比达标表彰工作协调小组批复设立“全国乡村振兴奖”。

专栏15

坚持党的领导，层层抓落实，浙江省持续推进“千万工程”

2003年6月，时任浙江省委书记的习近平同志在广泛深入调查研究基础上，审时度势，高瞻远瞩，作出了实施“千村示范、万村整治”工程（简称“千万工程”）的重要决策。习近平总书记在浙江工作期间，对“千万工程”既绘蓝图、明方向，又指路径、教方法，到中央工作后继续给予重要指导。浙江按照习近平总书记重要指示要求，深入谋划推进、加强实践探索，推动“千万工程”持续向纵深迈进，深刻改变了浙江农村的面貌，造就了万千美丽乡村、造福了万千农民群众，探索出了一条从整治农村人居环境入手，进而全面推进乡村振兴、建设美丽中国的成功路径。

2018年9月，浙江省“千万工程”被联合国授予“地球卫士奖”，该奖为联合国的最高环境荣誉；2018年12月27日，全国学习浙江“千村示范、万村整治”工程经验，全面扎实推进农村人居环境整治工作会议在北京召开。

2019年3月，中共中央办公厅、国务院办公厅转发了《中央农办、农业农村部、国家发展改革委关于深入学习浙江“千村示范、万村整治”工程经验扎实推进农村人居环境整治工作的报告》。

2022年中央1号文件提出，借鉴推广浙江“千万工程”经验，鼓励地方党委和政府开展现场观摩、交流学习等务实管用活动。2022年11月10日，浙江省深化“千万工程”建设新时代美丽乡村现场会在衢州市龙游县召开，会议要求，充分发挥“千万工程”龙头作用，加快构建“千村未来、万村共富、全域和美”乡村振兴新格局，高质量创建乡村振兴示范省，全方位推动乡村产业、人才、文化、生态、组织振兴，加快走出全面推进乡村振兴、实现农业农村现代化的省域实践新路径。

三、完善“三农”工作统筹协调机制

2022年中共中央办公厅、国务院办公厅印发《乡村振兴责任制实施办法》，明确指出：“中央农村工作领导小组办公室根据中央农村工作领导小组安排部署，负责牵头组织开展乡村振兴重大政策研究、重大事项协调、重大任务督促落实等工作。中央和国家机关有关部门应当根据有关党内法规、法律法规规定和职责分工落实乡村振兴各项任务，加强对本单位本系统乡村振兴工作的领导，建立健全乡村振兴工作机制，加强部门协同，形成工作合力。”

（一）加强党的农村工作机构建设

《中国共产党农村工作条例》规定，中央农村工作领导小组在中央政治局及其常务委员会的领导下开展工作，对党中央负责，向党中央和总书记请示报告工作；发挥农村工作牵头抓总、统筹协调等作用，定期分析农村经济社会形势，研究协调“三农”重大问题，督促落实党中央关于农村工作重要决策部署。广西、海南、新疆等实行省级党委农办、农业农村、乡村振兴部门党政主要领导责任“一肩挑”。

（二）建立健全重点任务分工落实机制

推进各级党委农村工作领导小组议事协调规范化制度化建设，建立健全重点任务分工落实机制，协同推进乡村振兴。中央和地方党政机关各涉农部门认真履行贯彻落实党中央关于农村工作各项决策部署。召开党委常委会会议、政府常务会议、农村工作领导小组会议等，传达学习习近平总书记对“三农”工作的重要指示精神，谋划推动党中央、国务院决策部署落实落地。天津、河北、浙江、海南、陕西等建立乡村振兴任务分工清单管理制度；河北、江苏等出台《乡村振兴促进条例》，强化法制保障；北京制定率先基本实现农业农村现代化行动方案。

（三）总结推广各地推进乡村振兴的好经验好做法

2022年，国家发展改革委在组织各有关部门和各省（区、市）进行梳理总结的基础上，委托第三方机构对乡村振兴第一个五年规划实施效果进行总结评估。总体来看，《乡村振兴战略规划（2018—2022年）》主要指标如期实现，重点任务稳步落实，重大工程、重大计划、重大行动有序推进，乡村振兴实现良好开局。国家发展改革委确定了10个全国乡村振兴规划实施固定联系点，了解基层规划实施进展，发现总结好经验好做法并宣传推广。有关部门以部省共建为平台，支持浙江开展乡村振兴示范省建设，推动广东加快探索城乡融合发展的有效路径，支持江苏在率先基本实现农业农村现代化上先行一步，支持山东打造乡村振兴“齐鲁样板”，积极探索各具特色的乡村振兴路径模式。

四、抓点带面推进乡村振兴全面展开

按照2022年中央1号文件部署要求，各部门认真落实党中央、国务院决策部署，开展“百县千乡万村”乡村振兴示范创建，推进农业现代化示范区创建，推进“万企兴万村”行动，建立乡村振兴表彰激励制度，抓点带面推进乡村振兴全面展开。

（一）开展国家乡村振兴示范创建

2022年农业农村部、国家乡村振兴局联合印发《关于开展2022年“百县千乡万村”乡村振兴示范创建的通知》，通知要求，立足县、乡、村资源禀赋和发展基础，体现东、中、西部区域特色，农业农村部、国家乡村振兴局组织创建100个左右国家乡村振兴示范县，省级农业农村部门、乡村振兴局组织创建1000个左右乡村振兴示范乡镇、10000个左右乡村振兴示范村，分层级推进示范创建。

1. 明确工作要求

一是突出差异性。根据区位条件、资源禀赋、产业基础等特征，确定东中西、县乡村差异化目标任务，各有侧重地探索乡村振兴路径模式。二是突出针对性。在统筹推进乡村振兴各项工作的同时，聚焦区域发展的短板弱项，强化制度创新、政策创设，集中力量在重点领域和关键环节寻求突破，形成重点突破带动整体提升的格局。三是突出实效性。立足国情农情特点、农业产业特性、乡村地域特色，遵循乡村发展建设规律，注重示范创建的可复制、可推广，创一个成一个，避免盲目拔高标准，防止“垒大户”“造盆景”。四是突出共享性。尊重农民意愿，发挥农民主体作用，引导农民全程参与示范创建，共享发展成果，不断增强农民群众获得感、幸福感、安全感。

2. 分类指导创建重点

东部地区创建重点是：在巩固提升乡村产业发展基础的同时，聚焦提高全面推进乡村振兴质量，着力提升乡村治理和农村精神文明建设水平。中部地区创建重点是：在持续推进乡村产业发展的同时，聚焦加快全面推进乡村振兴进程，着力改善农村基础设施和公共服务条件。西部地区创建重点是：大力发展乡村特色产业，聚焦夯实全面推进乡村振兴基础，增强地区经济活力和发展后劲。

3. 开展创建评审工作

2022年示范县创建评审工作有序开展，按照“县级申请、市级部门择优遴选，省级部门审核并报省级政府同意，农业农村部、国家乡村振兴局批准创建”的程序，确定北京市大兴区等100个单位为国家乡村振兴示范县创建单位。

（二）推进农业现代化示范区创建

2022年，农业农村部、财政部、国家发展改革委联合印发《关于开展2022年农业现代化示范区创建工作的通知》，通知要求综合考虑各地农业资源禀赋、基础设施条件、特色产业发展等因素，围绕粮食产业、优势特色产业、都市农业、智慧农业、高效旱作农业和脱贫地区“小而精”特色产业等发展，以县（市、区）为单位，分区分类创建100个左右农业现代化示范区。

1. 明确工作要求

以习近平新时代中国特色社会主义思想为指导，贯彻党的十九大和十九届历次全会精神，立足新发展阶段、贯彻新发展理念、构建新发展格局、推动高质量发展，按照粮食生产稳面积提产能、产业发展稳基础提效益、乡村建设稳步伐提质量、农民增收稳势头提后劲的工作布局，围绕守住确保国家粮食安全和不发生规模性返贫两条底线，扎实有序推进乡村发展、乡村建设、乡村治理重点工作，探索建立农业现代化工作体系、政策体系和制度体系，促进农业设施化、园区化、融合化、绿色化、数字化发展，为全面推进乡村振兴、加快农业农村现代化提供有力支撑。

2. 部署创建任务

一是要聚焦“两个要害”，强化现代农业基础支撑。把提高农业综合生产能力放在更加突出的位置，在保障国家粮食安全上做表率。二是要聚焦农业多种功能和乡村多元价值，做优乡村特色产业。围绕拓展农业多种功能、挖掘乡村多元价值，重点发展农产品加工、乡村休闲旅游、农村电商等产业。三是聚焦产业集聚发展，打造现代农业园区载体。发挥园区政策集成、要素集聚、企业集中、功能集合的优势，引导科技研发、加工物流、营销服务等主体在示范区投资兴业。四是聚焦农业生产“三品一标”，推动农业全面绿色转型。全域推进农业品种培优、品质提升、品牌打造和标准化生产提升行动，打造农业绿色低碳产业链。五是聚焦信息技术与农机农艺融合，推进智慧农业发展。坚持以数字技术引领农业发展，围绕“一大一小”两头推进农机装备提档升级，打造一批农机农艺融合高标准应用基地，加快农田水利、冷链物流、加工仓储等设施智能化转型。

3. 开展示范区创建评审工作

农业农村部、财政部、国家发展改革委组织完成2022年农业现代化示范区创建评审工作。按照“县级政府申请，省级部门择优遴选，省级政府同意，农业农村部、财政部和国家发展改革委批准创建”的程序，确定北京市密云区等100个单位为农业现代化示范区。

（三）深入推进“万企兴万村”行动

国家乡村振兴局会同全国工商联等部门，加强工作指导，创新工作方法，强化工作调度，各项工作进展顺利。2022年6月，召开“万企兴万村”行动倾斜支持国家乡村振兴重点帮扶县专项工作视频调度会议，压实各方责任，及时协调解决民营企业参与乡村振兴工作中遇到的困难问题。向河南、山西、重庆、内蒙古等23个省、直辖市、自治区乡村振兴局发布了《关于动员企业开展电商帮扶助力脱贫地区产业发展的通知》，推介京东、阿里巴巴等14家头部电商平台企业助力脱贫地区农产品销售具体帮扶措施和对接方式，动员引导企业开展电商帮扶，助力脱贫地区拓宽产品销售渠道，促进农民群众持续稳定增收。国家乡村振兴局会同重庆市、山东省举办了2022年中国农民丰收节“强协作 促振兴——社会帮扶在行动”活动，签订鲁渝协作项目12个，签约金额78.37亿元。总的来看，专项工作整体进展顺利、开局良好。截至12月底，共动员3740家企业与160个重点帮扶县建立对接关系，以“帮县带村”的形式延伸带动3022个行政村，实施项目3601个，带动就业人口14.9万人，其中脱贫人口8.5万人。

专栏16

农业现代化示范区建设

建设农业现代化示范区是推进农业现代化的重要抓手。贯彻落实党中央、国务院决策部署，2021年以来，农业农村部会同财政部、国家发展改革委，分两批将200个县（市、区）纳入农业现代化示范区创建名单，聚焦重点、聚集资源、聚合力量，加快推动农业设施化、园区化、融合化、绿色化、数字化，分区分类探索差异化、特色化的农业现代化发展模式，示范引领区域乃至全国农业现代化建设，点上突破、面上提升的梯次推进格局正在形成。

一是探索各具特色的农业现代化发展模式。推行全链开发型，在粮食主产区以改善设施条件、壮大加工流通、提升种粮收益为路径，探索粮食产业全链条升级引领农业现代化发展模式。在特色农产品优势区拓展农业多种功能、挖掘乡村多元价值，推进延链补链壮链强链，探索产加销贯通、农文旅融合的农业全产业链发展模式。推行生态循环型，在生态脆弱区以发展资源节约、绿色循环、产品特优的高效旱作农业为路径，探索农业高质量发展与生态高水平保护相协调的发展模式。

推行创新驱动型，在大中城市周边地区以都市重要农产品保供、科技创新驱动、生态文化价值拓展为路径，探索主要依靠科技创新支撑的内涵式农业现代化发展模式。推行品牌引领型，在丘陵山区、脱贫地区以发展“小而精”特色农业、品牌农业为路径，探索把资源优势转化为产业优势、经济优势的发展模式。

二是构建要素集聚的保障机制。财政投入稳定增长。把现代农业作为财政支出的优先保障领域，利用财政引导撬动社会资本投入。江苏省支持示范区各类财政资金不低于1亿元，山东省支持3个示范区建设农业强县、每县奖补1亿元。金融支持得到加强。开展农业农村基础设施和产业融合项目融资打捆申报，推行政银担、园区贷、产业链金融、活体抵押贷款等融资服务。湖北省潜江市与国开行采用项目打捆方式，整市授信50亿元支持稻虾全产业链发展。产业用地重点保障。统筹新增指标倾斜安排、闲置土地高效利用、土地整治挖潜盘活等方式，创新推广“连片流转+土地整治+农业标准地”“点状供地”等模式，重点保障优质项目用地需求。

三是形成联动推进的工作格局。部门统筹推动。三部委统筹谋划示范区目标定位、建设布局、重点任务、支持政策等，向国务院专报示范区实施方案，推动示范区纳入“国家现代农业产业示范”创建范围。省级层面协调推动。31个省（区、市）农业农村和财政、发改等部门联合成立推进指导组，指导服务示范区创建。江苏省启动13个省级农业现代化先行区建设，四川省将示范区发展纳入农业强省和“10+3”乡村产业体系建设布局。创建单位主责推动。示范区所在县（市、区）均成立党委或政府主要负责同志任组长的推进协调指导组，编制农业现代化示范区建设规划或实施方案，按年度明确任务、细化方案、落实责任，确保创建措施落实落地。

四是探索一体推进“两化”的实现路径。在推进农业现代化的同时，一体推进农村现代化。产业带动基础设施提档。产业路、园区路配套建设，联动村组硬化路延伸到户，农产品电商发展促进产地仓储保鲜设施、物流配送站点建设，带动农业全产业链数字化改造和农村信息基础设施建设，2022年示范区信息化技术农业生产覆盖率达39.2%、比上年增加2.7个百分点。产业促动“三生”协调发展。绿色发展成为主旋律，农业投入品减量增效，畜禽粪污资源化利用水平不断提升。推动产业园区、新型社区、旅游景区同步建设，激活田园风光、湖光山色、民俗风情等乡土资源，彰显农村“土气”、焕发农人“生气”、融入时代“朝气”，培育一批生产生活生态相融、高颜值高品质高吸引力兼备的魅力村镇。产业拓展联农带农机制。推广土地流转得租金、入园就业得薪金、家庭经营得现金、入股分红得股金模式，探索新型农村集体经济发展方式。2022年示范区农村居民人均可支配收入26408元，比全国平均水平高30%以上。

2022年乡村振兴大事记

1月

4日

《农民日报》报道：农业农村部、国家发展改革委等部门联合印发通知，公布第七批412家农业产业化国家重点龙头企业名单。

6日

《人民日报》报道：生态环境部、国家发展改革委、财政部、自然资源部、住房和城乡建设部、水利部、农业农村部联合印发《“十四五”土壤、地下水和农村生态环境保护规划》。

7日

《人民日报》报道：国家能源局、农业农村部、国家乡村振兴局日前印发《加快农村能源转型发展助力乡村振兴的实施意见》。指出，到2025年，建成一批农村能源绿色低碳试点，风电、太阳能、生物质能、地热能等占农村能源的比重持续提升；新能源产业成为农村经济的重要补充和农民增收的重要渠道。

11日

《人民日报》报道：教育部近日召开新闻发布会，介绍巩固拓展教育脱贫攻坚成果同乡村振兴有效衔接工作，指出脱贫家庭辍学学生数量持续保持动态清零。

14日

《农民日报》报道：日前，农业农村部制定印发《“十四五”全国种植业发展规划》。

《农民日报》报道：近日，教育部、国家乡村振兴局、国家语委联合印发《国家通用语言文字普及提升工程和推普助力乡村振兴计划实施方案》。

20日

《人民日报》报道：中央宣传部会同中央文明办、国家发展改革委、教育部、科技部、司法部、农业农村部、文化和旅游部、国家卫生健康委、广电总局、国家乡村振兴局、共青团中央、全国妇联、中国文联、中国科协日前印发通知，对2022年文化科技卫生“三下乡”活动开展进行安排部署。

27日

《农民日报》报道：中央网信办等10部门近日印发《数字乡村发展行动计划（2022—2025年）》，对“十四五”时期数字乡村发展作出部署安排。

2月

12日

《人民日报》报道：日前，国务院印发《“十四五”推进农业农村现代化规划》，对“十四五”时期推进农业农村现代化的战略导向、主要目标、重点任务和政策措施等作出全面安排。

13日

《人民日报》报道：2月13日，全国春季农业生产暨加强冬小麦田间管理工作会议召开。李克强对会议作出批示并指出，因地因苗抓好春季田管，要加大农业生产扶持力度，确保全年粮食产量继续保持在1.3万亿斤以上。

17日

《人民日报》报道：国务院近日印发《关于开展第三次全国土壤普查的通知》，决定自2022年起开展第三次全国土壤普查，利用4年时间全面查清农用地土壤质量家底。

18日

《农民日报》报道：公安部近日召开视频会议，对全国公安机关服务保障“三农”工作进行研究部署。会议强调，要扎实抓好服务保障“三农”工作各项措施的落实，维护好农村社会和谐稳定。

19日

《农民日报》报道：中国农业银行本年春季计划新增投放春耕备耕贷款1 500亿元，全力保障春耕备耕资金需求，积极助力全年农业生产开好局、起好步。

22日

《农民日报》报道：生态环境部近日印发《“十四五”生态环境监测规划》。提出，组织开展3 500个特色村庄农村环境质量监测，整合农村生态环境监测数据，增强农村环境质量分析评价能力。

23日

《人民日报》报道：中共中央、国务院发布《关于做好二〇二二年全面推进乡村振兴重点工作的意见》。

25日

《农民日报》报道：近日，农业农村部印发《“十四五”全国农产品质量安全提升规划》。

3月

2日

《农民日报》报道：中国银保监会发布《农业保险承保理赔管理办法》。

3日

《农民日报》报道：民政部、国家乡村振兴局两部门于近日联合印发《关于动员引导社会组织参与乡村振兴工作的通知》。

5日

《农民日报》报道：3月5日，在十三届全国人大五次会议开幕后举行的首场“部长通道”上，农业农村部部长唐仁健就粮食生产、耕地保护和巩固拓展脱贫攻坚成果等问题回答了记者提问。

6日

《人民日报》报道：3月6日，中共中央总书记、国家主席、中央军委主席习近平看望参加全国政协十三届五次会议的农业界、社会福利和社会保障界委员时强调，实施乡村振兴战略，必须把确保重要农产品特别是粮食供给作为首要任务，把提高农业综合生产能力放在更加突出的位置，把“藏粮于地、藏粮于技”真正落实到位。

15日

《农民日报》报道：3月15日，全国“农机3·15”消费者权益日主会场活动在安徽省芜湖市启幕，活动主题为“稳量保供，提质护农”。

16日

《农民日报》报道：中央财政下达资金200亿元，对实际种粮农民发放一次性补贴，缓解农资价格上涨带来的种粮增支影响。

《农民日报》报道：农业农村部、国家乡村振兴局与建设银行签订战略合作协议，共同推动金融服务乡村振兴高质量发展。

《农民日报》报道：3月16日，农业农村部、国家乡村振兴局召开全国农村户厕问题整改暨农村人居环境整治提升推进视频会。会议强调，要务实推进农村户厕问题整改、农村人居环境整治提升五年行动、村庄清洁行动等重点工作，加快建设生态宜居美丽乡村。

17日

《农民日报》报道：农业农村部组织相关院士专家和省级渔业主管部门负责人，开展全国水产种业振兴行动相关工作线上集中研讨。

《农民日报》报道：3月17日，农业农村部召开全国农业机械化工作会议，部署2022年农业机械化工作。

《农民日报》报道：3月17日，农业农村部下发通知，要求统筹抓好疫情防控和春耕生产工作，不误农时春耕备耕，打牢全年粮食丰收基础。

18日

《人民日报》报道：财政部、农业农村部预拨农业生产和水利救灾资金16亿元。重点支持相关省（区、市）做好小麦促壮、防灾增产及重大农作物病虫害防治等工作，全力保障守牢国家粮食安全底线。

《人民日报》报道：农业农村部办公厅印发《关于公布全国粮食加工环节减损增效典型案例的通知》。

《农民日报》报道：3月18日，扩种大豆油料工作推进电视电话会议在京召开。

19日

《农民日报》报道：农业农村部近日印发《关于扎实做好南方水稻机械化种植推进工作的通知》。

21日

《人民日报》报道：国家开发银行2022年设立总额200亿元的春耕备耕专项贷款，助力保障城乡居民重要农副产品稳定供给。

《农民日报》报道：近日，财政部、生态环境部联合发布《关于开展2022年农村黑臭水体治理试点工作的通知》。

《农民日报》报道：近日，住房和城乡建设部印发《“十四五”住房和城乡建设科技发展规划》，提出要加大县城和乡村建设实用技术研究力度。

《农民日报》报道：财政部、住房和城乡建设部近日下发《关于组织申报2022年传统村落集中连片保护利用示范的通知》。提出，2022年在全国范围选择40个左右传统村落集中的县（区、县级市、旗及直辖市下辖区县）开展传统村落集中连片保护利用示范，示范期两年。

22日

《人民日报》报道：全国妇联办公厅、农业农村部办公厅、国家粮食和物资储备局办公室日前联合印发通知，部署开展“巾帼兴粮节粮”活动。

《人民日报》报道：财政部、农业农村部、国家乡村振兴局等6部门日前印发《关于加强中央财政衔接推进乡村振兴补助资金使用管理的指导意见》。

《农民日报》报道：3月22日，农业农村部在京召开部门协调会议，研究生猪稳产保供工作。

23日

《人民日报》报道：3月23日，李克强考

察农业农村部并主持召开座谈会，强调要不误农时抓好春管春耕保障粮食安全，为稳定经济社会发展大局提供坚实支撑。

24日

《农民日报》报道：2022年，中央财政预算安排衔接推进乡村振兴补助资金1 650亿元，同口径较2021年增加84.76亿元，增长5.4%。

《农民日报》报道：3月24日，国家乡村振兴局、退役军人事务部、共青团中央、全国妇联、中国科协、中国残联、全国工商联联合召开合力推进巩固拓展脱贫攻坚成果同乡村振兴有效衔接工作电视电话会议。

25日

《农民日报》报道：中国农业发展银行2022年预计投贷联动支持种业振兴200亿元，农发行农地贷款投放将不低于1 000亿元，支持化肥、农药、农机等农资供应贷款投放不低于200亿元、"菜篮子"工程贷款投放不低于200亿元，为保障粮食和重要农产品供给打好基础。

《农民日报》报道：3月25日，农业农村部召开推进职能转变和"放管服"改革工作领导小组会议，审议通过了《农业农村部关于进一步深化"放管服"改革的意见》。

《农民日报》报道：3月25日，国家乡村振兴局召开全国乡村振兴系统培训工作视频推进会，部署今年全国乡村振兴系统培训工作重点任务。

《农民日报》报道：3月25日，中央财政通过农业生产发展资金安排20亿元，支持11个冬小麦主产省通过实施重点作物绿色高质高效行动和开展农业生产社会化服务，做好冬小麦促弱转壮相关工作。

26日

《农民日报》报道：农业农村部、财政部明确2022年粮食生产重点工作及一揽子支持政策，要求各地全力以赴保夏粮小麦丰收，千方百计扩种大豆油料，紧盯不放做好农资稳价保供，毫不松懈抓好农业防灾减灾救灾，稳住农业基本盘，为推动经济社会平稳健康发展提供有力支撑。

27日

《人民日报》报道：3月27日，全国巩固拓展脱贫攻坚成果同乡村振兴有效衔接暨乡村振兴重点帮扶县工作推进会在云南曲靖召开。

29日

《人民日报》报道：近日，农业农村部、最高人民法院、最高人民检察院、工业和信息化部、公安部、市场监管总局和国家知识产权局联合印发《关于保护种业知识产权打击假冒伪劣套牌侵权营造种业振兴良好环境的指导意见》。

《人民日报》报道：日前，农业农村部召开2022年东北黑土地保护性耕作行动计划工作部署视频会议，进一步推动规范高效完成今春8 000万亩秸秆覆盖免少耕播种目标任务。

30日

《人民日报》报道：近日，农业农村部印发《关于实施新型农业经营主体提升行动的通知》，提出突出抓好农民合作社和家庭农场两类农业经营主体发展。

《人民日报》报道：日前，工信部、住建部等6部门发布《关于开展2022年绿色建材下乡活动的通知》，提出2022年将选择5个左右试点地区开展相关活动。

《农民日报》报道：3月30日，种子法实施座谈会在京召开。

31日

《农民日报》报道：日前，农业农村部印发《2022年国家产地水产品兽药残留监控计划》和《2022年国家水生动物疫病监测计划》，保障水产品安全有效供给。

《农民日报》报道：日前，农业农村部印发《远洋渔业“监管提升年”行动方案》，进一步提升远洋渔业监管能力，推进“十四五”远洋渔业规范有序高质量发展。

《人民日报》报道：3月31日，由财政部、国务院发展研究中心与世界银行联合开展研究的《中国减贫四十年：驱动力量、借鉴意义和未来政策方向》报告在京发布。

《农民日报》报道：3月31日下午，农业农村部人事司、计划财务司、科技教育司、人力资源开发中心共同组织开展了乡村产业振兴带头人培育“头雁”项目启动培训。

4月

1日

《人民日报》报道：4月1日出版的第7期《求是》杂志将发表中共中央总书记、国家主席、中央军委主席习近平的重要文章《坚持把解决好“三农”问题作为全党工作重中之重，举全党全社会之力推动乡村振兴》。

2日

《人民日报》报道：农业农村部和财政部近期联合印发《乡村产业振兴带头人培育“头雁”项目实施方案》。自2022年起每年为每个县培育10名左右“头雁”，用5年时间培育一支乡村产业振兴带头人队伍，带动全国新型农业经营主体形成“雁阵”，夯实乡村产业振兴人才基础。

6日

《人民日报》报道：中央宣传部、文化和旅游部、国家广播电视总局近日公布第九届全国服务农民、服务基层文化建设先进集体名单，346家单位荣获第九届全国服务农民、服务基层文化建设先进集体荣誉称号。

8日

《农民日报》报道：国家乡村振兴局、国家发展改革委、农业农村部将组织开展主题为“强体系、树新风、提服务，夯实易地扶贫搬迁安置点乡村治理工作基础，促进搬迁群众稳得住、能融入、有活力”的2022年易地扶贫搬迁安置点乡村治理专项行动。

12日

《农民日报》报道：2022年，农业农村部继续开展国贸基地认定培育工作，进一步发挥农业贸易助力农业高质高效、乡村宜居宜业、农民富裕富足重要作用。

《农民日报》报道：截至4月12日，农业经营主体信贷直通车已完成授信27 496笔，授信金额达205.77亿元。2022年农业农村部已将信贷直通车阶段性活动转为常态化服务。

13日

《农民日报》报道：日前，农业农村部印发《关于开展2022年中国美丽休闲乡村推介活动的通知》。

15日

《人民日报》报道：日前，国家发展改革委联合工业和信息化部、财政部等11部门印发通知，要求各地方和有关中央企业增强国内化肥生产供应能力，提高化肥及其生产原料运力保障水平，保障化肥供应和市场平稳运行，夯实夏粮丰收基础。

《人民日报》报道：近日，农业农村部印发通知，决定组织开展南方稻区水稻机械化种植推进行动，要求各级农业农村部门立足农业农村现代化和确保国家粮食安全目标任务，多措并举加快补齐机械化种植短板，为水稻稳产增产提供机械化支撑。

《农民日报》报道：日前，农业农村部办公厅印发《关于实施“耕耘者”振兴计划的通知》，决定自2022年起在全国启动实施“耕耘者”振兴计划。

《农民日报》报道：近日，中国银保监会

办公厅发布《关于2022年银行业保险业服务全面推进乡村振兴重点工作的通知》。

16日

《农民日报》报道：日前，《高标准农田建设通则》（GB/T 30600—2022）经国家市场监督管理总局（国家标准化管理委员会）批准发布，将于2022年10月1日起正式实施。

18日

《农民日报》报道：4月18日，国务院新闻办公室举行新闻发布会，介绍一季度国民经济运行情况。春耕备耕有序推进，畜牧业生产平稳增产。农业形势保持稳定，一季度，农林牧渔业增加值同比增长6.1%，猪牛羊禽肉产量增长8.8%。

20日

《人民日报》报道：近日，水利部、财政部、国家乡村振兴局联合印发《关于支持巩固拓展农村供水脱贫攻坚成果的通知》。

《农民日报》报道：日前，农业农村部办公厅印发《国家级农作物种质资源库（圃）管理规范》，并于4月11日起实施。

《农民日报》报道：国务院总理李克强4月20日主持召开国务院常务会议，部署进一步抓好春季农业生产的措施，确保粮食丰收和重要农产品稳定供应；确定能源保供增供举措，提升能源对经济社会发展的保障能力。

《农民日报》报道：4月20日，2022中国农业展望大会在京召开。

22日

《农民日报》报道：4月22日，农业农村部召开重点地区春耕生产和“菜篮子”产品保供视频调度会。

《农民日报》报道：4月22日，农业农村部召开定点帮扶和对口支援工作领导小组会议。会议强调，要聚焦产业发展，强化责任落实，扎实做好定点帮扶和对口支援工作，实现巩固拓展脱贫攻坚成果同乡村振兴有效衔接。

24日

《人民日报》报道：4月24日，以“阅读小康气象，奋进振兴征程”为主题的2022“新时代乡村阅读季”在京举行，助力乡村文化振兴。

《农民日报》报道：4月24日，乡村振兴创新与金融政策研讨会在北京召开。

26日

《人民日报》报道：4月26日，2021年度巩固拓展脱贫攻坚成果同乡村振兴有效衔接考核评估发现问题整改工作电视电话会议在京举行。

27日

《农民日报》报道：4月27日，农业农村部召开2022年全国扩大农业农村有效投资工作会议。

28日

《农民日报》报道：中央农办、农业农村部、国家乡村振兴局于4月中旬启动第三届“县乡长说唱移风易俗”活动，创新做好农村移风易俗宣传和教育引导，营造培育文明乡风的良好氛围。

5月

7日

《人民日报》报道：近日，中共中央办公厅、国务院办公厅印发《关于推进以县城为重要载体的城镇化建设的意见》。

《农民日报》报道：1—3月，农业农村部组织开展2022年第一次国家农产品质量安全例行监测工作，抽检蔬菜、畜禽产品和水产品等三大类产品86个品种127项参数6 910个样品，总体合格率为97.7%。

8日

《人民日报》报道：据水利部统计，2022年一季度，我国完成农村供水工程建设投资154亿元，提升了429万农村人口供水保障水平。

11日

《农民日报》报道：近日，中国社会科学院农村发展研究所在北京发布《中国乡村振兴综合调查研究报告2021》。

12日

《农民日报》报道：近日，农业农村部办公厅印发《新型农业经营主体辅导员工作规程》。

14日

《农民日报》报道：近日，中国社会科学院农村发展研究所与社会科学文献出版社联合主办的《农村绿皮书：中国农村经济形势分析与预测（2021—2022）》发布会在北京召开。

16日

《农民日报》报道：日前，巩固脱贫成果衔接乡村振兴政策研究成果交流会在线上举行。

《农民日报》报道：5月16日，农业农村部召开全国“三夏”生产视频调度暨小麦机收工作部署会，强调要全力以赴抓好小麦机收和“三夏”生产，确保夏粮颗粒归仓，夯实全年粮食生产基础。

19日

《农民日报》报道：5月19日，全国驻村帮扶工作视频推进会在京召开。

20日

《人民日报》报道：2022年夏季粮油收购工作陆续展开，国家继续在部分主产区实行小麦和稻谷最低收购价政策，小麦、早籼稻、中晚籼稻、粳稻最低收购价格水平分别为每50公斤115元、124元、129元、131元，较上年均有提高。

23日

《人民日报》报道：中央财政近日下达资金100亿元，再次向实际种粮农民发放一次性农资补贴，支持夏收和秋播生产，缓解农资价格上涨带来的种粮增支影响，进一步调动农民种粮积极性。

《农民日报》报道：民政部、国家乡村振兴局近日联合印发《关于动员引导社会组织参与乡村振兴工作的通知》。

24日

《人民日报》报道：近日，中共中央办公厅、国务院办公厅印发《乡村建设行动实施方案》。

25日

《人民日报》报道：2021年以来，各地区各部门扎实推动新阶段驻村帮扶工作，常态化驻村帮扶工作机制进一步完善。驻村第一书记和工作队轮换顺利完成，18.6万名驻村第一书记、56.3万名工作队员全部选派到位，新老交接有序推进，人才效能得到发挥。

26日

《人民日报》报道：5月26日，全国“三夏”生产工作推进电视电话会议在京召开。李克强作出重要批示，强调要切实做好夏收工作，保障人员和机具畅通无阻，确保不误农时、颗粒归仓。

28日

《农民日报》报道：近日，住房和城乡建设部、农业农村部等6部门发布《关于进一步加强农村生活垃圾收运处置体系建设管理的通知》。

《农民日报》报道：截至5月28日，全国已收获冬小麦面积3 798万亩，日机收面积678万亩，全国“三夏”大规模小麦机收全面展开。

31日

《农民日报》报道：5月31日，全国农业农村政策与改革工作会暨农村改革试验区工作推进视频会在京召开。

《农民日报》报道：5月31日，农业农村部办公厅印发《关于做好2022年地理标志农产品保护工程实施工作的通知》，决定于2022年在全国范围内重点支持200个地理标志农产品发展。

6月

2日

《人民日报》报道：日前，国家乡村振兴局制定印发《应对新冠肺炎疫情影响持续巩固拓展脱贫攻坚成果的若干措施》，出台5方面24项措施，召开全国乡村振兴局长视频会议。

《人民日报》报道：近日，2022年全国农村留守儿童关爱保护“百场宣讲进工地”活动启动仪式在重庆举行。

《农民日报》报道：6月2日，国家乡村振兴局、人力资源和社会保障部联合召开全国脱贫人口稳岗就业工作推进会议。

6日

《人民日报》报道：三北工程实施40多年来，在东北、华北、黄河河套平原等农业产区累计营造带片网相结合的区域性农田防护林165.6万公顷，有效防护的农田面积达3 021.4万公顷，农田林网化率达到44.1%，防护效应使工程区累计增加粮食产量4.23亿吨，年均增产1 058万吨。三北地区农田林网化面积和粮食产量呈“双增”趋势，保障了农作物丰产、稳产，维护了国家粮食安全。

7日

《人民日报》报道：中共中央党史和文献研究院编辑的习近平同志《论“三农”工作》一书，近日由中央文献出版社出版，在全国发行。该文集收入习近平同志2012年12月至2022年4月关于“三农”工作的重要文稿61篇，其中部分文稿是首次公开发表。

《人民日报》报道：全国大规模小麦机收5月28日全面开展以来，各地各部门组织服务保障有力，全国麦收总体进展顺利，跨区机收总体通畅有序，已连续8天日机收面积超1 000万亩。截至6月6日，全国已收冬小麦1.67亿亩，收获进度达到55%，麦收过半时间比2021年提前2天。

《人民日报》报道：近日，自然资源部公开通报24个处理结果不准确且未整改到位问题和53宗新增乱占耕地建房典型案例，发挥警示教育作用，坚决遏制乱占耕地建房行为，牢牢守住耕地保护红线。

8日

《人民日报》报道：截至5月底，各地农村供水工程已开工6 474处、完工2 419处，提升了932万农村人口供水保障水平。

《人民日报》报道：6月8日，第十二届金砖国家农业部长会议以视频形式召开。会议以“深化金砖合作，促进农业农村协同发展”为主题，重点围绕全球粮食安全、减贫等领域，就进一步深化农业农村领域务实合作进行了深入交流。

《农民日报》报道：6月8日，民政部、国家乡村振兴局召开社会组织助力乡村振兴工作推进会，旨在动员全国各级各类社会组织积极投身到乡村振兴事业中来，以实干实绩实效迎接党的二十大胜利召开。

9日

《人民日报》报道：近日，人力资源社会保障部、财政部印发通知，部署推进2022年高校毕业生“三支一扶”计划实施工作，将招募高校毕业生3.4万名投身基层服务。2021年，人力资源和社会保障部会同中央组织部、教育部、财政部等10部门启动实施第四轮高校毕业生“三支一扶”计划。一年来，3.8万名优秀高校毕业生投身基层支教、支农、支医，帮扶乡村振兴，为助推乡村振兴战略实施提供了有力的人才支撑。

《农民日报》报道：6月9日，农业农村部办公厅印发《落实全国稳住经济大盘电视电话会议精神 进一步做好扩大农业农村有效投资工作实施方案》。

《农民日报》报道：近日，第四届“美丽中国·乡村振兴”全国诗歌邀请赛在湖北省咸宁市启动。

《农民日报》报道：中央宣传部、农业农村部、国家乡村振兴局主办2022“新时代乡村阅读季”活动。

13日

《人民日报》报道：近日，国家乡村振兴局、教育部、人力资源和社会保障部共同启动“雨露计划+”就业促进行动，升级续写雨露计划的“后半篇”文章，组织开展从教育培训到促进就业的全链条、一体式帮扶。截至5月底，全国脱贫人口务工就业3 204万人，超额完成年度目标任务。

《农民日报》报道：近日，人力资源和社会保障部、国家发展改革委、民政部、财政部、农业农村部印发《关于进一步做好长江流域重点水域退捕渔民安置保障工作的通知》。

《农民日报》报道：近日，中央宣传部举行新闻发布会介绍新时代加快建设交通强国的进展与成效。10年来，完成了“具备条件的乡镇和建制村通硬化路、通客车”的兜底性目标任务，实现了“小康路上不让任何一地因交通而掉队”的庄严承诺，有力服务打赢脱贫攻坚战和乡村振兴战略实施。

《人民日报》报道：6月13日，乡村振兴促进法实施座谈会在京召开。

14日

《人民日报》报道：6月14日，学习贯彻习近平总书记关于“三农”工作的重要论述座谈会在京召开。

16日

《农民日报》报道：农业农村部启动实施农业品牌精品培育计划，并印发《农业品牌精品培育计划（2022—2025年）》。

《农民日报》报道：6月16日，农业农村部召开深化改革工作领导小组会议，传达学习习近平总书记近期关于深化改革的重要讲话和重要指示精神，总结2021年农村改革重点任务进展情况，研究推进2022年深化农村改革重点工作。

17日

《人民日报》报道：农业农村部办公厅日前印发方案，要求进一步聚焦稳定粮食生产、扩种大豆油料、打牢种子耕地农机基础、做优乡村特色产业、实施乡村建设行动等重点工作任务，加速投资落地，扎实推进农业农村经济稳定发展。

20日

《人民日报》报道：日前召开的中国农业展望大会发布《中国农业展望报告（2022—2031）》。

《农民日报》报道：近日，住房和城乡建设部发布《关于开展2022年乡村建设评价工作的通知》，决定选取102个县作为样本县开展2022年乡村建设评价工作。

《人民日报》报道：6月20日，全国乡村建设工作会议在福建省三明市召开。

21日

《人民日报》报道：6月21日，农业农村部在京举办2022年度全国农民手机应用技能培训周启动活动，以“提升农民数字技能 助力农村电商发展”为主题，为2022年中国农民丰收节重点活动之一。

《农民日报》报道：2022年全国“三夏”小麦大规模机收从5月28日全面开展，由南向北快速推进。

24日

《人民日报》报道：6月24日，为全面贯彻实施乡村振兴促进法，全国人大常委会启动乡村振兴促进法执法检查。

《农民日报》报道：6月24日，《中华人民共和国黑土地保护法》由十三届全国人民代表大会常务委员会第三十五次会议表决通过，于2022年8月1日起施行。

27日

《人民日报》报道：6月27日，中共中央总书记、国家主席、中央军委主席习近平给安徽省太和县的种粮大户徐淙祥回信，勉励全国种粮大户带动广大小农户多种粮种好粮，一起为国家粮食安全贡献力量。

28日

《农民日报》报道：近日，共青团中央办公厅、农业农村部办公厅联合印发《关于开展2022年度高素质青年农民培育工作的通知》。

7月

1日

《农民日报》报道：近日，农业农村部、国家发展改革委联合印发《农业农村减排固碳实施方案》。

7日

《农民日报》报道：农业农村部、国家体育总局、国家乡村振兴局近日印发《关于推进“十四五”农民体育高质量发展的指导意见》。

8日

《人民日报》报道：据农业农村部统计，2022年将确保高标准高质量完成1 500多万亩大豆玉米带状复合种植任务。截至当前，黄淮海地区600多万亩春播任务已全部完成，在田长势良好，夏播进展顺利。

《农民日报》报道：近日，经农业农村部、国家乡村振兴局、民政部批准，中国扶贫基金会正式更名为“中国乡村发展基金会”。

11日

《人民日报》报道：易地扶贫搬迁后续扶持和就业帮扶车间工作取得明显成效。据国家乡村振兴局统计，截至2022年6月底，搬迁脱贫群众就业规模459.4万人，超过2021年底水平，有劳动力的搬迁家庭基本实现至少1人就业；就业帮扶车间数量和吸纳脱贫人口数量持续保持稳定，分别达到3.4万个、43.3万人，为脱贫人口稳定就业、巩固拓展脱贫攻坚成果提供了有力支撑。

《人民日报》报道：7月11日，中央组织部、中央农办、中央党校（国家行政学院）、农业农村部共同举办省部级干部全面推进乡村振兴专题研讨班。

14日

《人民日报》报道：7月14日，国家统计局发布数据显示，2022年全国夏粮总产量14 739万吨（2 948亿斤），比上年增加143.4万吨（28.7亿斤），增长1.0%。其中，小麦产量13 567万吨（2 715亿斤），增长1.0%，夏粮实现增产丰收。

18日

《人民日报》报道：7月18日，全球重要农业文化遗产大会在浙江省青田县开幕，主题为“保护共同农业遗产，促进全面乡村振兴”，国家主席习近平向大会致贺信。

19日

《农民日报》报道：近日，农业农村部印发通知，正式启动国家现代农业全产业链标准化示范基地创建，统一纳入农业高质量发展标准化示范项目管理。

《农民日报》报道：7月19日，农业农村部、国家乡村振兴局召开深入推进农村户厕问题摸排整改“回头看”视频会。

20日

《人民日报》报道：文化和旅游部等10部门日前印发《关于促进乡村民宿高质量发展的指导意见》，提出到2025年，初步形成布局合理、规模适度、内涵丰富、特色鲜明、服务优质的乡村民宿发展格局。

《人民日报》报道：7月20日，国务院新闻办公室举行新闻发布会，2022年早稻及秋粮丰收基础较好，预计早稻面积稳中有增，当前收获过六成，秋粮面积超过13亿亩，长势总体正常。

《农民日报》报道：7月20日，中央网信办、农业农村部在浙江德清举办全国数字乡村建设现场推进会。

22日

《农民日报》报道：7月22日，农业农村部召开全国农业防灾减灾保秋粮丰收工作推进视频会。

23日

《农民日报》报道：7月21—23日，“第四届反刍动物大会暨2022年规模化牧场可持续发展高峰论坛”在天津举行。

26日

《农民日报》报道：7月26日，《中国农村发展报告（2022）》发布会在京举行。

27日

《农民日报》报道：农业农村部发布2021年金融支农八大创新模式与十大典型案例。

28日

《人民日报》报道：7月28日，黑土地保护法实施座谈会在京召开。

29日

《农民日报》报道：近日，民政部联合农业农村部等16部门印发《关于健全完善村级综合服务功能的意见》，提出到2025年村级综合服务设施覆盖率达到80%以上，农村地区村级综合服务保障持续改善，农民生产生活需求进一步满足，获得感、幸福感和安全感不断增强。

30日

《农民日报》报道：7月30日，“2022中国农产品电商半年高层会分析会”在线上成功举办，会上发布《2022中国农产品电商上半年分析报告》。

31日

《农民日报》报道：7月28—31日，以“中国种业振兴 南繁硅谷崛起”为主题的2022中国种子大会暨南繁硅谷论坛在海南省三亚市举办。

8月

2日

《人民日报》报道：为贯彻落实8月1日起施行的黑土地保护法有关规定，自然资源部办公厅日前发布《关于进一步加强黑土耕地保护的通知》，要求加强黑土耕地保护，严格耕地用途管制。

《农民日报》报道：日前，数字技术创新促进农村青年就业和创业能力建设研讨会成功在线召开。

3日

《农民日报》报道：日前，国家乡村振兴局、财政部、农业农村部联合召开加强扶贫项目资产后续管理暨衔接推进乡村振兴补助资金执行进度调度视频会议。

《农民日报》报道：近日，中国科协、国家乡村振兴局联合印发《关于实施“科技助力乡村振兴行动”的意见》。

4日

《农民日报》报道：近日，交通运输部举行新闻发布会，介绍上半年交通运输经济运行情况，预计2022年累计完成新改建农村公路15万公里，实施农村公路安全生命防护工程8万公里，改造农村公路危桥8 000座。

5日

《农民日报》报道：近日，经农业农村部、国家乡村振兴局、民政部批准，中国扶贫志愿服务促进会正式更名为“中国乡村发展志愿服务促进会”。

7日

《人民日报》报道：上半年，乡村富民产业稳定发展，农村就业增收渠道不断拓宽。在产业带动、就业创业拉动下，上半年农村居民人均可支配收入9 787元，实际增长4.2%。截至6月末，返乡农民工就业率90.7%，同比提高2个百分点。

9日

《农民日报》报道：近日，农业农村部办公厅印发《关于扶持国家种业阵型企业发展的通知》，集中力量构建“破难题、补短板、强优势”国家种业企业阵型，加快打造种业振兴骨干力量。

15日

《人民日报》报道：15日，以“转方式、提质量、树品牌、促产业”为主题的“2022年全国农业绿色发展高峰论坛暨包头第一届预制菜产业大会”在内蒙古自治区包头市举办。

17日

《农民日报》报道：近日，农业农村部等7部门联合印发《关于加强农村公共厕所建设和管理的通知》。

18日

《农民日报》报道：8月18日，由中央宣传部电影数字节目管理中心和中国农业电影电视中心联合发起的“礼赞新时代 奋进新征程”2022年“我为群众办实事”乡村振兴公益电影行活动在京启动。

19日

《农民日报》报道：8月19日，农业农村部、国家乡村振兴局召开农村户厕问题摸排整改情况交流座谈会。

22日

《农民日报》报道：近日，交通运输部、国家发展改革委、财政部、农业农村部等6部门联合印发《农村公路扩投资稳就业更好服务乡村振兴实施方案》，启动新一轮农村公路建设和改造。

23日

《人民日报》报道：近日，中共中央办公厅、国务院办公厅印发了《关于规范村级组织工作事务、机制牌子和证明事项的意见》，并发出通知，要求各地区各部门结合实际认真贯彻落实。

25日

《人民日报》报道：8月25日，全国农业科技创新工作会议在江苏省南京市召开。李克强作出重要批示指出，要把农业科技摆在突出重要位置，抓实抓好农业关键核心技术攻关、人才培养和成果转化等重点任务。

29日

《农民日报》报道：8月25—29日，第七届中国非物质文化遗产博览会在山东省济南市举办，展示非遗保护成果，助力乡村振兴。

30日

《人民日报》报道：2022年上半年，中国农业银行聚焦“三农”县域重点领域，提供高质量金融服务。县域贷款增量、余额占比均创10年来新高。巩固拓展脱贫攻坚成果持续加力，832个脱贫县贷款余额1.6万亿元，160个国家乡村振兴重点帮扶县贷款余额2 956亿元，增速11.1%。

《农民日报》报道：中央财政近日下达资金100亿元，再次向实际种粮农民发放一次性农资补贴，统筹支持秋收秋种。

31日

《人民日报》报道：近日，水利部、国家

发展改革委、财政部、国家乡村振兴局联合印发《关于加快推进农村规模化供水工程建设的通知》。

《人民日报》报道：交通运输部办公厅近日印发《关于做好农村公路扩投资稳就业实施工作的通知》，要求各地认真组织实施“四好农村路”助力乡村振兴五大工程，完善保障机制，扎实做好农村公路扩投资稳就业工作。

《人民日报》报道：国家粮食和物资储备局最新发布，截至8月25日，主产区各类粮食企业累计收购小麦5 030万吨，同比增加80万吨，旺季收购进度已超八成，大部分主产区已进入收尾阶段，夏粮收购进展总体顺利。

9月

1日

《人民日报》报道：近日，农业农村部会同中央组织部、中央宣传部、中央文明办等8部门联合印发《开展高价彩礼、大操大办等农村移风易俗重点领域突出问题专项治理工作方案》。

5日

《农民日报》报道：8月31日至9月5日，2022年中国国际服务贸易交易会在北京举行。

6日

《人民日报》报道：9月6日，中共中央总书记、国家主席、中央军委主席、中央全面深化改革委员会主任习近平主持召开中央全面深化改革委员会第二十七次会议，审议通过了《关于健全社会主义市场经济条件下关键核心技术攻关新型举国体制的意见》《关于深化院士制度改革的若干意见》《关于全面加强资源节约工作的意见》《关于深化农村集体经营性建设用地入市试点工作的指导意见》《关于进一步深化改革促进乡村医疗卫生体系健康发展的意见》。

7日

《人民日报》报道：9月7日，国家乡村振兴局、清华大学联合举办“百校联百县兴千村”行动启动仪式。

《人民日报》报道：9月7日，由全国工商联、农业农村部、国家乡村振兴局、中国光彩会、中国农业发展银行、中国农业银行共同主办的全国“万企兴万村”行动工作推进会在京举行。

13日

《人民日报》报道：9月13日，由农业农村部、商务部等部门发起的2022年中国农民丰收节金秋消费季活动在京启动。

《农民日报》报道：9月13日，水利部相关负责人表示，党的十八大以来，累计投入中央资金约1 500亿元用于灌区的建设和改造，为端牢中国饭碗奠定了坚实的水利基础。

15日

《农民日报》报道：9月15日，全国种业基地提升工作推进会在京召开。

《农民日报》报道：9月15日，2022年全国推动“四好农村路”高质量发展会议以视频形式召开。

16日

《农民日报》报道：日前，农业农村部、财政部、国家发展改革委联合印发通知，将100个县（市、区）列入2022年农业现代化示范区创建名单。

17日

《人民日报》报道：近日，第二十九届中国杨凌农业高新科技成果博览会在陕西杨凌开幕。

20日

《农民日报》报道：日前，农业农村部印发通知，要求各地高质量高效率组织做好2022年秋收、秋种、秋整地机械化生产工作，努力提升主要农作物生产机械化水平，为完成“三秋”作业提供坚实机械化支撑。

21日

《农民日报》报道：9月21日，全国现代农业产业园建设经验交流暨“十四五”农业农村现代化规划视频推进会在京召开。

22日

《人民日报》报道：9月22日，在第五个中国农民丰收节到来之际，中共中央总书记、国家主席、中央军委主席习近平代表党中央，向全国广大农民和工作在“三农”战线上的同志们致以节日的祝贺和诚挚的慰问。

《人民日报》报道：9月22日，农业农村部通过线上直播的方式举办2022中国美丽乡村休闲旅游行精品景点线路推介活动。

23日

《农民日报》报道：9月23日，四川成都、北京昌平两地同步举办2022年中国农民丰收节庆祝活动，以“庆丰收 迎盛会”为主题。

27日

《农民日报》报道：9月27日，国家乡村振兴局召开全国巩固拓展脱贫攻坚成果同乡村振兴有效衔接重点工作推进视频会议。

28日

《农民日报》报道：9月28日，国家发展改革委召开新闻发布会，介绍《乡村振兴战略规划（2018—2022年）》实施进展有关情况。

《农民日报》报道：9月28日，2022年农业农村部“送报下乡”项目读报用报座谈会在北京召开。

29日

《农民日报》报道：9月29日，首届农业生态环境建设论坛在北京举行。

10月

1日

《农民日报》报道：近日，农业农村部、国家发展改革委、生态环境部、中国人民银行、中华全国供销合作总社等5部门联合印发《建设国家农业绿色发展先行区 促进农业现代化示范区全面绿色转型实施方案》。

《农民日报》报道：近日，乡村振兴战略规划实施协调推进机制办公室组织编写的《乡村振兴战略规划实施报告（2018—2022年）》出版发布，乡村振兴战略第一个五年发展目标即将如期实现。

4日

《人民日报》报道：2022年前7月，全国农村公路完成固定资产投资2 273.1亿元，同比增长14.6%；新改建农村公路8.1万公里，同比增长20.3%；实施农村公路安全生命防护工程4.3万公里，同比增长35.5%。

8日

《农民日报》报道：近日，以“乡村振兴新征程 光影辉映二十大”为主题，由农业农村部办公厅、国家乡村振兴局政策法规司、中国电影家协会、中国农业电影电视中心、中国老区建设促进会、中国广播电视社会组织联合会、中国科教电影电视协会联合主办的2022中国农民丰收节第五届中国农民电影节在北京启动。

10日

《农民日报》报道：由商务部指导，河南省商务厅和新乡市人民政府主办的2022全国农产品产销对接乡村振兴（河南）活动在新乡市举办。

《人民日报》报道：10月10日，2022年世界粮食日和全国粮食安全宣传周活动在线上启动。

11日

《农民日报》报道：“致敬脱贫攻坚 助力乡村振兴”公益助学首批项目试点落地云南、甘肃。

13日

《农民日报》报道：10月13日，“三农这十年——新时代农业农村发展成就展”在全国农业展览馆开展。

16日

《人民日报》报道：近日，《习近平的扶贫足迹》《习近平的小康情怀》由人民出版社、新华出版社联合出版，在全国发行。

18日

《农民日报》报道：近日，农业农村部会同国家乡村振兴局联合印发文件，向社会推介第三批全国村级“文明乡风建设”典型案例，为治理农村陈规陋习、培育乡村文明风尚提供参考借鉴。

《农民日报》报道：近日，水利部等10部门印发《强化农村防汛抗旱和供水保障专项推进方案》。

《农民日报》报道：10月18日，第三批国家农业绿色发展先行区创建推进视频会在京召开。

19日

《人民日报》报道：农业农村部、国家乡村振兴局开展的国家乡村振兴示范县创建申报评审工作近日完成，100个单位入选2022年国家乡村振兴示范县创建单位。

20日

《农民日报》报道：10月20日，2022年“大国农匠”全国农民技能大赛种养能手类、创新创业类和农村电商人才类获奖选手名单公布。

21日

《农民日报》报道：近日，农业农村部、住房和城乡建设部联合发布《关于开展美丽宜居村庄创建示范工作的通知》，提出“十四五”期间争取创建示范美丽宜居村庄1 500个左右，推动乡村振兴。

26日

《人民日报》报道：住房和城乡建设部办公厅、人力资源和社会保障部办公厅近日印发通知，决定在培育乡村建设工匠的基础上，重点开展万名“乡村建设带头工匠”培训活动，带动乡村建设工匠职业技能和综合素质提升。

28日

《人民日报》报道：10月26日至28日，中共中央总书记、国家主席、中央军委主席习近平在陕西延安和河南安阳考察时强调，要全面推进乡村振兴，为实现农业农村现代化而不懈奋斗。

《人民日报》报道：10月28日，第二十三届中国中部（湖南）农业博览会在湖南长沙开幕，主题为“品牌引领现代农业，科技赋能乡村振兴”。

31日

《人民日报》报道：全国秋粮收获已接近尾声，收购工作开局良好。据国家粮食和物资储备局统计，截至10月31日，主产区累计收购秋粮3 034万吨，同比增加434万吨，其中，收购中晚稻1 599万吨、玉米1 397万吨、大豆38万吨。

《农民日报》报道：日前，中部六省脱贫地区农产品产销对接活动暨农业农村部定点帮扶县品牌农产品专场推介在湖南长沙举行。

《农民日报》报道：近日，农业农村部等7部门印发《关于加强农村公共厕所建设和管理的通知》，要求各地因需建设农村公共厕所。

11月

1日

《人民日报》报道：《中华人民共和国农产品质量安全法》由中华人民共和国第十三届全国人民代表大会常务委员会第三十六次会议于2022年9月2日修订通过，自2023年1月1日起施行。

《农民日报》报道：近日，全国农业机械

标准化技术委员会农业机械化分技术委员会印发《“十四五”农业机械化标准体系建设指南》。

3日

《农民日报》报道：11月3日，中国乡村发展协会第六届代表大会在京召开。

4日

《人民日报》报道：自然资源部办公厅近日发布关于过渡期内支持巩固拓展脱贫攻坚成果同乡村振兴有效衔接的通知。通知明确过渡期内每个脱贫县每年安排新增建设用地计划指标600亩，专项用于巩固拓展脱贫攻坚成果和乡村振兴用地需要，不得挪用。

《人民日报》报道：国家艺术基金2022年度传播交流推广资助项目“脱贫故事绘”系列连环画展览全国首站日前在辽宁美术馆开幕。

5日

《农民日报》报道：11月5日，第五届虹桥国际经济论坛“以经贸合作促进全球粮食安全和乡村振兴”分论坛在上海举办。

9日

《农民日报》报道：11月9日，全国暨地方政协农业和农村委员会工作座谈会在京召开。

10日

《人民日报》报道：近日，民政部会同中央农办、财政部、国家乡村振兴局联合印发《关于进一步做好最低生活保障等社会救助兜底保障工作的通知》。

11日

《农民日报》报道：近日，农业农村部科技教育司印发《2022—2023年国家乡村振兴重点帮扶县“农村青年主播”培育工作方案》的通知。

12日

《人民日报》报道：11月12日，由国家国际发展合作署、农业农村部、国家粮食和物资储备局共同主办的“杂交水稻援外与世界粮食安全”国际论坛在北京举行，国家主席习近平向论坛发表书面致辞。

《农民日报》报道：教育部会同有关部门制定印发《农村义务教育学生营养改善计划实施办法》。

《农民日报》报道：11月12日，第二届“中国新农民”故事会在江苏省常熟市海虞镇铜官山村举办。

15日

《人民日报》报道：经各省份遴选推荐、专家评审和网上公示，农业农村部推介255个乡村为2022年中国美丽休闲乡村，其中农家乐特色村84家。

《人民日报》报道：近日，自然资源部、国家林草局、国家发展改革委、财政部、农业农村部联合印发《关于进一步完善政策措施 巩固退耕还林还草成果的通知》。

16日

《人民日报》报道：近日，国家林业和草原局、农业农村部、自然资源部、国家乡村振兴局印发《“十四五”乡村绿化美化行动方案》，提出到2025年，全国平均村庄绿化覆盖率达到32%。

18日

《人民日报》报道：据中国供销集团统计，脱贫地区农副产品网络销售平台（“832平台”）累计销售额突破300亿元，助推832个脱贫县的近300万农户巩固脱贫成果。截至10月31日，“832平台”累计入驻供应商1.7万家，在售商品22.4万款，注册采购单位超61家。

《农民日报》报道：11月18日，农业农村部农业机械化总站组织召开全国农机试验鉴定和农机化技术推广工作会。

23日

《农民日报》报道：近日，国家乡村振兴

局、教育部、工业和信息化部等8部门联合发布《关于推进乡村工匠培育工作的指导意见》。

《农民日报》报道：11月23日，农业农村部召开全国经济作物高质量发展暨种植业“三品一标”提升行动推进视频会议。

26日

《农民日报》报道：11月26日，由中共中央宣传部、农业农村部、国家乡村振兴局共同主办的2022“新时代乡村阅读季”成果发布活动在四川省成都市世纪城新会展中心举行。本次活动揭晓了2022年“乡村阅读榜样”入选名单。

27日

《人民日报》报道：日前，人力资源社会保障部、国家发展改革委、财政部、农业农村部、国家乡村振兴局联合印发《关于进一步支持农民工就业创业的实施意见》。

12月

5日

《农民日报》报道：近日，水利部、财政部联合发布《关于公布2023—2024年水系连通及水美乡村建设县名单的通知》。

《农民日报》报道：近日，水利部印发《关于推进农村供水工程标准化管理的通知》，提出2030年底前，农村集中供水工程全面实现标准化管理。

6日

《人民日报》报道：财政部、农业农村部、国家乡村振兴局、中华全国供销合作总社日前下发《关于进一步做好政府采购脱贫地区农副产品有关工作的通知》，要求各地依托脱贫地区农副产品网络销售平台（“832平台”），深入推进政府采购脱贫地区农副产品工作。

《农民日报》报道：日前，2022科技赋能乡村发展国际论坛在北京举办。论坛发布了《科技赋能乡村发展2022：数字科技赋能乡村产业发展》报告。

9日

《农民日报》报道：人力资源和社会保障部办公厅、国家发展改革委办公厅、国家乡村振兴局综合司近日联合印发《关于进一步推进东西部人社协作的通知》。

12日

《农民日报》报道：近日，第二届全国农业科技成果转化大会在四川成都举行，大会主题为“乡村振兴、科技先行、粮食安全、种业引领”。

14日

《人民日报》报道：近日，中共中央办公厅、国务院办公厅印发《乡村振兴责任制实施办法》。

15日

《农民日报》报道：日前，农业农村部、国家乡村振兴局联合发布第四批全国乡村治理典型案例。

16日

《农民日报》报道：12月16日，2022中国农业农村科技发展高峰论坛暨中国现代农业发展论坛在京举行。

21日

《农民日报》报道：12月21日，乡村振兴重点帮扶县产销对接活动在四川成都举行。

22日

《农民日报》报道：12月22日，第十九届中国国际农产品交易会开幕会暨农业绿色发展论坛在四川成都举行。

24日

《人民日报》报道：12月23日至24日，中央农村工作会议在北京举行。中共中央总书记、国家主席、中央军委主席习近平参加会议并强调，要锚定建设农业强国目标，切实抓好农业农村工作。会议讨论了《中共中央、国务院关于做好2023年全面推进乡村振兴重点工作的意见（讨论稿）》。

31日

《农民日报》报道：日前，由中华全国供销合作总社主办，财政部、农业农村部、国家乡村振兴局协办，中国供销电子商务有限公司承办的2022脱贫地区农副产品产销对接会暨“832平台”（脱贫地区农副产品网络销售平台）年货节启动。

附　表

附表说明

1.本附表简要地列入了2005—2022年有关农业部门的主要统计指标数字，内容涉及农业在国民经济中的地位、农村劳动力、农业投入、土地资源、农业生产、农村居民收入及支出、农产品价格、农产品进出口等方面。

2.由于统计指标及统计口径的变更与调整，某些指标因缺乏资料而中断。根据这些情况，本附表也酌情进行了一定的调整。

3.表中数据凡未加注释的均来自国家统计局，对于来自其他部门的数据各表下方附有注释。

4.表中四大经济地区划分：东部地区为北京、天津、河北、上海、江苏、浙江、福建、山东、广东和海南共10个省（市）；中部地区为山西、安徽、江西、河南、湖北、湖南共6个省；西部地区为内蒙古、广西、重庆、四川、贵州、云南、西藏、陕西、甘肃、青海、宁夏、新疆共12个省（区、市）；东北地区为辽宁、吉林和黑龙江共3个省份。

5.与往年一样，本报告（包括附表）所有统计资料和数据均未包括香港、澳门特别行政区和台湾省。

6.表中符号说明：

“...”表示数字不足本表最小单位数；

“/”表示无该项指标数据；

“空格”表示数据不详或截至本报告印刷之前尚未公布。

7.各表字段尾如带有附加括号的数字（1）、（2）、（3）等表示表下方有注释。

表1 农村经济在国民经济中的地位

年份	农林牧渔业增加值占国内生产总值的比重(%)	第一产业就业人数占就业总人数的比重(%)	乡村就业人数占就业总人数的比重(%)	农村消费品零售额占全社会消费品零售额的比重[1](%)	用于农业支出占财政支出的比重[2](%)	农业贷款占金融机构人民币各项贷款的比重(%)	农产品进口额占进口总额的比重(%)	农产品出口额占出口总额的比重(%)
2005	12.0	44.8	62.0	32.8	7.2	5.9	4.3	3.6
2006	11.0	42.6	60.5	32.5	7.9	5.9	4.0	3.2
2007	10.5	40.8	58.9	32.3	6.8	5.9	4.3	3.0
2008	10.5	39.6	57.5	32.0	7.2	5.8	5.1	2.8
2009	9.9	38.1	56.1	32.8	8.8	5.4	5.2	3.3
2010	9.6	36.7	54.4	13.3	9.0	/	5.2	3.1
2011	9.5	34.8	53.0	13.2	9.1	/	5.4	3.2
2012	9.4	33.6	51.6	13.3	9.5	/	6.1	3.1
2013	9.2	31.4	50.3	13.4	9.5	/	6.1	3.1
2014	8.9	29.5	49.1	13.7	/	/	6.2	3.0
2015	8.7	28.3	47.8	13.9	/	/	6.9	3.1
2016	8.4	27.7	46.6	14.0	/	/	7.0	3.5
2017	7.8	27.0	45.3	15.7	/	/	6.9	3.4
2018	7.3	26.1	44.0	14.5	/	/	6.5	3.2
2019	7.5	25.1	42.9	14.7	/	/	7.3	3.2
2020	8.0	23.6	38.4	13.5	/	/	8.3	2.9
2021	7.6	22.9	37.3	13.4	/	/	8.2	2.5
2022	7.7	24.1	37.4	13.5	/	/	8.7	2.7

注：（1）根据新颁布的《统计上划分城乡的规定》，2010年及以后农村消费品零售额的统计范围由原来的“市、县、县以下”调整为“乡及乡以下”。
（2）2007年及以后用于农业支出是指农林水支出。

表2　农林牧渔业产值及构成（按当年价格计算）

单位：亿元

年份	农林牧渔业总产值	农林牧渔业增加值						农林牧渔业增加值构成（%）				
			农业增加值	林业增加值	牧业增加值	渔业增加值	服务业	农业增加值	林业增加值	牧业增加值	渔业增加值	服务业
2005	39 450.9	22 416.2	12 758.5	975.5	6 506.9	2 327.2	(151.8)	56.9	4.4	29.0	10.4	(0.7)
2006	40 810.8	24 036.4	13 937.0	1 099.2	5 811.8	2 415.5	772.8	58.0	4.6	24.2	10.0	3.2
2007	48 651.8	28 483.7	15 988.9	1 272.9	7 796.7	2 723.8	701.4	56.1	4.5	27.4	9.6	2.5
2008	57 420.8	33 428.1	18 151.0	1 459.0	9 985.0	3 172.0	661.1	54.3	4.4	29.9	9.5	2.0
2009	59 311.3	34 659.7	19 738.7	1 579.0	9 412.3	3 424.1	505.6	56.9	4.6	27.2	9.9	1.5
2010	67 763.1	39 619.0	23 684.5	1 744.2	10 022.1	3 903.8	1 179.0	59.8	4.4	25.3	9.9	2.9
2011	78 837.0	46 122.6	27 042.8	2 089.2	12 431.4	4 590.0	/	58.6	4.5	27.0	10.0	/
2012	86 342.2	50 581.2	30 216.1	2 281.3	13 128.4	5 266.9	/	59.7	4.5	26.0	10.4	/
2013	93 173.7	54 692.4	33 147.2	2 569.3	13 762.8	5 842.5	/	60.6	4.7	25.2	10.7	/
2014	97 822.5	57 472.2	35 257.5	2 793.0	14 025.3	6 260.2	/	61.3	4.9	24.4	10.9	/
2015	101 893.5	59 852.6	37 029.7	2 895.8	14 360.0	6 569.1	/	61.9	4.8	24.0	11.0	/
2016	106 478.7	62 451.0	38 152.4	3 025.3	15 492.0	6 995.6	/	61.1	4.8	24.8	11.2	/
2017	109 331.7	64 660.0	36 675.3	3 177.1	18 579.4	7 321.2	/	56.7	4.9	28.7	11.3	/
2018	113 579.5	67 558.7	/	/	/	/	/	/	/	/	/	/
2019	123 967.9	73 576.9	/	/	/	/	/	/	/	/	/	/
2020	137 782.2	81 396.5	/	/	/	/	/	/	/	/	/	/
2021	147 013.4	86 775.0	/	/	/	/	/	/	/	/	/	/
2022	156 065.9	92 582.4	/	/	/	/	/	/	/	/	/	/

表3 农业物质生产条件

年份	农业机械总动力（万千瓦）	大中型拖拉机（万台）	小型拖拉机（万台）	农村用电量（亿千瓦时）	有效灌溉面积（万公顷）	化肥施用量（折纯量）（万吨）	复合肥（万吨）	农用塑料薄膜使用量（万吨）	农用柴油使用量（万吨）	农药使用量（万吨）
2005	68 397.8	139.6	1 526.9	4 375.7	5 502.9	4 766.2	1 303.2	176.2	1 902.7	146.0
2006	72 522.1	171.8	1 567.9	4 895.8	5 575.1	4 927.7	1 385.9	184.5	1 922.8	153.7
2007	76 589.6	206.3	1 619.1	5 509.9	5 651.8	5 107.8	1 503.0	193.7	2 020.8	162.3
2008	82 190.4	299.5	1 722.4	5 713.2	5 847.2	5 239.0	1 608.6	200.7	1 887.9	167.2
2009	87 496.1	351.6	1 750.9	6 104.4	5 926.1	5 404.4	1 698.7	208.0	1 959.9	170.9
2010	92 780.5	392.2	1 785.8	6 632.3	6 034.8	5 561.7	1 798.5	217.3	2 023.1	175.8
2011	97 734.7	440.6	1 811.3	7 139.6	6 168.2	5 704.2	1 895.1	229.5	2 057.4	178.7
2012	102 559.0	485.2	1 797.2	7 508.5	6 303.6	5 838.8	1 990.0	238.3	2 107.6	180.6
2013	103 906.8	527.0	1 752.3	8 549.5	6 347.3	5 911.9	2 057.5	249.3	2 154.9	180.2
2014	108 056.6	568.0	1 729.8	8 884.4	6 454.0	5 995.9	2 115.8	258.0	1 807.0	180.7
2015	111 728.1	607.3	1 703.0	9 026.9	6 587.3	6 022.6	2 175.7	260.4	2 197.7	178.3
2016	97 245.6	645.4	1 671.6	9 238.3	6 714.1	5 984.1	2 207.1	259.3	2 117.1	175.4
2017	98 783.3	670.1	1 634.2	9 524.4	6 781.6	5 859.4	2 220.3	252.8	2 095.11	165.51
2018	100 371.7	422.0	1 818.3	9 358.5	6 827.2	5 653.4	2 268.8	246.7	2 003.39	150.4
2019	102 758.3	443.9	1 780.4	9 482.9	6 867.9	5 403.6	2 230.7	240.8	1 934	139.2
2020	105 622.1	477.3	1 727.6	9 717.2	6 916.1	5 250.7	2 221.0	238.9	1 848.2	131.3
2021	107 764.3	489.1	1 675.0	6 736.3	6 962.5	5 191.3	2 294.0	235.8	1 802	123..9
2022	110 408.0	/	/	/	7 0162.0	5 079.2	/	/	/	/

表4 农作物播种面积

单位：万公顷

年份	农作物总播种面积	粮食作物播种面积					油料	棉花	糖料	蔬菜	果园面积
			稻谷	小麦	玉米	大豆					
2005	15 548.8	10 427.8	2 884.7	2 279.3	2 635.8	959.1	1 431.8	506.2	156.4	1 772.1	1 003.5
2006	15 214.9	10 495.8	2 893.8	2 361.3	2 846.3	928.0	1 173.8	581.6	156.7	1 663.9	1 012.3
2007	15 039.6	10 599.9	2 897.3	2 377.0	3 002.4	875.4	1 234.4	519.9	175.6	1 561.5	980.5
2008	15 369.0	10 754.5	2 935.0	2 371.5	3 098.1	912.7	1 323.2	527.8	192.6	1 653.9	1 022.1
2009	15 559.0	11 025.5	2 979.3	2 444.2	3 294.8	919.0	1 344.5	448.5	180.4	1 667.0	1 045.4
2010	15 678.5	11 169.5	3 009.7	2 445.9	3 497.7	851.6	1 369.5	436.6	180.9	1 620.1	1 068.1
2011	15 985.9	11 298.0	3 033.8	2 452.3	3 676.7	788.9	1 347.1	452.4	183.4	1 791.0	1 080.8
2012	16 182.7	11 436.8	3 047.6	2 457.6	3 910.9	717.2	1 343.5	436.0	188.7	1 849.7	1 099.0
2013	16 345.3	11 590.8	3 071.0	2 447.0	4 129.9	679.1	1 343.8	416.2	184.4	1 883.6	1 104.3
2014	16 496.6	11 745.5	3 076.5	2 447.2	4 299.7	680.0	1 339.5	417.6	173.7	1 922.4	1 160.8
2015	16 682.9	11 896.3	3 078.4	2 459.6	4 496.8	650.6	1 331.4	377.5	157.3	1 961.3	1 121.2
2016	16 693.9	11 923.0	3 074.6	2 469.4	4 417.8	720.2	1 319.1	319.8	155.5	1 955.3	1 090.3
2017	16 633.2	11 798.9	3 074.7	2 450.8	4 239.9	824.5	1 322.3	319.5	154.6	1 998.1	1 113.6
2018	16 590.2	11 703.8	3 018.9	2 426.6	4 213.0	841.3	1 287.2	335.4	162.3	2 043.9	1 187.5
2019	16 593.1	11 606.4	2 969.4	2 372.8	4 128.4	933.2	1 292.5	333.9	161.0	2 086.3	1 227.7
2020	16 748.7	11 676.8	3 007.6	2 338.0	4 126.4	988.2	1 312.9	316.9	156.8	2 148.5	1 264.6
2021	16 869.5	11 763.1	2 992.1	2 356.7	4 332.4	841.5	1 301.2	302.8	145.8	2 198.6	1 280.8
2022	16 999.1	11 833.2	2 945.0	2 352.0	4 307.0	1 024.0	1 314.1	300.0	147.0	/	/

表5　农业自然灾害及除涝治碱情况

单位：万公顷

年份	受灾面积			成灾面积			成灾面积占受灾面积比例(%)	除涝面积	水土流失治理面积
		水灾面积	旱灾面积		水灾面积	旱灾面积			
2005	3 881.8	1 093.2	1 602.8	1 996.6	604.7	847.9	51.4	2 134.0	9 465.4
2006	4 109.1	800.3	2 073.8	2 463.2	456.9	1 341.1	59.9	2 137.6	9 749.1
2007	4 899.2	1 046.3	2 938.6	2 506.4	510.5	1 617.0	51.2	2 141.9	9 987.1
2008	3 999.0	647.7	1 213.7	2 228.4	365.6	679.8	55.7	2 142.5	10 158.7
2009	4 721.4	761.3	2 925.9	2 123.4	316.2	1 319.7	45.0	2 158.4	10 454.5
2010	3 742.6	761.3	2 925.9	1 853.8	702.4	898.7	49.5	2 169.2	10 680.0
2011	3 247.1	686.3	1 630.4	1 244.1	284.0	659.9	38.3	2 172.2	10 966.3
2012	2 496.2	773.0	934.0	1 147.5	414.5	350.9	46.0	2 185.7	11 186.2
2013	3 135.0	875.7	1 410.0	1 430.3	485.9	585.2	45.6	2 194.3	10 689.2
2014	2 489.1	471.8	1 227.2	1 267.8	270.4	567.7	50.9	2 236.9	11 160.9
2015	2 177.0	562.0	1 061.0	1 238.0	332.7	586.3	56.9	2 271.3	11 554.7
2016	2 622.1	853.1	987.3	1 367.0	433.8	613.1	52.1	2 306.7	12 041.2
2017	1 847.8	580.9	987.5	920.0	302.0	444.0	49.8	2 382.4	12 583.9
2018	2 081.4	728.3	771.2	1 057.0	255.0	262.0	50.8	2 426.2	13 153.2
2019	1 925.7	668.0	783.8	791.0	261.0	111.4	41.1	2 452.9	13 732.5
2020	1 996.0	719.0	508.0	799.3	303.6	250.7	40.0	2 458.6	14 312.2
2021	1 173.9	476.0	342.6	468.2	468.2	468.2	39.9	2 461.9	14 955.2
2022	1 207.0	341.0	609.0	437.0	146.0	204.0	36.2	/	/

表6 主要农产品产量

单位：万吨

年份	粮食						油料	棉花	甘蔗	甜菜	水果
		谷物				大豆					
			稻谷	小麦	玉米						
2005	48 402	42 776	18 059	9 745	13 937	1 635	3 077	571	8 664	788	16 120
2006	49 804	45 099	18 172	10 847	15 160	1 597	2 640	753	9 709	751	17 102
2007	50 413.9	45 963.0	18 638.1	10 952.5	15 512.3	1 273	2 787.0	759.7	11 179.4	902.9	16 800.1
2008	53 434.3	48 569.4	19 261.2	11 293.2	17 212.0	1 554	3 036.8	723.2	12 152.1	853.9	18 108.8
2009	53 940.9	49 243.3	19 619.7	11 583.4	17 325.9	1 498	3 139.4	623.6	11 200.4	546.5	19 093.7
2010	55 911.3	51 196.7	19 722.6	11 614.1	19 075.2	1 508	3 156.8	577.0	10 598.2	705.1	20 095.4
2011	58 849.3	54 061.7	20 288.3	11 862.5	21 131.6	1 449	3 212.5	651.9	10 867.4	795.8	21 018.6
2012	61 222.6	56 659.0	20 653.2	12 254.0	22 955.9	1 305	3 285.6	660.8	11 574.6	877.2	22 091.5
2013	63 048.2	58 650.4	20 628.6	12 371.0	24 845.3	1 195	3 287.4	628.2	11 926.4	628.7	22 748.1
2014	63 964.8	59 601.5	20 960.9	12 832.1	24 976.4	1 215	3 371.9	629.9	11 578.8	509.9	23 302.6
2015	66 060.3	61 818.4	21 214.2	13 263.9	26 499.2	1 179	3 390.5	590.7	10 706.4	508.8	24 524.6
2016	66 043.5	61 666.5	21 109.4	13 327.1	26 361.3	1 294	3 400.0	534.3	10 321.5	854.5	24 405.2
2017	66 160.7	61 520.5	21 267.6	13 433.4	25 907.1	1 511	3 475.2	565.3	10 440.4	938.4	25 241.9
2018	65 789.2	61 003.6	21 212.9	13 144.0	25 717.4	1 597	3 433.4	610.3	10 809.7	1 127.7	25 688.4
2019	66 384.3	61 369.7	20 961.4	13 359.6	26 077.9	1 809	3 493.0	588.9	10 938.8	1 227.3	27 400.8
2020	66 949.2	61 674.3	21 186.0	13 425.4	26 066.5	1 960	3 586.4	591.0	10 812.1	1 198.4	28 692.4
2021	68 284.7	63 275.7	21 284.2	13 694.4	27 255.1	1 640	3 613.2	573.1	10 666.4	785.1	29 970.1
2022	68 652.8	63 324.3	20 849.5	13 772.3	27 720.3	2 028	3 654.2	598.0	10 338.1	893.3	31 296.2

表7 养殖业情况

年份	大牲畜年末存栏(万头)	猪年末存栏(万头)	羊年末存栏(万头)	肉类产量(万吨)					禽蛋产量(万吨)	奶类产量(万吨)	水产品总产量(万吨)
					猪肉(万吨)	牛肉(万吨)	羊肉(万吨)	禽肉(万吨)			
2005	12 895	43 319	29 793	6 939	4 555	568	350	1 464	2 438	2 865	4 420
2006	12 325.7	41 854.4	28 337.6	7 099.9	4 650.3	590.3	367.7	1 507	2 424.0	3 051.6	4 584
2007	11 998.2	43 933.2	28 606.7	6 916.4	4 307.9	626.2	385.7	1 448	2 546.7	3 055.2	4 747.5
2008	11 529.7	46 433.1	28 823.7	7 370.9	4 682.0	617.7	393.2	1 534	2 699.6	3 236.2	4 895.6
2009	11 380.8	47 177.2	29 063.0	7 706.7	4 932.8	626.2	399.4	1 595	2 751.9	3 153.9	5 116.4
2010	11 074.6	46 765.2	28 730.2	7 993.6	5 138.4	629.1	406.0	1 656	2 776.9	3 211.3	5 373.0
2011	10 580.0	47 074.8	28 664.1	8 023.0	5 131.6	610.7	398.0	1 709	2 830.4	3 262.8	5 603.2
2012	10 248.4	48 030.2	28 512.7	8 471.1	5 443.5	614.7	404.5	1 823	2 885.4	3 306.7	5 481.8
2013	10 008.6	47 893.1	28 935.2	8 632.8	5 618.6	613.1	409.9	1 798	2 905.5	3 118.9	5 721.7
2014	9 952.0	47 160.2	30 391.3	8 817.9	5 820.8	615.7	427.6	1 751	2 930.3	3 276.5	5 975.8
2015	9 929.8	45 802.9	31 174.3	8 749.5	5 645.4	616.9	439.9	1 826	3 046.1	3 295.5	6 182.9
2016	9 559.9	44 209.2	29 930.5	8 628.3	5 425.5	616.9	460.3	1 888	3 160.5	3 173.9	6 379.5
2017	9 763.6	44 158.9	30 231.7	8 654.4	5 451.8	634.6	471.1	2 097	3 096.3	3 148.6	6 445.3
2018	9 625.5	42 817.1	29 713.5	8 624.6	5 403.7	644.1	475.1	/	3 128.3	3 176.8	6 457.7
2019	9 877.4	31 040.7	30 072.1	7 758.8	4 255.3	667.3	487.5	/	3 309.0	3 297.6	6 480.4
2020	10 265.1	40 650.4	30 654.8	7 748.4	4 113.3	672.4	492.3	2 361	3 467.8	3 529.6	6 549.0
2021	10 486.8	44 922.4	31 969.3	8 990.0	5 295.9	697.5	514.1	/	3 408.8	3 778.1	6 463.7
2022	10 859.0	45 255.7	32 627.3	9 328.4	5 541.4	718.3	524.5	/	3 456.4	4 026.5	6 868.8

表8　农产品供需及价格情况：稻米

年份	稻谷播种面积(万公顷)	稻谷单位面积产量(公斤/公顷)	稻谷产量(万吨)	稻谷及大米(万吨)	稻谷及大米出口量(万吨)	早籼米批发价标一[1](元/吨)	晚籼米批发价标一[1](元/吨)	粳米批发价标一[1](元/吨)	国际市场价[2](美元/吨)
2005	2 884.7	6 260	18 059	52.2	68.6	2 161.4	2 288.9	2 785.9	290.5
2006	2 893.8	6 280	18 172	73.0	125.3	2 181.0	2 302.4	2 913.6	311.2
2007	2 897.3	6 433	18 638.1	48.7	134.3	2 402.0	2 559.0	2 857.1	334.5
2008	2 935.0	6 563	19 261.2	33.0	97.2	2 638.5	2 823.5	2 963.7	697.5
2009	2 979.3	6 585	19 619.7	35.7	78.6	2 751.3	2 916.3	3 273.6	583.5
2010	3 009.7	6 553	19 722.6	38.8	62.2	2 985.9	3 166.7	3 879.8	520.0
2011	3 033.8	6 687	20 288.3	59.8	51.6	3 590.9	3 877.8	4 346.4	566.2
2012	3 047.6	6 777	20 653.2	236.9	27.9	3 831.5	4 145.7	4 353.7	590.4
2013	3 071.0	6 717	20 628.6	227.1	47.8	3 829.3	4 029.9	4 598.8	532.7
2014	3 076.5	6 813	20 960.9	257.9	41.9	3 876.2	4 128.3	4 644.3	342.7
2015	3 078.4	6 891	21 214.2	337.7	28.7	3 885.2	4 202.6	4 825.9	326.5
2016	3 074.6	6 866	21 109.4	356.0	39.5	3 891.3	4 163.6	4 911.8	342.4
2017	3 074.7	6 917	21 267.6	403.0	119.7	3 940.1	4 279.3	4 946.2	337.1
2018	3 018.9	7 027	21 212.9	307.7	209.1	3 905.9	4 169.8	4 959.5	411.1
2019	2 969.4	7 059	20 961.4	254.6	274.8	3 707.2	4 231.1	4 838.1	416.6
2020	3 007.6	7 044	21 186.0	294.3	230.4	3 880.0	4 260.0	4 960.0	514.5
2021	2 992.1	7 113	21 284.2	496.0	242.0	3 960.0	4 500.0	5 020.0	464.5
2022	2 945.0	7 079	20 849.5	615.8	219.0	3 980.0	4 340.0	5 040.0	449.0

注：（1）为全国主要粮食批发市场交易平均价。
（2）为泰国曼谷FOB价格（100% B级）。

表9　农产品供需及价格情况：小麦

年份	小麦播种面积(万公顷)	小麦单位面积产量(公斤/公顷)	小麦产量(万吨)	进口量(万吨)	出口量(万吨)	白小麦销售价(三等)[1](元/吨)	面粉零售价(特一粉)[2](元/吨)	面粉零售价(标准粉)[2](元/吨)	国际市场价[3](美元/吨)
2005	2 279.3	4 275	9 745	353.8	60.5	1 505.2	2 708.6	2 406.9	157.8
2006	2 361.3	4 593	10 847	61.3	151.0	1 446.3	2 755.6	2 422.2	199.7
2007	2 377.0	4 608	10 952.5	10.1	307.3	1 547.4	2 980.5	2 609.5	263.8
2008	2 371.5	4 762	11 293.2	4.3	31.0	1 640.8	3 157.2	2 785.4	344.6
2009	2 444.2	4 739	11 583.4	90.4	24.5	1 854.2	3 299.7	2 941.1	235.7
2010	2 445.9	4 748	11 614.1	123.1	27.7	1 988.9	3 558.3	3 154.5	240.8
2011	2 452.3	4 837	11 862.5	125.8	32.8	2 079.0	3 913.5	3 430.8	330.1
2012	2 457.6	4 986	12 254.0	370.1	28.6	2 140.9	4 086.4	3 605.1	327.2
2013	2 447.0	5 056	12 371.0	553.5	27.8	2 442.6	4 328.3	3 809.5	322.4
2014	2 447.2	5 244	12 832.1	300.4	19.0	2 510.4	4 534.8	3 966.6	305.9
2015	2 459.6	5 393	13 263.9	300.7	12.2	2 494.5	4 046.6	4 046.6	232.8
2016	2 469.4	5 397	13 327.1	341.2	11.3	2 383.9	4 634.9	4 114.4	203.2
2017	2 450.8	5 481	13 433.4	442.2	18.3	2 476.4	4 679.7	4 172.5	210.8
2018	2 426.6	5 417	13 144.0	309.9	28.6	2 446.1	4 807.5	4 283.8	241.1
2019	2 372.8	5 630	13 359.6	348.8	31.3	2 387.3	4 914.5	4 365.9	218.7
2020	2 338.0	5 742	13 425.4	837.7	18.1	2 398.9	5 020.0	4 480.0	238.4
2021	2 356.7	5 811	13 694.4	977.0	8.4	2 604.4	5 170.0	4 590.0	314.6
2022	2 352.0	5 855	13 772.3	996.0	14.6	3 114.6	5 400.0	4 810.0	435.6

注：（1）2016年之前为批发价，2016年及后为销售价。
（2）数据来源于国家发展改革委价格监测中心。
（3）为美国海湾离岸价（2号硬红冬麦）。

表10 农产品供需及价格情况：玉米

年份	玉米播种面积(万公顷)	玉米单位面积产量(公斤/公顷)	玉米产量(万吨)	进口量(万吨)	出口量(万吨)	玉米批发价(三等)[1](元/吨)	国际市场价（2号黄玉米)[2](美元/吨)
2005	2 635.8	5 287	13 937	0.4	864.2	1 218.7	98.5
2006	2 846.3	5 326	15 160	6.5	309.9	1 300.7	122.1
2007	3 002.4	5 167	15 512.3	3.5	491.8	1 538.1	162.7
2008	3 098.1	5 556	17 212.0	5.0	27.3	1 626.2	223.1
2009	3 294.8	5 258	17 325.9	8.4	13.0	1 629.3	165.6
2010	3 497.7	5 454	19 075.2	157.3	12.7	1 918.3	184.6
2011	3 676.7	5 748	21 131.6	175.4	13.6	2 188.9	292.3
2012	3 910.9	5 870	22 955.9	520.8	25.7	2 299.6	298.3
2013	4 129.9	6 016	24 845.3	326.6	7.8	2 265.4	264.1
2014	4 299.7	5 809	24 976.4	259.9	2.0	2 332.0	192.0
2015	4 496.8	5 893	26 499.2	473.0	1.1	2 292.4	170.1
2016	4 417.8	5 967	26 361.3	316.8	0.4	2 020.6	158.6
2017	4 239.9	6 110	25 907.1	282.7	8.6	1 823.8	154.7
2018	4 213.0	6 104	25 717.4	352.4	1.2	2 019.5	164.6
2019	4 128.4	6 317	26 077.9	479.3	2.6	1 897.5	169.9
2020	4 126.4	6 317	26 066.5	1 124.0	0.3	2 090.0	164.7
2021	4 332.4	6 291	27 255.1	2 835.0	0.6	2 690.0	258.6
2022	4 307.0	6 436	27 720.3	2 061.8	0.0	2 720.0	316.6

注：（1）为全国主要粮食批发市场交易平均价。2016年之前是二等，2016年及后是三等。
（2）为美国海湾离岸价。

表11　农产品供需及价格情况：大豆

年份	大豆播种面积（万公顷）	大豆单位面积产量（公斤/公顷）	大豆产量（万吨）	进口量（万吨）	出口量（万吨）	大豆批发价（二级）[1]（元/吨）	国际市场价（1号黄大豆）[2]（美元/吨）
2005	959.1	1 705	1 635	2 659.1	41.3	2 844.7	238.6
2006	928.0	1 721	1 597	2 827.0	39.5	2 648.8	234.8
2007	875.4	1 454	1 273	3 082.1	47.5	3 279.8	326.9
2008	912.7	1 703	1 554	3 743.6	48.4	4 626.2	474.7
2009	919.0	1 630	1 498	4 255.2	35.6	3 763.8	403.5
2010	851.6	1 771	1 508	5 479.7	17.3	3 887.0	408.8
2011	788.9	1 836	1 449	5 264.0	21.4	4 128.3	507.3
2012	717.2	1 820	1 305	5 838.5	32.1	4 278.8	567.0
2013	679.1	1 760	1 195	6 337.5	20.9	4 800.8	549.2
2014	680.0	1 787	1 215	7 140.3	20.7	4 687.8	489.4
2015	650.6	1 811	1 179	8 169.4	13.4	4 480.9	375.6
2016	720.2	1 796	1 294	8 391.3	12.8	4 479.5	384.8
2017	824.5	1 832	1 511	9 552.6	11.4	4 684.7	371.7
2018	841.3	1 898	1 597	8 803.1	13.6	4 291.1	357.0
2019	933.2	1 938	1 809	8 851.3	11.4	3 545.4	342.3
2020	988.3	1 983	1 960	10 031.5	8.0	4 720.0	371.2
2021	841.5	1 948	1 640	9 647	7.5	5 710.0	531.57
2022	1 024.0	1 980	2 028	9 107.8	12.1	6 100.0	625.7

注：（1）为全国主要粮食批发市场交易平均价。2016年之前是三等，2016年及后是二级。
（2）为美国海湾离岸价。

表12 农产品生产及进出口情况：粮食、油料

年份	粮食				油料			
	产量(万吨)	进口量(万吨)	出口量(万吨)	人均占有量(公斤)	油料产量(万吨)	进口量(万吨)	出口量(万吨)	人均占有量(公斤)
2005	48 402	3 286	1 059	371	3 077.1	621.3	22.8	23.6
2006	49 804	3 189	650	380	2 640.3	671.5	40.0	20.1
2007	50 413.9	3 238	1 039	383	2 787.0	839.7	16.8	21.1
2008	53 434.3	3 898	235	403	3 036.8	817.1	24.9	22.9
2009	53 940.9	4 570	173	405	3 139.4	950.2	11.6	23.6
2010	55 911.3	6 051	142	418	3 156.8	826.2	9.6	23.6
2011	58 849.3	5 809	143	438	3 212.5	779.8	12.4	23.9
2012	61 222.6	7 237	134	453	3 285.6	959.9	10.1	24.3
2013	63 048.2	7 796	121	464	3 348.0	922.1	11.7	24.6
2014	63 964.8	9 091	98	469	3 371.9	787.3	13.4	24.6
2015	66 060.3	11 441	67	482	3 390.5	839.1	13.7	24.6
2016	66 043.5	10 591	76	479	3 400.1	688.4	11.5	24.5
2017	66 160.7	12 113	173	477	3 475.2	742.8	20.2	24.9
2018	65 789.2	10 853	269	472	3 433.4	808.7	29.6	24.5
2019	66 384.3	10 643	335	475	3 493.0	953.3	26.7	24.8
2020	66 949.2	14 255	355	474	3 586.4	983.0	17.2	25.4
2021	68 284.7	16 449	331	483	3 613.2	1 039.0	12.1	25.6
2022	68 652.8	14 687	322	486	3 654.2	648.0	17.2	25.9

表13 农产品生产及进出口情况：棉花、食糖

年份	棉花				食糖			
	产量（万吨）	进口量（万吨）	出口量（万吨）	人均占有量（公斤）	产量（万吨）	进口量（万吨）	出口量（万吨）	人均占有量（公斤）
2005	571	274.5	0.8	4.4	912.4	139.1	35.8	7.0
2006	753	398.0	1.6	5.7	949.1	137.4	15.4	7.2
2007	759.7	274.1	2.5	5.8	1 271.4	119.4	11.0	9.6
2008	723.2	226.4	2.4	5.5	1 432.6	78.0	6.2	10.9
2009	623.6	175.9	1.0	4.7	1 243.1	106.4	6.4	9.3
2010	577.0	312.8	0.7	4.3	1 073.8	176.6	9.4	8.0
2011	651.9	356.6	2.8	4.8	1 045.4	291.9	5.9	7.7
2012	660.8	541.3	2.3	4.9	1 151.8	374.7	4.7	8.5
2013	628.2	450.0	0.8	4.6	1 306.8	454.6	4.8	9.6
2014	629.9	243.9	1.3	4.6	1 331.8	348.6	4.6	9.7
2015	590.7	175.9	3.0	4.3	1 055.6	484.6	7.5	7.6
2016	534.3	124.0	0.8	3.8	870.2	306.2	14.9	6.2
2017	565.3	136.3	2.1	4.1	929.0	229.0	15.8	6.6
2018	610.3	162.7	5.1	4.4	1 031.0	279.6	19.6	7.3
2019	588.9	184.9	5.2	4.2	1 076.0	339.0	18.6	7.6
2020	591.1	223.2	3.0	4.2	1 041.5	526.9	11.1	7.4
2021	573.1	234.2	1.0	4.1	1 066.7	567.0	12.2	7.6
2022	598.0	202.6	3.4	4.2	956.0	527.5	18.0	6.8

注：2009—2022年食糖产量和人均占有量根据中国糖协数据更新。

表14 农产品生产、消费及进出口情况：猪肉

年份	肉猪年末存栏头数（万头）	肉猪出栏头数（万头）	猪肉生产量（万吨）	出口活猪[1]（万头，万吨）	进口猪肉[2]（万吨）	出口猪肉[2]（万吨）	全国人均占有量（公斤）
2005	43 319	60 367	4 555	176.2	19.98	38.65	34.9
2006	41 854.4	61 209.0	4 650.3	172.0	21.88	41.93	35.5
2007	43 933.2	56 640.9	4 307.9	160.9	47.31	26.91	32.5
2008	46 433.1	61 278.9	4 682.0	164.5	91.40	17.23	34.9
2009	47 177.2	64 990.9	4 932.8	16.2	52.80	17.91	36.7
2010	46 765.2	67 332.7	5 138.4	16.9	90.21	21.38	37.9
2011	47 074.8	67 030.0	5 131.6	15.6	135.04	18.78	37.6
2012	48 030.2	70 724.5	5 443.5	16.8	137.01	18.10	39.6
2013	47 893.1	72 768.0	5 618.6	19.6	140.34	17.22	41.4
2014	47 160.2	74 951.5	5 820.8	18.0	138.48	21.51	42.7
2015	45 802.9	72 415.6	5 645.4	17.9	159.51	17.84	40.0
2016	44 209.2	70 073.9	5 425.5	16.7	311.18	14.73	38.4
2017	44 158.9	70 202.1	5 451.8	17.0	249.90	16.03	39.3
2018	42 817.1	69 382.4	5 403.7	17.5	215.40	15.78	38.8
2019	31 040.7	54 419.2	4 255.3	10.6	312.78	10.57	30.4
2020	40 650.4	52 704.1	4 133.3	8.1	565.90	9.20	29.3
2021	44 922.4	67 128.0	5 295.9	10.1	371.00	1.78	37.5
2022	45 255.7	69 994.8	5 541.4	12.7	279.62	8.04	39.3

注：（1）出口活猪2008年及以前年份统计单位为万头。
（2）猪肉进出口数据统计范围包括肉、杂碎和加工猪肉等项。

表15 化肥及农药生产、进口及价格情况

单位：万吨

年份	化肥					农药				
	生产量(折纯量)	施用量(折纯量)	进口量	出口量	化肥价格指数（上年＝100）	生产量	使用量	进口量	出口量	农药及农药械生产资料价格指数（上年＝100）
2005	5 178	4 766.2	1 396.5	455.9	112.8	114.7	146.0	3.7	42.8	104.1
2006	5 345	4 927.7	1 128.5	539.2	100.1	138.5	153.7	4.3	39.8	101.6
2007	5 825	5 107.8	1 176.2	1 395.4	103.4	176.5	162.3	4.1	47.7	101.4
2008	6 028	5 239.0	625.5	1 021.5	103.7	190.2	167.2	4.4	48.5	108.0
2009	6 385	5 404.4	411.1	939.6	93.7	226.2	170.9	4.4	50.7	100.0
2010	6 340	5 561.7	717.9	1 692.2	98.6	234.2	175.8	5.1	61.3	100.4
2011	6 626	5 704.2	794.7	1 921.0	113.3	264.8	178.7	5.3	79.6	102.6
2012	7 296	5 838.8	843.1	1 852.2	106.6	354.9	180.6	6.9	89.7	102.2
2013	7 037	5 911.9	792.6	1 978.0	97.7	303.1	180.2	7.7	109.5	101.7
2014	6 877	5 995.9	958.7	2 992.9	94.2	374.4	180.7	9.3	116.1	101.2
2015	7 432	6 023.0	1 118.4	3 599.9	100.6	374.0	178.3	9.0	117.5	100.5
2016	6 630	5 984.1	833.9	2 844.1	96.9	321.0	175.4	8.5	140.0	99.9
2017	5 892	5 859.4	918.7	2 604.5	102.1	250.7	165.5	8.4	163.2	101.0
2018	5 418	5 653.4	1 092.8	2 397.9	107.4	208.3	150.4	7.9	149.0	104.8
2019	5 731	5 403.6	1 110.7	2 812.7	101.9	211.8	139.2	9.0	146.8	102.9
2020	5 496	5 250.7	1 060.0	2 917.0	98.4	214.8	131.3	11.0	251.4	100.8
2021	5 544	5 191.3	1 070.3	2 955.0	/	/	/	11.1	251.5	/
2022	5 472	5 079.2	900.3	2 523.9	/	/	/	8.9	224.6	/

表16 城乡居民家庭人均收入对比

单位：元

年份	农村居民人均可支配收入	工资性收入	财产净收入	转移净收入	经营净收入						城镇居民人均可支配收入	城镇居民人均可支配收入比农村居民人均可支配收入
						第一产业			第二产业	第三产业		
							农业收入	牧业收入				
2005	3 370	1 147	73	219	1 845	1 470	1 098	284	108	267	10 493	3.11
2006	3 731	1 336	81	284	1 931	1 521	1 160	266	122	288	11 760	3.15
2007	4 327	1 543	100	368	2 194	1 745	1 304	335	138	311	13 786	3.19
2008	4 999	1 766	112	565	2 436	1 946	1 427	398	149	341	15 781	3.16
2009	5 435	1 940	122	729	2 527	1 988	1 498	360	165	374	17 175	3.16
2010	6 272	2 278	144	873	2 833	2 231	1 723	356	182	420	19 109	3.05
2011	7 394	2 734	157	1 136	3 222	2 520	1 897	463	193	509	21 810	2.95
2012	8 389	3 123	165	1 441	3 533	2 722	2 107	441	214	597	24 565	2.93
2013	9 430	3 653	195	1 648	3 935	2 840	2 160	460	253	843	26 467	2.81
2014	10 489	4 152	222	1 877	4 237	2 999	2 307	443	259	980	28 844	2.75
2015	11 422	4 600	252	2 066	4 504	3 154	2 412	489	276	1 074	31 195	2.73
2016	12 363	5 022	272	2 328	4 741	3 270	2 440	574	574	1 184	33 616	2.72
2017	13 432	5 498	303	2 603	5 028	3 391	2 524	586	586	1 318	36 396	2.71
2018	14 617	5 996	342	2 920	5 358	3 490	2 608	575	575	1 491	39 251	2.69
2019	16 021	6 583	377	3 298	5 762	3 730	2 740	657	657	1 619	42 359	2.64
2020	17 131	6 974	419	3 661	6 077	3 978	2 888	754	431	1 669	43 834	2.56
2021	18 931	7 958	469	3 937	6 566	/	/	/	/	/	47 412	2.50
2022	20 133	8 449	509	4 203	6 972	/	/	/	/	/	49 283	2.45

注：2013年以后的数据来源于国家统计局开展的城乡一体化住户收支与生活状况调查，为可支配收入，与以前概念不同。

表17 城乡居民人均支出对比

单位：元

年份	农村居民人均总支出					现金支出				城镇居民人均生活消费支出	城乡居民人均生活消费支出比
		家庭经营费用支出	消费支出	食品烟酒	转移性和财产性支出		家庭经营费用支出	税费支出	生活消费支出		
2005	4 127	1 190	2 555	1 162	238	3 567	1 053	13	2 135	7 943	3.1
2006	4 485	1 242	2 829	1 217	264	3 932	1 104	11	2 415	8 697	3.1
2007	5 138	1 433	3 224	1 389	322	4 533	1 287	12	2 767	9 998	3.1
2008	5 916	1 705	3 661	1 599	377	5 258	1 551	12	3 159	11 243	3.1
2009	6 334	1 700	3 993	1 636	429	5 695	1 555	10	3 505	12 265	3.1
2010	6 992	1 916	4 382	1 801	493	6 307	1 758	9	3 859	13 471	3.1
2011	8 642	2 431	5 221	2 107	712	7 985	2 269	12	4 733	15 161	2.9
2012	9 606	2 626	5 908	2 324	789	8 962	2 483	10	5 414	16 674	2.8
2013	/	/	7 485	2 554	/	/	/	/	5 979	18 488	2.5
2014	/	/	8 383	2 814	/	/	/	/	6 717	19 968	2.4
2015	/	/	9 223	3 048	/	/	/	/	7 392	21 392	2.3
2016	/	/	10 130	3 266	/	/	/	/	8 127	23 079	2.3
2017	/	/	10 955	3 415	/	/	/	/	8 857	24 445	2.2
2018	/	/	12 124	3 646	/	/	/	/	9 862	26 112	2.2
2019	/	/	13 328	3 998	/	/	/	/	10 855	28 063	2.1
2020	/	/	13 713	4 479	/	/	/	/	11 097	27 007	2.0
2021	/	/	15 916	5 200	/	/	/	/	12 858	30 307	1.9
2022	/	/	16 632	5 485	/	/	/	/	/	30 391	1.8

表18 各种物价指数（上年=100）

年份	商品零售价格指数	居民消费价格指数	城镇居民消费价格指数	农村居民消费价格指数	农产品生产价格指数	农业生产资料价格指数
2005	100.8	101.8	101.6	102.2	101.4	108.3
2006	101.0	101.5	101.5	101.5	101.2	101.5
2007	103.8	104.8	104.5	105.4	118.5	107.7
2008	105.9	105.9	105.6	106.5	114.1	120.3
2009	98.8	99.3	99.1	99.7	97.6	97.5
2010	103.1	103.3	103.2	103.6	110.9	102.9
2011	104.9	105.4	105.3	105.8	116.5	111.3
2012	102.0	102.6	102.7	102.5	102.7	105.6
2013	101.4	102.6	102.6	102.8	103.2	101.4
2014	101.0	102.0	102.1	101.8	99.8	99.1
2015	100.1	101.4	101.5	101.3	101.7	100.4
2016	100.7	102.0	102.1	101.9	103.4	100.1
2017	101.1	101.6	101.7	101.3	96.5	100.6
2018	101.9	102.1	102.1	102.1	99.1	103.1
2019	102.0	102.9	102.8	103.2	114.5	104.6
2020	101.4	102.5	102.3	103.0	115.0	106.1
2021	101.6	100.9	101.0	100.7	97.8	/
2022	102.7	102.0	102.0	102.0	100.4	/

表19 农产品生产价格指数（上年=100）

年份	农产品生产价格指数	谷物				大豆	油料	棉花	蔬菜	水果	糖料	畜牧产品		
			小麦	稻谷	玉米								生猪	蛋类
2005	101.4	99.2	96.4	101.6	98.0	94.2	91.3	111.8	107.2	107.4	111.6	100.5	97.7	106.4
2006	101.2	102.1	100.1	102.0	103.0	99.2	104.8	97.1	109.3	111.4	121.1	94.3	90.6	96.0
2007	118.5	109.0	105.5	105.4	115.0	124.2	133.4	109.6	106.9	101.3	100.0	131.4	145.9	115.9
2008	114.1	107.1	108.7	106.6	107.3	119.7	128.0	90.6	104.7	101.4	98.4	123.9	130.8	112.2
2009	97.6	104.9	107.9	105.2	98.5	92.3	94.2	111.8	111.8	107.0	101.5	90.1	81.6	102.8
2010	110.9	112.8	107.9	112.8	116.1	107.9	112.1	157.7	116.8	118.9	106.0	103.0	98.3	107.5
2011	116.5	109.7	105.2	113.3	109.9	106.3	112.1	79.5	103.4	106.2	125.5	137.0	137.0	112.6
2012	102.7	104.8	102.9	104.1	106.6	103.0	105.2	98.1	109.9	103.9	105.0	99.7	95.9	100.5
2013	103.2	104.3	106.7	102.2	100.2	105.7	102.4	103.9	106.9	106.2	98.9	102.4	99.3	105.8
2014	99.8	102.7	105.1	102.2	101.7	101.8	99.9	87.1	98.5	106.4	99.7	97.1	92.2	105.7
2015	101.7	98.7	99.2	101.6	96.5	98.9	100.8	87.5	104.6	99.7	98.8	104.2	108.9	96.9
2016	103.4	92.2	94.1	98.8	86.8	97.6	101.1	118.4	107.0	92.5	106.5	110.4	119.4	94.3
2017	96.5	100.5	104.4	100.7	97.1	97.7	100.5	100.8	95.6	104.8	106.3	90.8	86.0	92.8
2018	99.1	102.3	100.1	99.7	105.1	97.9	99.1	97.9	103.6	101.1	98.8	95.6	85.6	117.6
2019	114.5	100.3	100.1	96.5	102.0	100.1	105.2	97.8	101.2	103.6	97.7	133.5	150.5	102.1
2020	115.0	104.1	100.5	100.8	107.6	105.5	107.9	98.5	105.2	95.3	103.1	132.4	155.7	85.9
2021	97.8	113.8	106.6	101.9	125.5	112.8	107.2	117.3	105.6	99.7	100.9	82.1	64.9	115.5
2022	100.4	104.3	112.8	99.7	102.7	105.3	105.0	102.9	101.4	106.6	104.5	95.7	90.2	107.3

表20 城乡零售价格分类指数（上年=100）

年份	食品类		粮食		油脂类		菜类		肉禽及其制品		水产品	
	城市	农村	城市	农村	城市	农村	城市	农村	城市	农村	城市	农村
2005	103.3	102.8	101.6	101.2	94.6	94.8	108.6	107.2	102.8	103.3	106.3	104.6
2006	102.6	102.4	102.7	102.4	99.0	98.4	107.9	108.8	97.3	97.2	101.9	100.7
2007	111.7	113.6	106.1	107.0	125.2	128.1	107.5	109.1	130.8	131.5	104.7	106.9
2008	114.5	114.0	107.2	107.1	124.9	125.5	109.0	111.1	122.6	119.9	113.8	115.9
2009	101.1	100.2	105.9	105.4	82.0	81.4	114.6	113.8	91.9	91.2	102.8	101.0
2010	107.5	107.9	111.7	111.7	103.4	104.0	118.4	120.4	102.7	103.5	108.9	106.7
2011	111.8	112.2	112.2	112.4	113.4	113.3	100.5	102.4	122.4	122.6	112.4	110.9
2012	105.1	104.0	104.1	103.6	105.6	104.1	113.7	113.9	102.8	100.2	107.7	109.0
2013	101.3	101.8	104.8	105.0	100.3	100.6	107.4	109.9	104.7	103.9	103.9	104.7
2014	103.2	102.5	103.2	103.1	94.9	95.5	98.8	98.7	100.5	100.0	104.3	104.2
2015	102.1	102.4	102.2	101.7	96.7	97.6	107.1	106.3	104.7	105.4	101.5	101.9
2016	104.5	104.8	100.6	100.4	101.2	102.5	111.7	112.0	110.5	112.2	104.9	103.3
2017	99.5	98.7	101.4	101.9	100.4	99.3	92.6	93.0	99.6	98.9	104.7	103.9
2018	102.1	101.0	100.8	100.8	99.6	98.3	107.5	106.0	105.3	106.2	102.2	102.7
2019	107.6	109.0	100.6	100.4	100.9	101.7	103.9	103.8	110.2	109.8	100.1	100.5
2020	108.8	110.6	101.3	101.2	103.5	106.4	106.7	107.1	102.5	101.5	102.9	103.8
2021	99.8	99.6	101.2	101.0	107.2	106.6	104.9	105.3	102.7	101.2	109.4	111.2
2022	/	/	/	/	/	/	/	/	/	/	/	/

表21 “菜篮子”产品批发价格

单位：元/公斤

类别	品名	2019年	2020年	2021年	2022年	2022年比上年增加百分比（%）
蔬菜	白萝卜	1.49	1.85	2.00	1.79	−10.8
蔬菜	大蒜	7.38	7.35	7.08	6.69	−5.6
蔬菜	豆角	7.03	7.57	8.09	8.75	8.2
蔬菜	胡萝卜	2.40	2.63	2.87	2.91	1.2
蔬菜	黄瓜	4.18	4.19	4.67	4.93	5.6
蔬菜	茄子	4.20	4.51	4.70	4.80	2.2
蔬菜	青椒	4.28	5.04	5.38	5.60	4.1
蔬菜	马铃薯	2.38	2.62	2.30	2.57	11.9
蔬菜	番茄	4.21	4.89	4.03	5.26	30.5
蔬菜	大白菜	1.26	1.90	1.85	1.92	3.3
蔬菜	大葱	2.97	3.46	6.28	5.23	−16.7
蔬菜	芹菜	3.15	3.65	4.09	3.86	−5.6
蔬菜	洋白菜	1.60	2.11	2.39	2.09	−12.7
蔬菜	油菜	3.19	3.26	3.82	3.56	−6.8
水果	蜜橘	5.42	5.44	5.42	5.16	−4.9
水果	甜橙	8.94	8.57	8.57	8.68	1.3
水果	西瓜	3.55	3.91	4.63	5.16	11.6
水果	鸭梨	5.81	4.15	4.80	5.70	18.8
水果	富士苹果	9.41	6.76	6.70	7.82	16.6
水果	香蕉	5.19	4.89	4.97	6.10	22.5
水果	菠萝	4.57	4.99	5.70	5.55	−2.8
畜产品	鸡蛋	9.26	7.51	9.51	10.60	11.5
畜产品	活鸡	19.99	23.71	20.83	24.06	15.5
畜产品	白条鸡	17.54	16.72	17.07	18.27	7.0
畜产品	猪肉	28.52	45.11	28.44	25.40	−10.7
畜产品	牛肉	63.83	69.13	73.62	77.56	5.4
畜产品	羊肉	63.79	72.99	77.03	68.63	−10.9
水产品	草鱼	12.90	13.72	19.12	17.08	−10.7
水产品	带鱼	26.89	32.86	39.28	35.82	−8.8
水产品	鲫鱼	14.46	17.29	21.14	20.06	−5.1
水产品	鲤鱼	11.81	12.26	16.19	14.82	−8.5
水产品	鲢鱼	7.58	8.38	10.74	9.94	−7.4

资料来源：农业农村部。

表22 国家财政收入及支出情况

单位：亿元

指标	2018年	2019年	2020年	2021年	2022年
一般公共预算收入	**183 359.8**	**190 390.1**	**182 913.9**	**202 554.6**	**203 703.5**
中央	85 456.5	89 309.5	82 770.7	91 470.4	94 885.0
地方	97 903.4	101 080.6	100 143.2	111 084.2	108 818.5
财政收入指数(上年=100)	106.2	110.3	96.1	110.7	98.0
财政收入按项目分					
#各项税收	156 402.9	158 000.5	154 312.3	172 735.7	166 614.0
#增值税	61 530.8	62 347.4	56 791.2	63 519.6	48 716.8
营业税	/	/	/	/	/
消费税	10 631.8	12 564.4	12 028.1	13 880.7	16 698.8
个人所得税	13 872.0	10 388.5	11 568.3	13 992.7	14 922.8
关税	2 847.8	2 889.1	2 564.3	2 806.1	2 860.3
企业所得税	35 323.7	37 303.8	36 425.8	42 042.4	43 690.4
一般公共预算支出	**220 904.1**	**238 858.4**	**245 679.0**	**245 673.0**	**260 609.2**
中央	32 707.8	35 115.2	35 095.6	35 050.0	35 569.9
地方	188 196.3	203 743.2	210 583.5	210 623.0	225 039.3
财政支出指数(上年=100)	108.8	108.1	102.9	100.0	106.8
财政支出按项目分					
#农林水	21 085.6	22 862.8	23 948.5	22 034.5	22 489.6
一般公共服务	18 374.7	20 344.7	20 061.1	19 880.2	20 980.3
教育	32 169.5	34 796.9	36 359.9	37 468.9	39 454.9
科学技术	8 326.7	9 470.8	9 018.3	9 669.8	10 023.5
社会保障和就业	27 012.1	29 379.1	32 568.5	33 788.3	36 602.6
卫生健康	15 623.6	16 665.3	19 216.2	19 142.7	22 541.7
节能环保	6 297.6	7 390.2	6 333.4	5 525.1	5 396.3
城乡社区	22 124.1	24 895.2	19 945.9	19 454.0	19 414.9
交通运输	11 282.8	11 817.6	12 197.9	11 420.7	12 025.3

表23　2022年分地区农村居民人均可支配收入

单位：元

地　区	农村居民人均可支配收入
北　京	34 753.8
天　津	29 017.8
河　北	19 364.2
山　西	16 322.7
内蒙古	19 640.9
辽　宁	19 908.0
吉　林	18 134.5
黑龙江	18 577.4
上　海	39 729.4
江　苏	28 486.5
浙　江	37 565.0
安　徽	19 574.9
福　建	24 986.6
江　西	19 936.0
山　东	22 109.9
河　南	18 697.3
湖　北	19 709.5
湖　南	19 546.3
广　东	23 597.8
广　西	17 432.7
海　南	19 117.4
重　庆	19 312.7
四　川	18 672.4
贵　州	13 706.7
云　南	15 146.9
西　藏	18 209.5
陕　西	15 704.3
甘　肃	12 165.2
青　海	14 456.2
宁　夏	16 430.3
新　疆	16 549.9

附　图

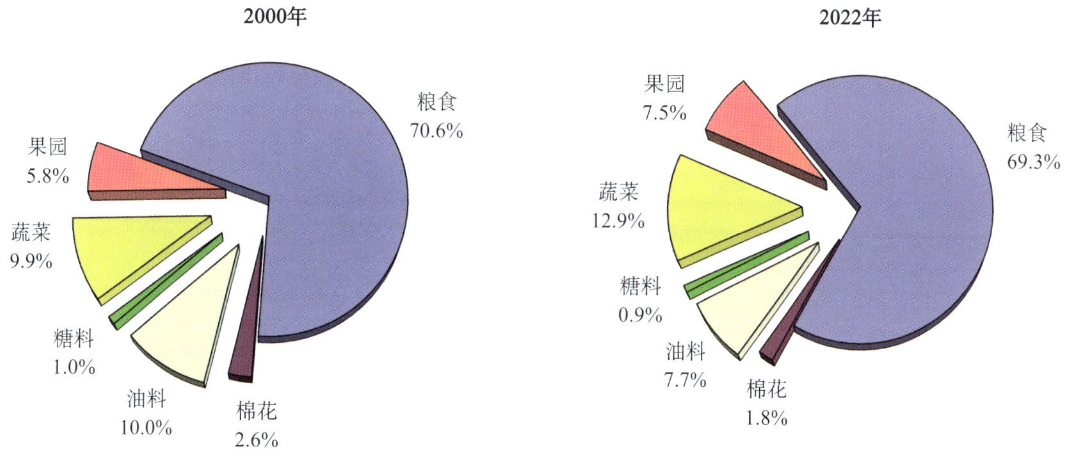

图1　农作物播种面积结构变动情况（2022年与2000年比较）

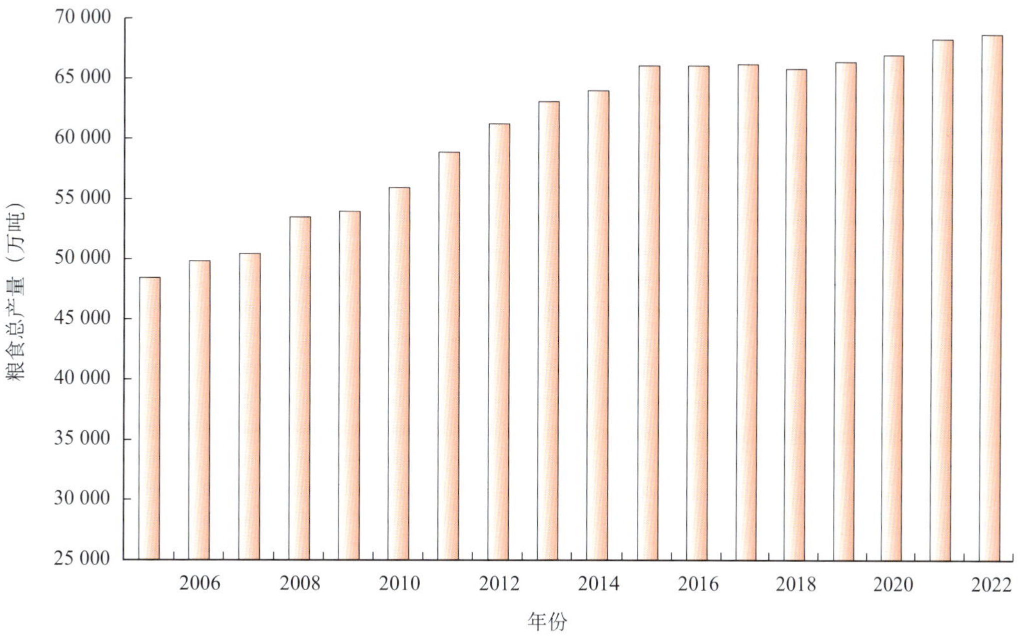

图2　2005—2022年粮食总产量变动情况

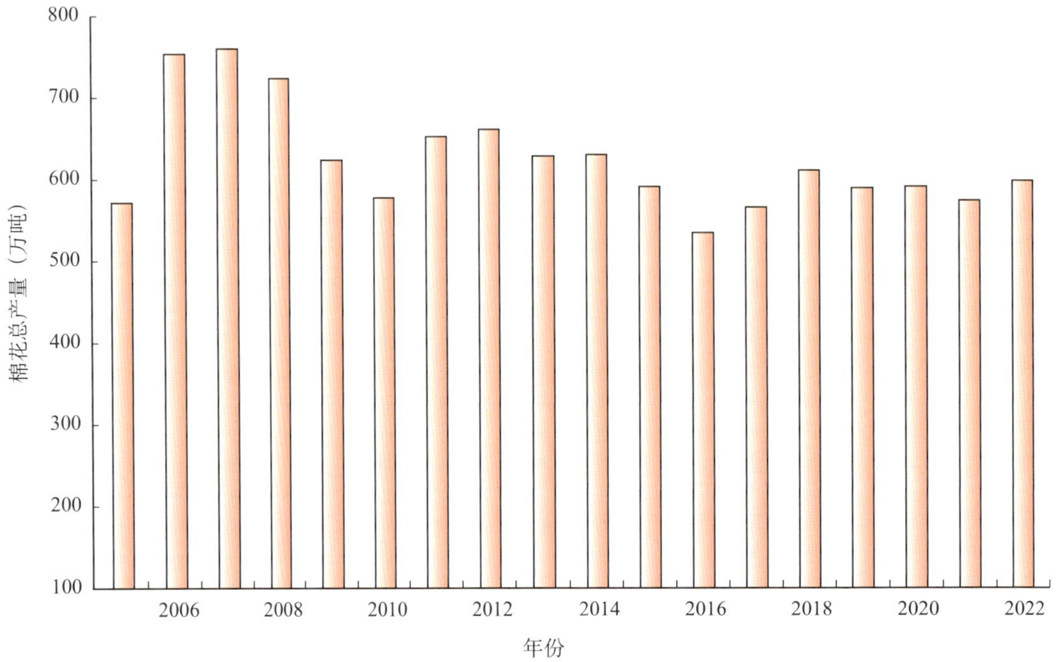

图3　2005—2022年棉花总产量变动情况

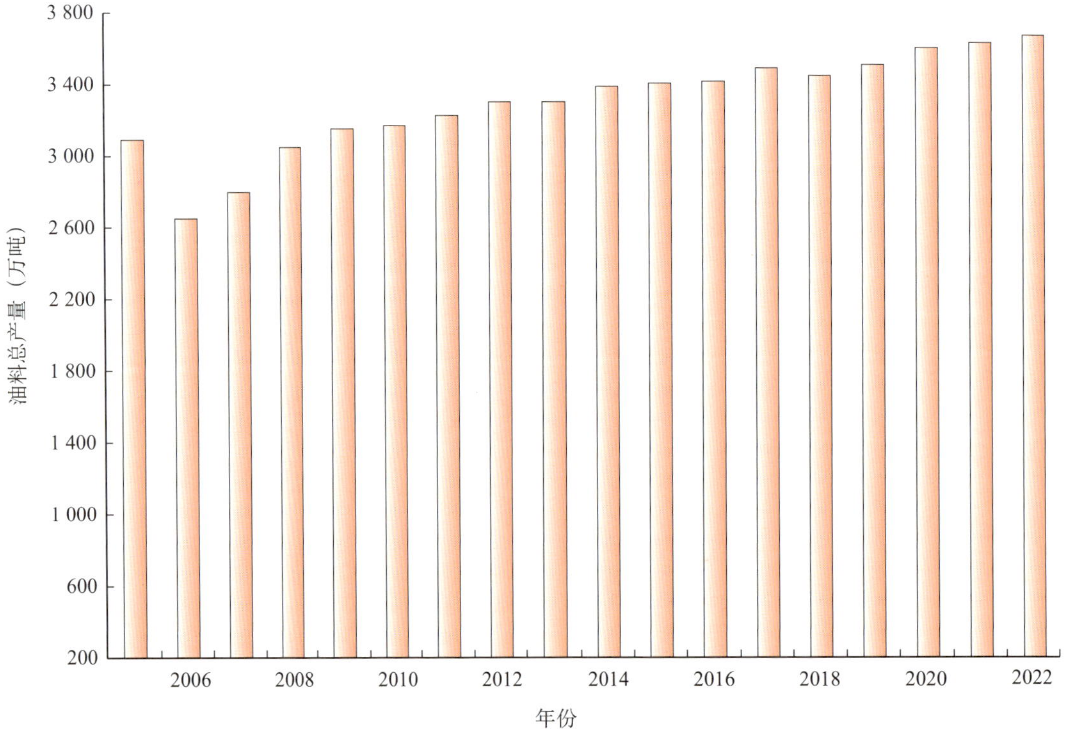

图4　2005—2022年油料总产量变动情况

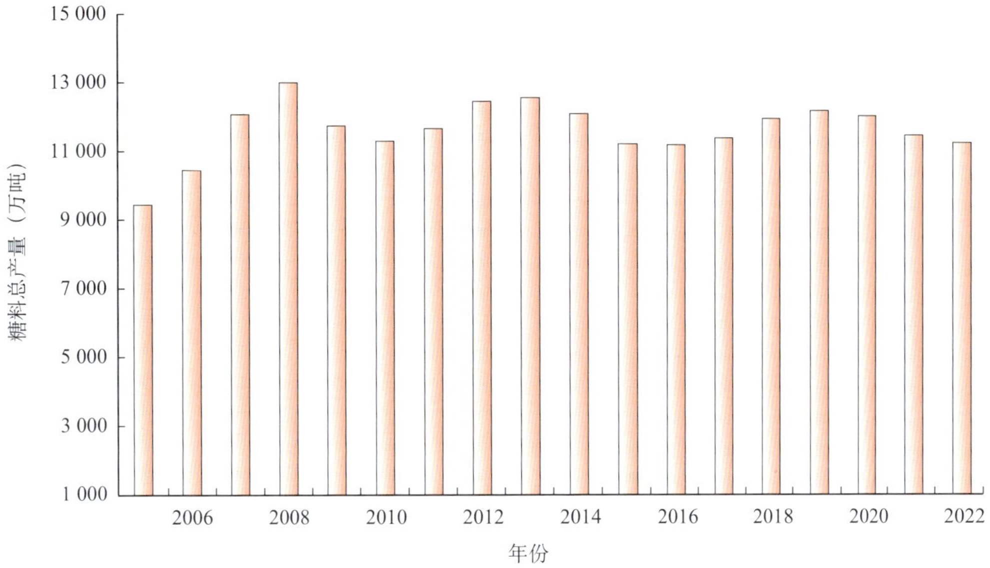

图5　2005—2022年糖料总产量变动情况

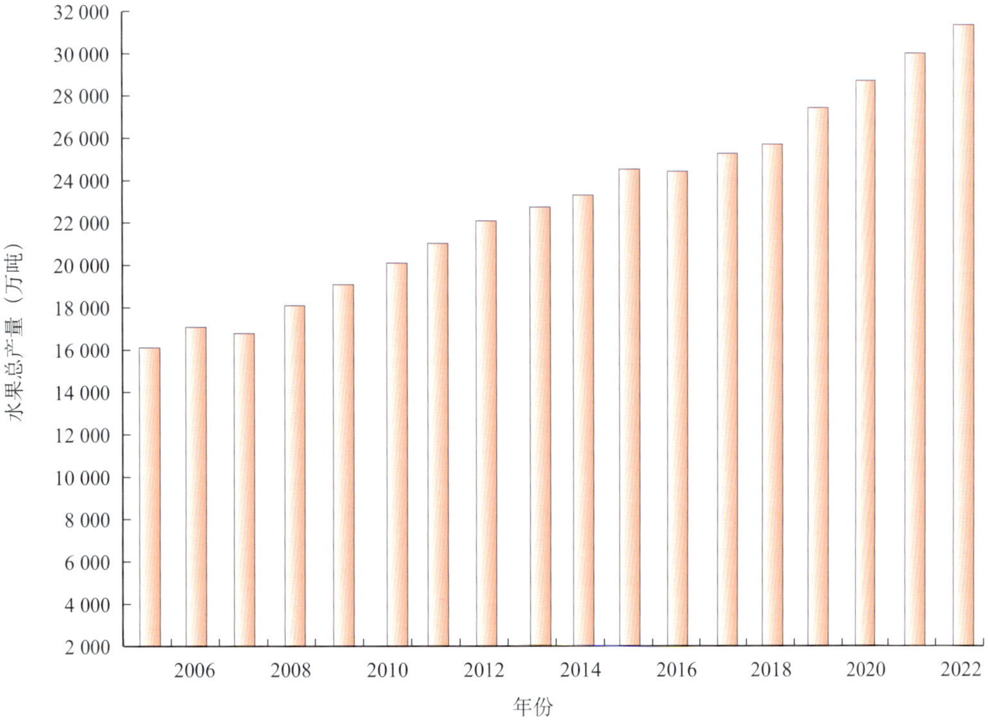

图6　2005—2022年水果总产量变动情况

注：水果总产量含果用瓜产量。

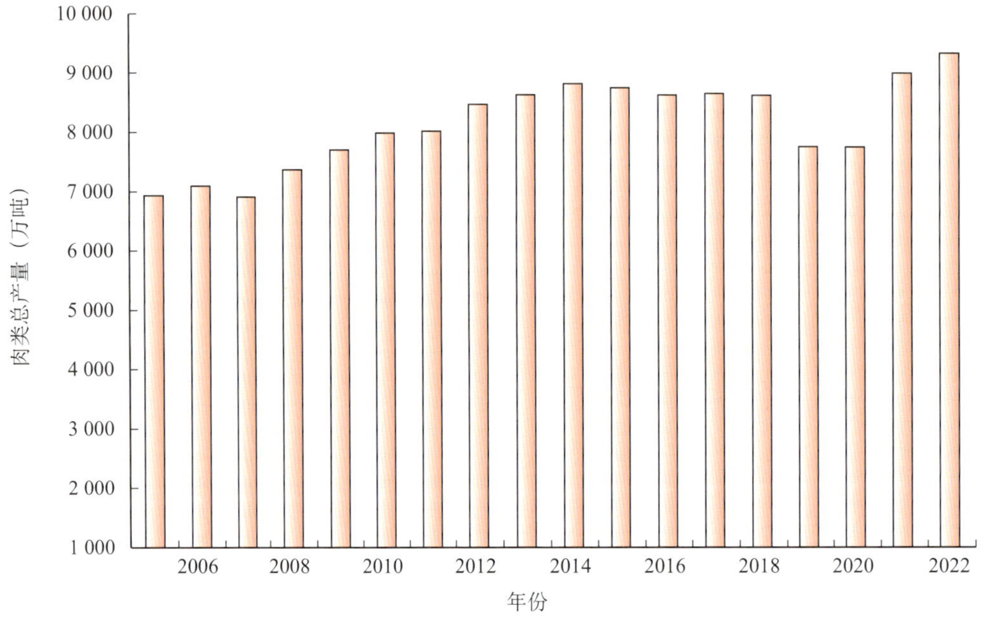

图7　2005—2022年肉类总产量变动情况

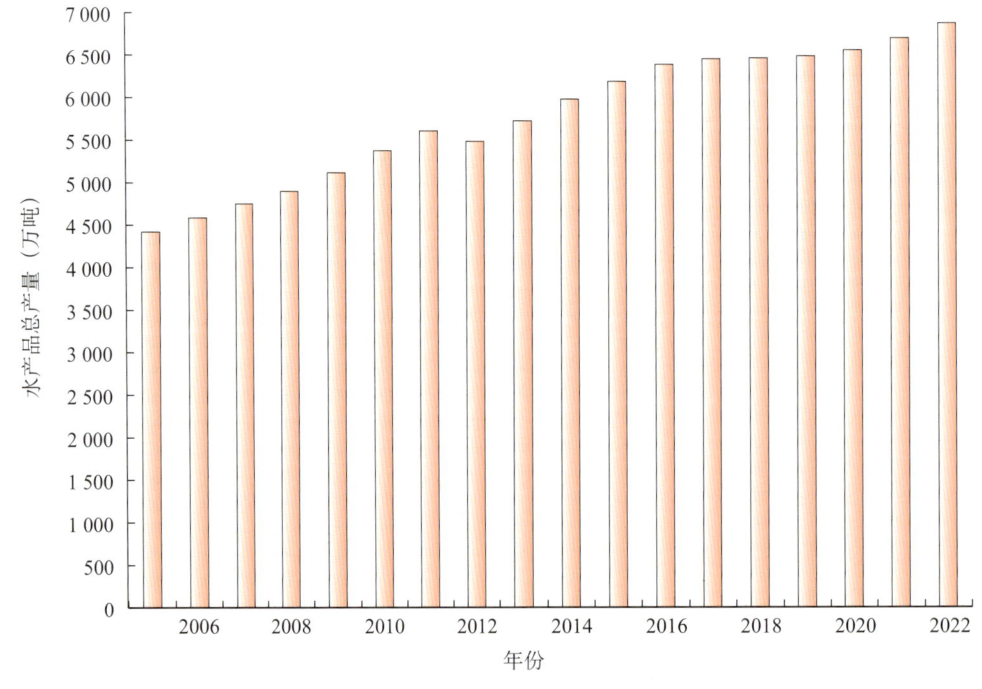

图8　2005—2022年水产品总产量变动情况

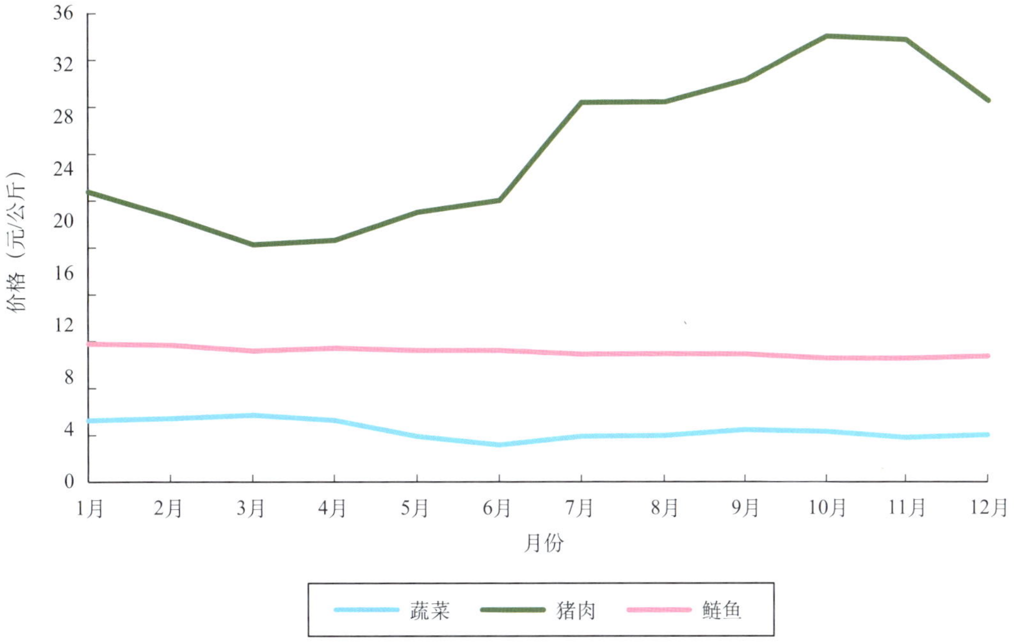

图9　2022年猪肉、鲢鱼、蔬菜批发价格分月变动情况

注：蔬菜为10种蔬菜（大白菜、白萝卜、大葱、黄瓜、番茄、茄子、青椒、马铃薯、芹菜、油菜）平均价格。

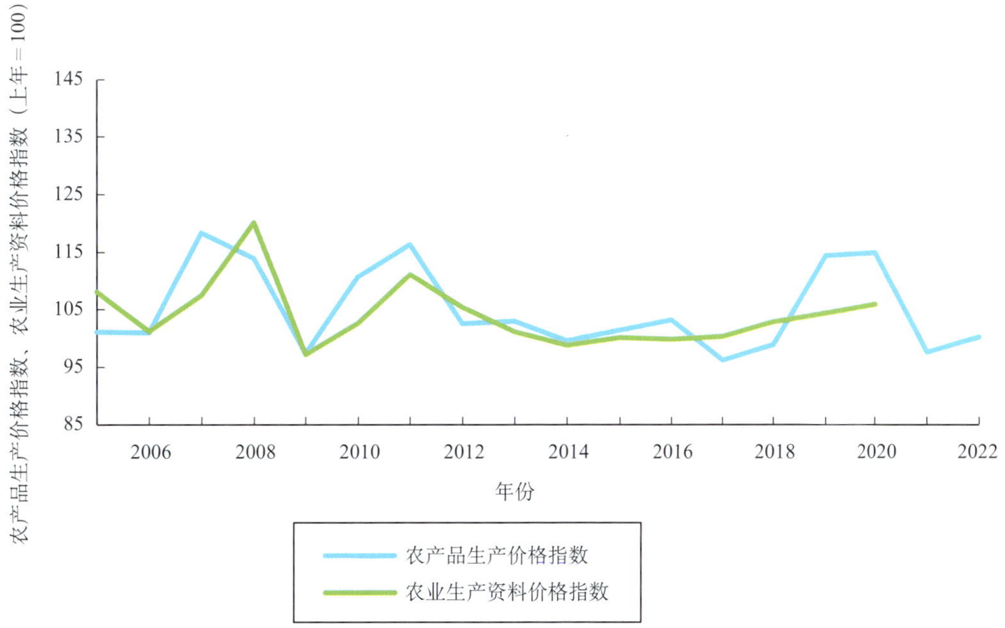

图10　2005—2022年农产品生产价格指数及农业生产资料价格指数变动情况

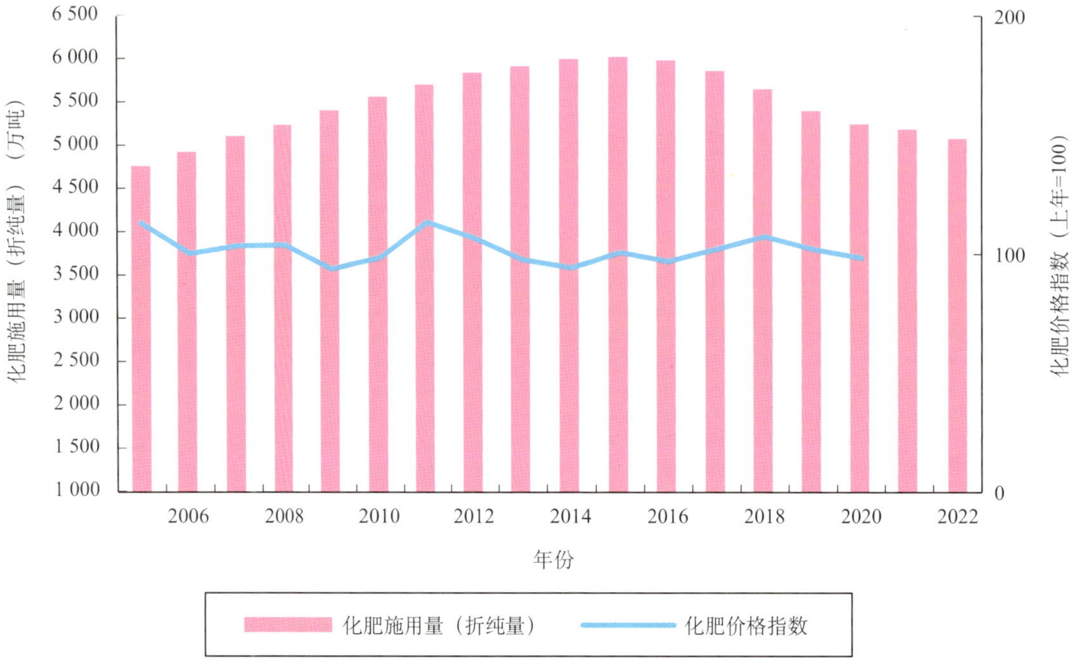

图11　2005—2022年化肥施用量及价格指数变动情况

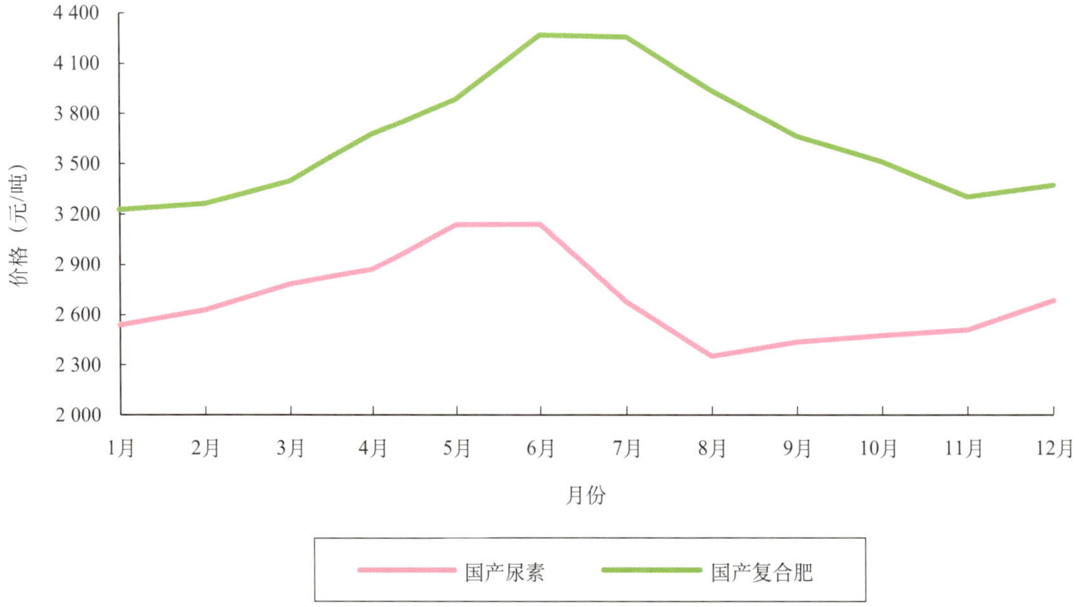

图12　2022年国产尿素和复合肥出厂价格分月变动情况

图13　2005—2022年农药使用量变动情况

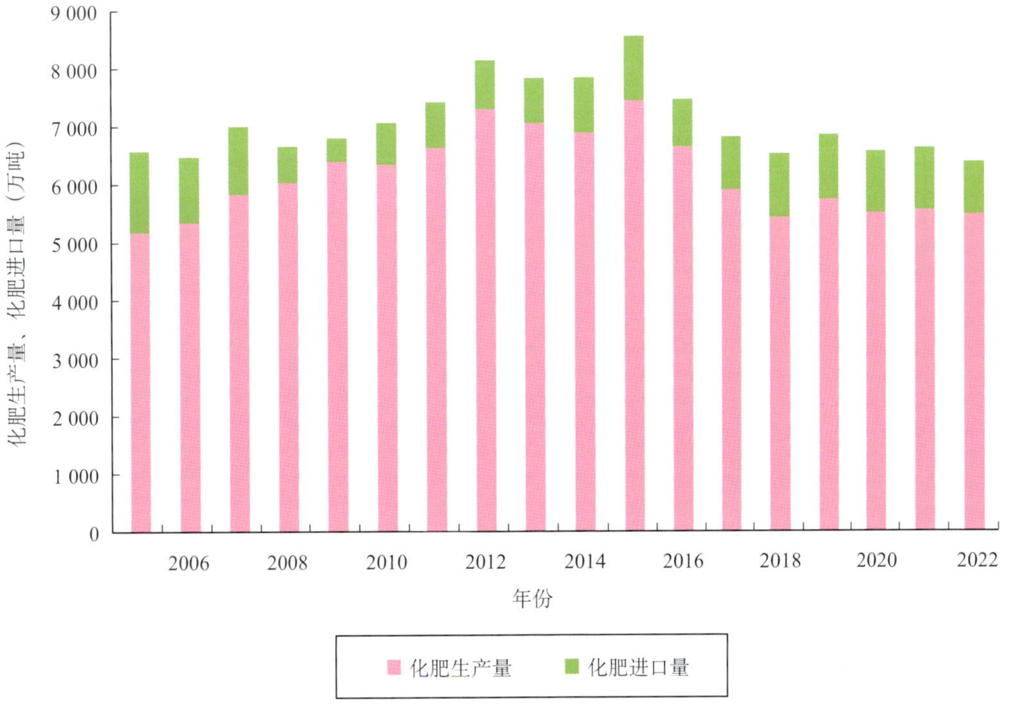

图14　2005—2022年化肥生产量与进口量变动情况

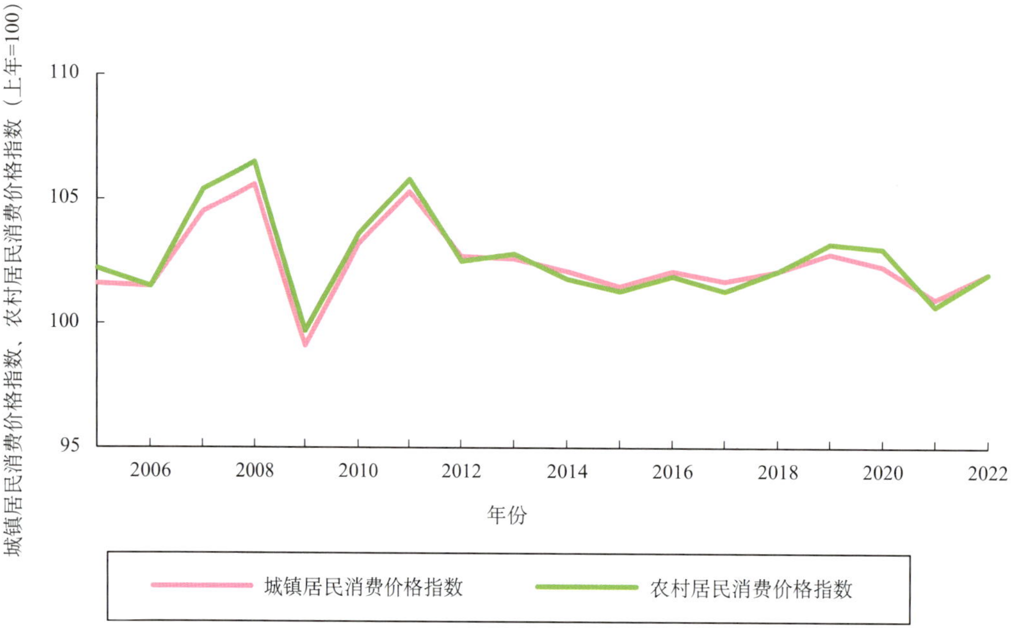

图15　2005—2022年城乡居民消费价格指数变动情况

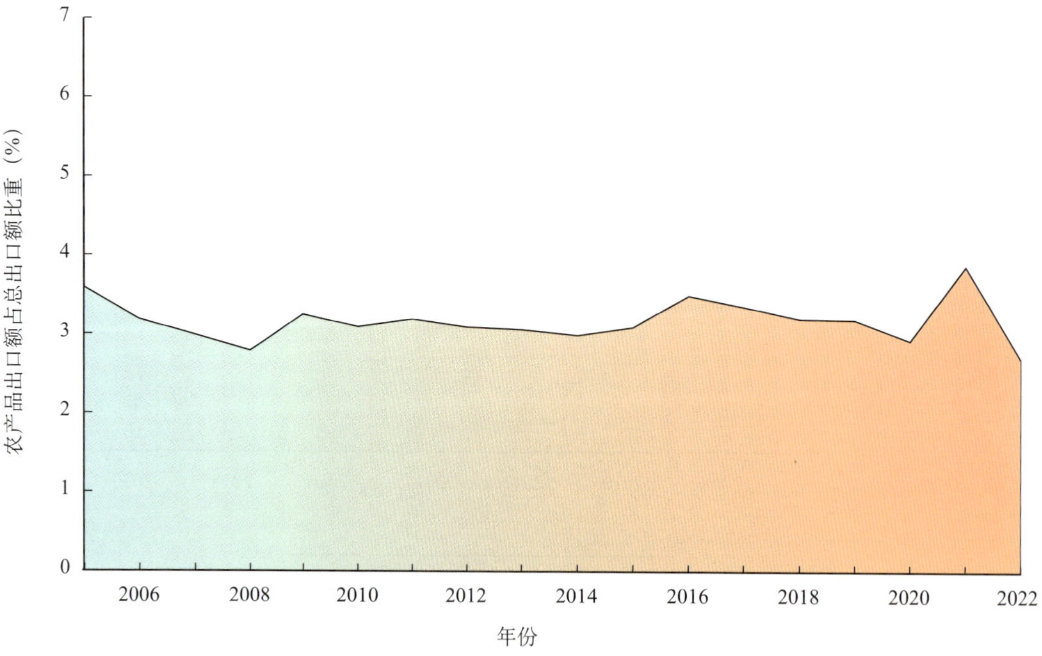

图16　2005—2022年农产品出口额占总出口额比重变动情况

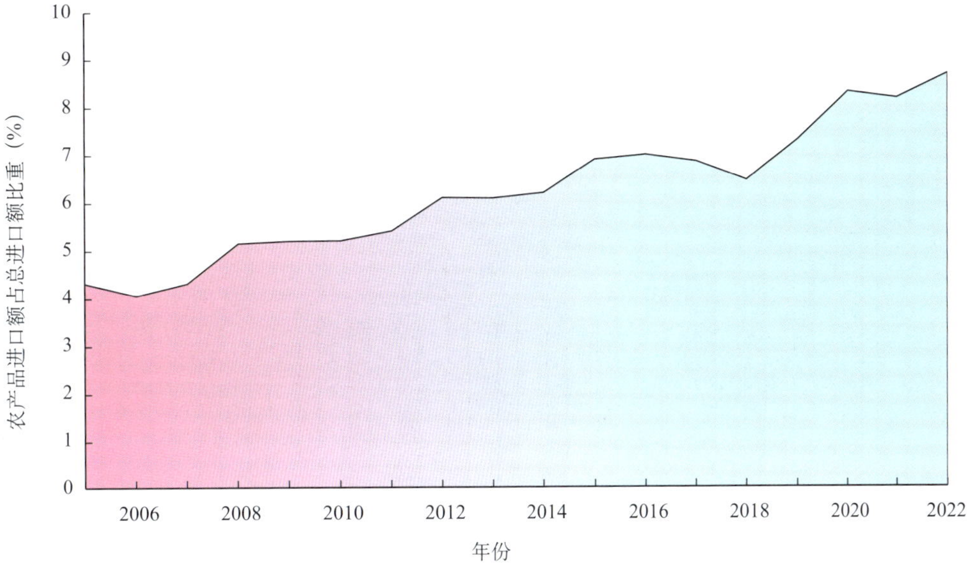

图17　2005—2022年农产品进口额占总进口额比重变动情况

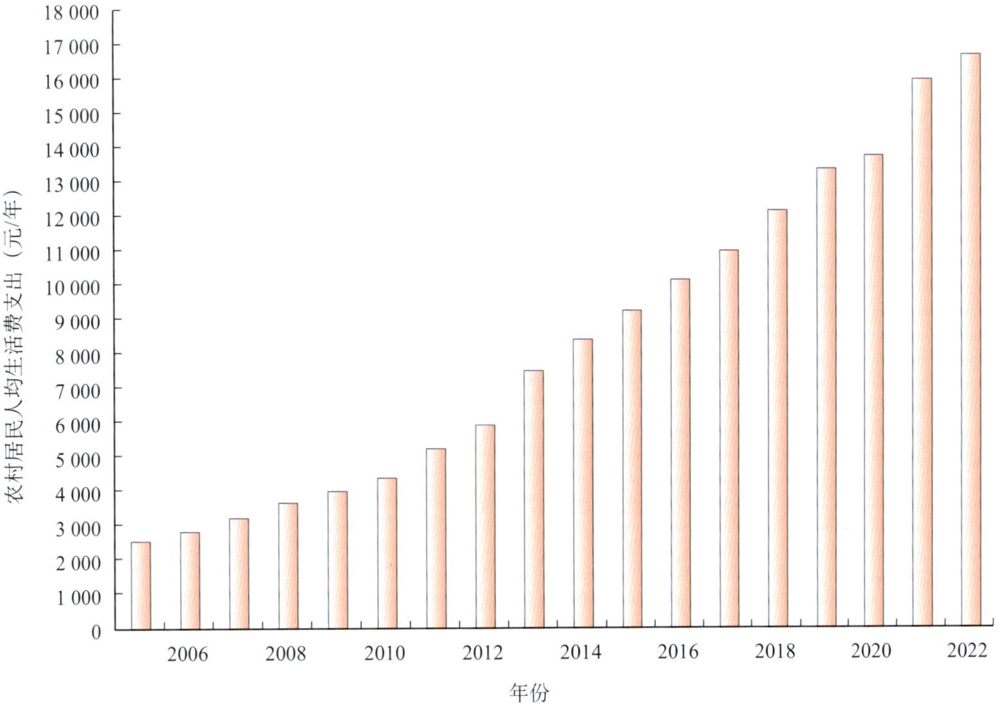

图18　2005—2022年农村居民人均生活费支出变动情况

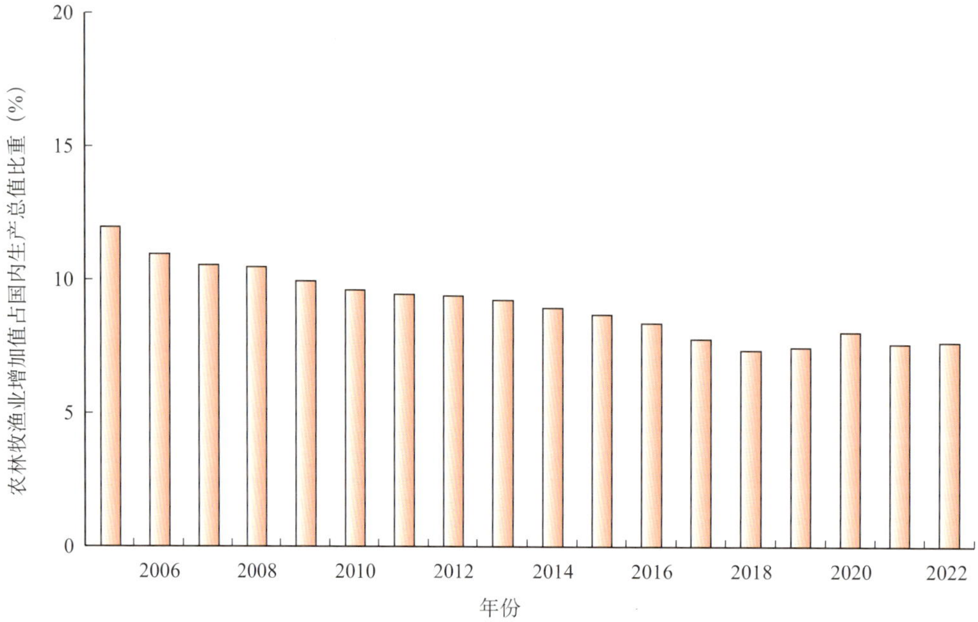

图19 2005—2022年农林牧渔业增加值占国内生产总值比重变动情况

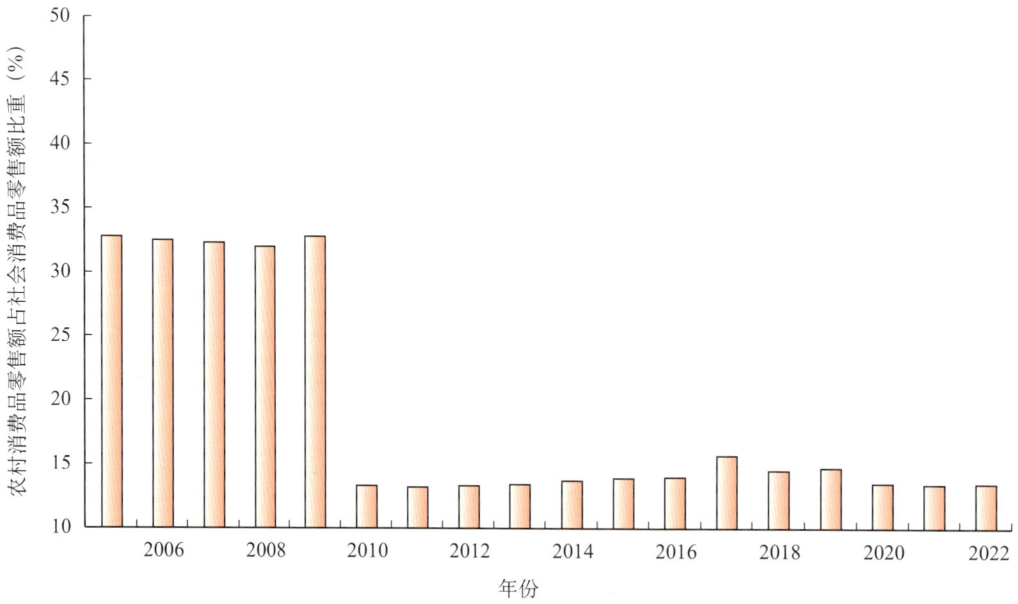

图20 2005—2022年农村消费品零售额占社会消费品零售额比重变动情况

注：根据新颁布的《统计上划分城乡的规定》，2010年及以后农村消费品零售额的统计范围由原来的“市、县、县以下”调整为“乡及乡以下”。

POSTSCRIPT

后记

《中国乡村振兴发展报告2022》是由农业农村部牵头、具体由农业农村部农村经济研究中心承担日常工作，会同中央组织部、中央宣传部、中央政法委、中央农办、中央网信办、中央文明办、国家发展和改革委员会、教育部、科学技术部、工业和信息化部、公安部、民政部、司法部、财政部、人力资源和社会保障部、自然资源部、生态环境部、住房和城乡建设部、交通运输部、水利部、商务部、文化和旅游部、国家卫生健康委员会、应急管理部、中国人民银行、海关总署、国家市场监督管理总局、国家广播电视总局、国家体育总局、国家统计局、国家医疗保障局、中国气象局、国家金融监督管理总局、中国证券监督管理委员会、国家粮食和物资储备局、国家能源局、国家林业和草原局、国家乡村振兴局、中华全国供销合作总社、中华全国妇女联合会等部门的实际工作者和专家、学者共同编写完成。

参加本报告撰写的主要人员有：

金文成、方军、王忠海、陈洁、杨春华、谭智心、曹慧、翟雪玲、龙文军、刘俊杰、张灿强、何安华、金书秦、王欧、尚旭东、王莉、胡钰、张哲晰、杨玉洁、庞洁、栾健、丁斐、刘洋、张照新、廖洪乐、习银生、杨丽、姜楠、张璟、原瑞玲、张斌、郭军、张静宜、冯丹萌、郑庆宇、包月红、林煜、聂赟彬、祖健、姚璐、庞静泊、韩嘉仪、来晓东、王霞、王振振、陶冶、杨梦颖、龙婷玉、于水婧、李文婧、朱立志、冯玉萍、张玲、回文广、王玉娜、刘天宇、王秋丹、张海阳、王茂林、杨霞、杨凯波、胡顺平、刘锐、欧阳儒彬、刘艳、赵兴灿、何声卫、张守刚、梁苗、禤燕庆、李春艳、才新义、曹宇、孙秀艳、陈磊、周峰、高小军、郭娜英、李世武、呼倩、王耀宗、刘艳涛、陈冬冬、沈国际、彭廷军、赵立军、叶全宝、张凯、李垚奎、刘晓萌、李家健、陈思、朱泽文、赵华军、李庆江、吕修涛、张振、陈敏、邓兴照、张立志、王琳、鲁泉、马金、郭爱、陈晨、侯畅、周晓鹏、邓超、刘丰泽、林立、滕雪飞、薛思远、李金平、卢静、南茜、江旭、吴建平、娄巍立、吕小明、罗元开、马长华、曾建立、杨柳、杨洋、李军、常宁、张小乐、易超、李卫强、柴玥、孙洪波、周静、孙士林、刘爽、霍季春、李树辉、王敬华、牟春波、刘松、汲信亮、刘东升、张顺、康文清、吴家荣、肖志清、张胜昔、梁梦晚、白忠涛、张延体、黄维维、白杨、王众、黄思杰、鞠宇平、任大伟、庄洲洋、刘硕、何明、吴伟、史盛庆、蓝希龙、宋昱、刘斌、侯波、张晓莉、武宁、刘臻、胡同宇、徐玮、杨新星、张尧、邝希聪、冉小华、骆军、邵伟坚、孙培力、李佩佩、刘凯、刘迪、孟子超 、关赫鑫、李论、常鹏、孟繁宇、郝文祥、喻迎春、黎惠金、宋蕾、李铭、滕薇、王娟、张慧杰、李刚、孙长帅、孙刘伟、解炜炜、王佳、刘诗琦、董家齐、周翔、郑佳明、齐雪飞、杨凤彬。

图书在版编目（CIP）数据

中国乡村振兴发展报告．2022 / 中华人民共和国农业农村部编．—北京：中国农业出版社，2023.12
ISBN 978-7-109-31133-6

Ⅰ.①中… Ⅱ.①中… Ⅲ.①农村-社会主义建设-研究报告-中国-2022 Ⅳ.①F320.3

中国国家版本馆CIP数据核字（2023）第173653号

中国农业出版社出版
地址：北京市朝阳区麦子店街18号楼
邮编：100125
责任编辑：潘洪洋
版式设计：杜 然　　责任校对：刘丽香
印刷：北京通州皇家印刷厂
版次：2023年12月第1版
印次：2023年12月北京第1次印刷
发行：新华书店北京发行所
开本：889mm×1194mm 1/16
印张：16.25
字数：380千字
定价：280.00元

版权所有 · 侵权必究
凡购买本社图书，如有印装质量问题，我社负责调换。
服务电话：010－59195115 010－59194918